Design Principles and Structure of Overseas Chinese Textbooks

海外（青少年）中文教程设计原理与结构

-从入门到高级

王鹏

ZHU & SONG PRESS . MARYLAND. 2022

Copyright © 2022

All right sreserved. No part of this work may be reproduced or transmitted in any form or by any mean selectronic or mechanical including photocopying recording or by any informations to rage or retrieval system without the prior written permission of the copyright owner and the publisher.

Design Principles and Structure of Overseas Chinese Textbooks

海外中文教程设计原理与结构-从入门到高级

- Publisher: Zhu & Song Press, LLC
- Language: Chinese
- ISBN-13: 978-1-950797-20-2
- ISBN-10: 1-950797-20-1
- Editor: Xiaohong Zhu
- First Edition: March10, 2022
- Manufactured in the United States of America

- 版本 Initial date:2011.9

- Updated：20170523，20170525，20170605，20170606，20170607，20170612，20170614，20170622，20171127，20171207，20180405，20190311，20190405，20190514，20190515，20190520，20210726，20210727，20210729，20211004，20211020，20211021，20211027，20211101，20211102，20211103，20211104，20211201，20211202，20211203，20220103，20220131，20220216，20220217，20220218，20220223，20220228，20220310，20220310-2，20220322，20220924

Design Principles and Structure of Overseas Chinese Textbooks

海外(青少年)中文教程设计原理与结构

-从入门到高级

作者简介：

王鹏，曾任美国马里兰州长城中文学校校长，希望中文学校盖城校区校长。美国计算机科学硕士，工商管理硕士。获得孔子学院海外教师资格认证。从事航空飞行器电子控制，计算机设计，网络设备，卫星通讯研究与开发30余年，现任网络数据中心现场支持工程师。美国海岸警卫队辅助队成员。出国前曾任中国多家企业管理人。曾设定并创立了海外中文学校的组织结构，操作规程与评估系统。组织，设计与研究了《海外10套中文教材分析与评估》科研项目，《快速汉字量测试方案》的设计与试验，《高效海外中文》的《识字系列》与《（中国通）阅读系列》教材系统的策划、设计、编写和配套的光盘总体结构设计与出版。曾获中国军队级科技进步2等，3等奖，1998年曾获得《计算机遥控输入方法与应用》的中国国家发明专利。美国IEEE巴尔的摩区高中行走"机器人"多级别教学设计与实验，将人工智能的神经网络，强化学习等机器学习技术运用于教学机器人。2017年~2020年所指导的高中机器人团队囊括IEEE美国巴尔的摩地区竞赛冠军，亚军。其多篇关于海外汉语教学论文，入选并参加香港、北京、杭州和美国等多个国际汉语教学会议专题讨论。

本书献给：

  亲爱的妻子廉宏，这么多年默默无闻的始终支持着，并参与了很多的相关活动，非常感谢！

  同时给我两个可爱的孩子：王宇萌和王宇涵，因为有你们，才使我走入了海外汉语教学的殿堂，更因为有你们作为我最直接的教学实验，和最直接的观察对象，使我找到了很多的有用的参考数据。

  更梦想有朝一日你们能有兴趣，在中华文化的浩瀚宇宙中，寻觅你们喜欢的那一颗星星，一朵彩云。

内容简介

海外中文教学在很多不同的领域有着很大的区别，特别是非中文专业的需求者数量巨大，包括华裔儿童和非华裔学习者。海外中文教学各种机构，都在不停寻找一个比较清晰的教学思路，包括教学大纲内容和教学方法等，并分析教学难点等，这些是海外中文汉语教学领域里的永远的话题。

本书根据十多来在海外中文教学中遇到的实际问题，做了大量的研究和教学实验与教学测试，发现了很多有趣的现象，也再次确认了初级瓶颈和中级瓶颈的说法，并提出了各种难点的解决方案，逐渐成型了一个总结性的纲要。在此基础上提出了海外中文教学中存在问题的可能原因，并设计了一套从入门到高级四个阶段的教学体系。其中识字系列包含入门、初级、中级三个阶段，识字以韵文识字为主体，包含了儿歌，韵文和诗词等，并配置了多达数十种多媒体训练内容的教学模块。入门和初级阶段结合辅助阅读训练，包含了从一句话到300字的小故事。大阅读为中级阶段的重点训练内容，重点是在突破了语感听说的基本能力之后，由韵文识字教学模式的口语化教学，转换成书面语言的教学模式。

本书的主要作用在于无论是教程设计者还是教学者或者学习者，都可以从中找到一个参考性具体内容。根据教学和学习的目的要求，评估目前学习者的中文水平，按照教程设计的阶段，快速的找到对应的教学计划、教学方法和教学内容。特别是入门、初级和中级阶段的识字系列，研发了一整套多媒体系统，这套系统既可以作为老师上课用的多媒体课件，也可以用于学生的课后作业，节省了老师课前大量的备课时间，不用再寻找相关材料，制作多媒体课件等。老师的主要精力，可以根据不同的学生特点，结合教学内容，设计出定制的与学生互动方法与内容。这些应该是老师们最需要的教学辅助材料与手段。

高级阶段的重点是阅读教学，《高效海外中文-（中国通）阅读系列》教材体系的精华内容设计之处，在于内容上的前后连接和联想模式，推出了中华文化的独立主题八大模块，是建立中华文化系统框架的基础内容。在结构编排上，注重了历史、人物故事和思想体系的横向及纵向连接，不同的主题线把许多故事有效的连接起来，无论是在语言学习还是在历史人物和事件上都有非常强烈的联想功能。

这样的设计符合学生各个年龄段的阅读心理需求，丰富了教学内容和手段。首先是让老师和家长们爱不释手，学生们才有可能喜欢。这是《高效海外中文-（中国通）阅读系列》设计的最终目标，中文教学中有识字教学与阅读教学，并精通中华文化。

目录

第一篇 汉语语言规律与学习规律 19

第一章 对外汉语教学概论 21
第二章 对外汉语教学难点与中级瓶颈 35
第三章 高效海外中文教程系统设计 39

第二篇 识字教学设计 41

第四章 入门、初级和中级识字阶段的高效可行性方案设计 43
第五章 识字阶段目标特性与内容设计 49
第六章 四级韵文识字电子字卡设计 51
第七章 《识字系列》多媒体模块设计 59
第八章 《识字系列》初级阶段教学内容设计 73
第九章 《识字系列》中级阶段教学内容设计 77

第三篇 阅读教学设计 87

第十章 阅读教学设计思想 89
第十一章 海外中文汉字第二阶段教学研究－清晰识字教学的方法与设计 101
第十二章 高级阶段目标特性与教学设计 111
第十三章 《高效海外中文-(中国通)阅读系列》各个阶段内容设计 119

第四篇 教学法 129

第十四章 从入门到中级课程-教学流程设计 131
第十五章 读经式阅读训练法 137
第十六章 SQ3R阅读法 139

第十七章 六读评书式阅读训练法 141

 第十八章 最大化的有效性语言输入 145

第五篇 统计工具与教学测试 155

 第十九章 中文统计工具使用举例 157

 第二十章 《高效海外中文-识字系列》第六册教学诊断测试分析 183

附录 187

 附录1 入门阶段：识字系列第39~42课及综合练习的设计样本 189

 附录2 初级课程：识字系列第四册第73~79课、综合四练习样本 231

 附录3 高级课程：阅读系列第三册第五单元（第9课、第10课、第五综合练习）样本 . 303

 附录4 精华参考 399

后记 405

给读者的话：

亲爱的读者，您好，非常高兴我们在此相会，这个缘分来源于我们有着共同的话题与爱好，就是中文教学。随着中文教学的过程和时间，发现了很多有趣的事情，也遇到很多瓶颈相似的难题，这就是我们在这里交流的主要内容。都说读者是按照自己的兴趣跟作者在文字中进行对话，试图摸清作者的思路和意图。哈哈，希望您从到本文中得到愉悦，在某个区间内容如果能有所参考，或者对您的教学设计有所帮助，这是我最大的幸福，谢谢！

在美国大华府地区的超过20年的居住，遇到不少世界各地的人们，有几个印象深刻而震撼的对话。其中一个美国女孩告我，她喜欢中文，就是因为中文的文字就是ART，艺术品。哇，这么有品味的欣赏，不得不让我回家后仔细端详每个中文字的笔画，试图从中找出他们的美感。还有一个印度的电脑工程师，他说他10多年前在美国的一个大学里面读硕士，发现同班的中国女生，学习特别努力，因为他说其他国家的学生不是英文本身就是母语，就是西语系的母语，对课堂的教学内容基本上是理解新概念，但中国学生第一步是花大量的时间把英文翻译成中文，之后再学习新概念新知识。这个工程师确认中国学生在相同的课程的学习中，所花费的时间要比其他国家的学生，超过3倍以上。但最后的考试和论文，中国学生竟然名列前茅。这使得他佩服的五体投地，由此更对每一个中国人刮目相看。他的分享故事，让我激动的眼泪直涌，身为华裔，我感到自豪，因为不仅仅是脑瓜还聪明，更重要的是咱们华裔能吃苦，能学习，能钻研，并乐在其中！

一、　　初入海外中文教学，发现困惑

自从2004年随女儿开始接触海外中文学校开始，就与海外中文教学与中华文化内涵有了不解之缘。起初以为把孩子送到中文学校，就可以按照学校和老师的安排，孩子一定能够学好中文的。但经过几年之后，发现并不是这么理想，大部分孩子在学习了10至12年之后，还无法进行中文书报的阅读。

所有海外华裔儿童教学目标为能够进行自主阅读，并识字量锁定在2500以上。但近二十年来中文教学结果，与目前设定的识字量相差甚远。

为什么目前的中文阅读教材学生不喜欢呢？是训练的方法有缺失还是课文的内容也有待商榷呢？这些问题，在很多的专业会议都在研讨，而现实的状况更是让人焦急，很多的中文学校在四年级之后，开始进行各式各样的拼凑教材，而中学生学习中文的兴趣锐减。

二、　　探索的过程

为了考察和研究海外特别是美国地区的华裔儿童汉语教学实际情况，我们组织了大量的人力对海外十套汉语教材作了定量分析，怎样的教材能科学有效的开发学生的潜力？我们阅览了国内外目前教授汉语的改革经验，有些进行了个别探讨和沟通。同时也从儿童大脑发展规律，心里学角度进行了探索。在此基础上，我们选取10套较有代表性的教材进行了较细致的阅览统计,以寻求最优化的汉语中文教材,与多家教材的主编有过网上和电话的交流,写出了《海外10套中文教材小学部分内容对比分析》报告。同时用两年的时间对三种不同的教材的学生进行了《中文汉字量快速测试方法》的识字量统计与分析。

通过考证美国青少年的实际语言环境、课后时间安排、生活习惯和美国英文课堂教学方法状况,我们设计与编写了《高效海外中文》教材,其中《识字系列》全六册书已经出版,配套的《识字系列》六辑DVD光盘已经由中国湖南电子音像出版社出版。《阅读系列》第一册第二册也已经出版了。随着时间的推移,发现这套教材的很多地方仍然需要优化和补充,可以使她更丰富,完美、科学和实用。

三、 中华文化学习

希望本书能够帮助到海外汉语学习和喜欢中国文化的人,给需要的老师、学生和研究人员一个新的思维和领域。初衷只是想解决海外中文学校高中部的阅读训练,但是在设计和思考的过程中,越发觉得中华文化博大精深,而这些文化背后又蕴藏着丰富而有趣的故事。

希望本书的阅读部分能够先让海外华裔儿童在学习的过程中得到愉悦,在兴趣中学习,这是最理想的了。儿子的钢琴老师来到家里,谈及中国人和犹太人家庭教育的时候,他说,这是文化造成的。他理解的中国文化是从他接触的中国家庭教育的方式而得出来的。到底什么是文化呢?字典上没有确切的定义,因为它的内涵太多太复杂了。这些年在整理中华文化精华十大模块的时候,慢慢的领悟了,其实文化是一种思想,来驱动着一种行为。这种思想和行为的综合体就是文化的含义。比如,中国园林文化,为什么要搭建假山、设置水域,花草和亭台,可以追踪到王维时代的"辋川别业"山庄,里面含有佛家思想。再如,中国的诗书画无不充满了各种写意,朦胧的意境,这些和佛教、儒教、道教又都息息相关。几千年来,中国的"书中自有黄金屋"的道理,在美国等先进国家体现得淋漓尽致。受到中华文化的影响,中国人含蓄内敛,能吃苦肯钻研和学习,只要有几十年的和平环境,其经济技术,文化艺术等就会突飞猛进,这在历代的事件中都可以得到验证,当代中国辉煌更是如此的表现。

数年之前,在美国政府的一个工作人员,找到我说想在他们的各族裔年会上展示一些中国文化,当时脑子里面一片模糊,到底什么是中国文化内容呢?直到如今整理和编写《高效海外中文-(中国通)阅读系列》,通过收集、研究和学习大量的书籍,参观美国各地的博物馆,才发现中国文化的不同内涵、故事在经过千百年的沧桑变化和演绎,到现在呈现出如此耀眼绚丽的光环。我们常常遇到美国人,对中国文化有一种深不见底的感触，一些美国人家里面还摆放着清代的粉彩瓷瓶，其实瓶子上面的人物故事更加趣味横生，只可惜我们还没有做到让人们知道这些罢了。

这些好的东西怎么才能向世界传播呢？也许在学习中文的过程中可以同时做到这点。这也算是一种尝试吧。因为中华文明与文化也是世界的宝贵财富。每个文化的模块，都可以学习和研究到博士水平，都可以作为自身的爱好，去欣赏与参与，这些都是无价的精神食粮。这个世界上不是很多的东西，可以像中华文化一样，可以让您一直到老对她保持钟爱之情，而人们的文学素养，文化知识也来源于她。

我们的梦想：将汉语语言与中华文化，传播给世界！

王鹏

Peterw_us@yahoo.com

2016年8月31日初稿写于美国马里兰州，最后更新：2022年1月3日

代序

　　序一般由著作者自己所写，如司马迁在《史记》前写的《太史公自序》。据楼沪光和孙琇（2003）主编《中国序跋鉴赏大辞典》的《代序》，邀他人为自己著作写序，始于西晋的左思。言左思写完《三都赋》，感觉自己名气不够，于是请当时的名家皇甫谧作序，自此开创了请人撰序之风。

　　王鹏先生所著《海外（青少年）中文教程设计原理与结构》，邀我作序。愚倍感荣幸，但自知不是名家专家，诚惶诚恐，几番推辞，后为其诚意厚望所感，却之不恭。上提到的那篇代序说序也可由与著作者相识、对其人和其作有了解者所作，于是遵命应之。谨写下一些文字以分享对王鹏先生的了解和对其为海外青少年中文教育所做贡献之崇敬。

　　据 Budiman 和 Ruiz（2021）文章中的数据，在美国的华裔美国人大概有 540 万。虽然美国的一些中小学特别是经济较发达的地区也开设了中文课，但很多地区的正式学校仍然没有中文课，只有西班牙语和法语等欧洲语言课。另外，在正式学校开设的中文课，因为任课老师需要兼顾无中文家庭背景零起点开始的学生的水平，也时常难以满足有一定中文基础的华裔孩子的学习需要。如何使课程在内容设计和教学法上适合华裔孩子的语言水平和提高他们的中华文化方面的修养，一直是海外华裔青少年中文教育的难题。

　　作为理工科出身有着计算机和工商管理双硕士学位的王鹏先生，虽没有与中文教学相关的教育背景，但他在中文教学方面的钻研和造诣令很多专业的中文老师都自叹弗如。这一点通过此书可窥一斑。王鹏先生在自己正式工作之余，曾义务担任当地中文学校校长多年，组织、领导并亲历亲为了中文教学方面的多项教研项目。在此书中，他对自己设计策划并领导编写的系列《高效海外中文学习丛书》的设计思想和结构安排做了系统介绍。该丛书包括识字系列六册，意在帮助学生通过六年的学习掌握读书看报所需要的 2500 左右的常用汉字，并将其阅读水平从入门（1-2 册），提高到初级（3-4 册），再到中级（5-6 册）。学生用书每册又分上下，共计 12 本，每册同时配有湖南电子音像出版社出版的多媒体光盘。如书中所说，除识字系列外，王鹏先生还设计了阅读系列五册，目前已出版了两册。每册含 10 个单元。该系列将中华文化分为八大模块（古代哲学思想、古代军事思想、中医文化、园林文化与建筑、饮食文化、曲艺文化、中国武术、诗书画），同时还包括名著阅读和对四次工业革命的介绍。

　　我与王鹏先生几年前有缘通过一国际汉语教师微信群结识，通过微信讨论有关中文教学问题。进而有幸于 2021 年 7 月到马里兰州登门造访，向之请教其所编教材详情，并喜获其慷慨相赠已出版的前述识字系列 6 册 12 本及所配光盘和阅读系列两册 4 本。将教材逐一拜读后，我更是为其在中文教材编写和教学法探讨等方面所达之深度和高度而叹服。

其识字系列课文选取儿歌、童谣、唐诗、宋词等朗朗上口的韵文，辅助阅读包括聆听阅读、半自主阅读、自主阅读，选取适合学生年龄的童话故事、民间传说等。每篇课文后都配有精心设计训练学生不同技能的各种练习题。如戴汝潜先生2011年在此识字系列书前寄语中所说，这套教材"给海外儿童带来愉悦阅读中文的福音"。阅读系列的正文和辅助阅读文章也是精挑细选，其后面配备的练习题也是独具匠心。在信息时代，通过互联网，即便在海外也可随时方便找到古今中外各种文体文章在内的各种可用于中文学习的真实语料。但如何选取这些语料，特别是系统科学的将选取的学习材料设计成系列教材并让学习者通过练习达到理解掌握的目的，却非轻易之举。

如李桂山教授在2014年为该阅读系列所写的序中总结所说，王鹏先生和他的团队"既有'万水千山只等闲'的豪迈气概，又有'爬雪山、过草地'、涉险滩的坚持不懈的毅力"。王鹏先生团队所作的系列教材取得的成功绝非偶然，而是其多年认真钻研、努力精进的成果。如他在此《海外（青少年）中文教程设计原理与结构》一书中所分享的，他曾组织团队对《马立平中文》、《iChinese》、《韵语识字》、《暨大中文》、《中华字经》、《朗朗中文》等10套教材进行对比研究，并就各教材的小学部分内容做过报告和撰写过文章[1]；还曾对中国近现代多种识字教学法的尝试如1958年辽宁黑山的"新集中识字"和1999年广东珠海的熟语识字等进行了比较分析（详见本书第102-105页）。此外，他们在教材编写和课程设计上还借鉴了国内外教育学、认知心理学、语言教学特别是汉语教学等相关理论，如布鲁纳（Jerome Bruner）的相关课程设计和学习理论[2]，罗宾逊（Francis Robinson）的SQ3R读书法[3]，佟乐泉的儿童识字的"三阶段"理论，祝新华的有关阅读层次和李子建的有关阅读策略的理论等（详见本书内相关介绍）。

在书的后记中，王鹏先生还提到他曾利用参加会议等机会向有关专家当面请教，并且通过电子邮件联系国内专家收集资料和隔空交流；他还利用回国机会亲自到北京和天津一些课堂进行观摩并认真记下笔记分析其成功之处（参见本书第18章）。此外，王鹏先生组织团队在其时任校长的中文学校的40多个班级进行汉字识字量测试。在本书中，他对当时测试的情况做了分享。另外，他也分享了一些中文文本计算工具，如笪骏教授开发的中文文本计算平台[4]。

值得指出的是，王鹏先生在海外青少年中文教育方面所做的贡献和所取的成就，不是为了职称和名利，而是出于对母语和中华文化的热爱，对将中文和中华文化之精华传给下

---

[1] 参见：北美华文教育服务中心 > 百家论坛 http://www.chineseeducationservices.org/?page_id=79 ；及宁茜和 朱宝兰撰文《海外10套中文教材小学部分内容对比分析》
https://static.secure.website/wscfus/8225227/uploads/%E6%B5%B7%E5%A4%96%E4%B8%AD%E6%96%87%E6%95%99%E6%9D%90%E5%AF%B9%E6%AF%94%E5%88%86%E6%9E%90.pdf
[2] 参见：Jerome Bruner and the process of education https://infed.org/mobi/jerome-bruner-and-the-process-of-education/
[3] 参见：SQ3R: https://courses.lumenlearning.com/suny-esc-introtocollegereadingandwriting/chapter/recall-diagram/ ；Effective Study by Francis P. Robinson (1941) https://archive.org/details/in.ernet.dli.2015.224377/page/n13/mode/2up
[4] 参见 https://lingua.mtsu.edu/chinese-computing/

一代并将其发扬光大在海外推广的满腔热忱与热情，和对自己担任中文学校校长工作的尽职尽责和之后对自己所做事情的有始有终。据其在本书给读者的话中所述（参见第11页），他与海外中文教育结缘起于2004年送女儿到当地中文学校学习，孩子学了几年后，他发现达不到预期效果，于是才亲自投入到中文教育的研究和实践中去。除了作中文学校校长，组织调研编写更适合孩子们的中文学习教材和教学方法外，他还在自己孩子身上实践。他在本书第17章（第144页）提到，他曾在2015年暑假在家中对儿子用六读评书式阅读训练法进行了六个故事的操作时间统计，并观察孩子是否厌倦或者喜欢，以确认每一步的必要性和针对性。

海外的不少华裔家长包括我本人在内一方面在抱怨自己孩子学中文学得不够好，一方面对孩子的中文教育又由于种种原因（或借口）没有为孩子的中文学习花足够时间和精力。俗话说世上无难事，只怕有心人。如果海外的华裔家长都能像王鹏先生一样对孩子的中文学习如此尽心尽力，哪怕只有十分之一，相信海外青少年的中文学习将不是什么难事。

我很高兴王鹏先生在从2004年与海外中文教育结缘的18年后，将其多年来的思考和自己策划设计领导编写的高效海外中文学习丛书的设计原理和结构安排做了总结，并结集成一本完整的书与世人分享。尽管这本书以及那套学习丛书远非十全十美，仍有可进一步改善之处，但我作为在美国大学教中文的专业教师和家里有华裔孩子的家长，仍很乐意推荐此书。相信从事中文教学工作的教师特别是海外青少年中文教育的教师和相关研究者，可从中找到诸多借鉴之处。同时，任何感兴趣的读者们还可从中看到一位原本无任何中文教学经验和研究背景的家长为帮助孩子学中文所能达到的高度。

有着人民教育家之称的陶行知（1891-1946）先生，在其20岁时因十分推崇明代王阳明（1472-1529）提倡的知行合一，于1911年将自己的原名陶文濬改为陶知行。他从美国留学学成回国普及教育，帮助大众扫盲识字。他进一步强调实践的重要性，将阳明先生提出的"知为行之始"改为"行为知之始"，并于1934年7月，在《生活教育》半月刊上发表了题目为《行知行》的文章，正式更名为"陶行知"[5]。陶先生还在一首打油诗里提出"行动是老子，知识是儿子，创造是孙子"。王鹏先生无疑是在海外中文教学方面行动的典范。希望能有越来越多的家长和专业的中文教师和研究者能够行动起来，为海外青少年的中文教育尽一份力，是为序。

---

[5] 参见：陶行知，留给我们的不止一个名字 http://www.sohu.com/a/329486439_112404；和 http://www.chinanews.com.cn/edu/dxxy/news/2008/12-23/1498942.shtml (浙江在线-今日早报 2008年12月23日）

刘士娟 (Ph.D. in Instructional Systems Technology 教育学院博士）
宾州印第安那大学(Indiana University of Pennsylvania) 外语系中文教授
《科技与中文教学》(Technology and Chinese Language Teaching)期刊执行主编
2022年7月于美国宾州

参考文献：

Budiman, A. & Ruiz, N. (2021). *Key facts about Asian Americans, a diverse and growing population.* https://www.pewresearch.org/fact-tank/2021/04/29/key-facts-about-asian-americans/

梁丹 (2021). 陶行知：一生为一大事来.
http://www.jyb.cn/rmtzgjyb/202110/t20211013_627146.html

楼沪光, 孙琇 （2003）主编《中国序跋鉴赏大辞典》之 《代序》. 石家庄：河北教育出版社.
http://cnki55.sris.com.tw/refbook/ShowDetail.aspx?Table=CRFDOTHERINFO&ShowField=Content&TitleField=Title-ShowTitle&Field=OTHERID&Value=R20060904200A000002

第一篇 汉语语言规律与学习规律

第一章 对外汉语教学概论

一、什么是语言教学的宗旨？

克拉申教授的第二语言教学理论**核心部分**：

输入假说（TheInputHypothesis）

理想的输入应具备以下几个特点：

- 1) 可理解性（comprehensibility, i+1）。
- 2) 既有趣又有关（interestingandrelevant）。
- 3) 非语法程序安排（notgrammaticallysequenced）。
- 4) 要有足够的输入量。

二、评估教材、教学的设计与使用，需要考虑的问题是：

语音规律(汉语规律)，语言教学和学习规律，汉语教学特点，华裔青少年学习特点与难点是要考虑的问题等。

1. 汉语语言学、汉语语言规律范畴

是否教学内容符合汉语规律与特点？
"听说"和"阅读"的用字、词量是多少？

2. 教育范畴

是否使用最佳的识字、词方法？
是否遵循识字、词教学的三个阶段？
辨别式训练和应用式训练各在什么阶段？
是否　按照阅读六级能力分级训练？

3. 认知心理学范畴

形象思维和逻辑思维的那些年龄段？
什么教学内容是具有吸引力的？

4. 学习理论范畴

是否具有良好的刺激形式？

是否具有合理的短期记忆建立过程？

是否具有高效的长期记忆转化机制？

三、 汉语的语言规律

1. 口语常用字词量统计

根据常用汉语口语词典的分析与统计，汉语的口语用字量为 800~900 左右。

2. 阅读常用字量统计

根据国内语文课标的统计，汉语基本阅读所需的识字量为 3500 左右。

需要识多少字才能阅读？

2.1. 参考安徒生的《冰姑娘》中篇小说

字频分析，**总字数，26,393 汉字，单独字数，1,768**

其中：

在汉字字表 3000 排序之内为：1707 个，占总单独字数 1768 的 97%

在汉字字表 2400 排序之内为：1562 个，占总单独字数 1768 的 88%

在汉字字表 1500 排序之内为：1167 个，占总单独字数 1768 的 66%

在汉字字表 600 排序之内为： 554 个，占总单独字数 1768 的 31%

2.2. 根据李泉教授 2022 年 3 月 5 日网络讲座《国际中文教育视域下的汉字：难学辨析、特点分析与教学策略》，确认了用字量为：

600， 的覆盖率为 80 %

1000， 的覆盖率为 90&

2400 的覆盖率为 99%

2.3. 根据本书第 19 章中文统计工具使用举例的课程字词统计分析，课文单字出现数量为 323 个.其中：

在汉字字表 3000 排序之内为 317 个，占总单独字数 323 的 98%

在汉字字表 2400 排序之内为 297 个，占总单独字数 323 的 91%

在汉字字表1600 排序之内为288 个，占总单独字数323 的 89%

在汉字字表1000 排序之内为257 个，占总单独字数323 的 79%

在汉字字表 600 排序之内为201 个，占总单独字数323 的 34%

2.4. 阅读的物理障碍（即生字率）是多少？

答案：

高级水平：5%，即2句话可以有一个生字。平均每句话11个字。

中级水平：3%，

初级水平：1～2%

2.5. 用词（双音词）量统计：

根据第19章的统计工具：

双字组词单个出现为：241 个。

双音词占单个出现字的百分比为：241 词/ 323 总单个字= 75%。

在笪俊词表中：5000 排序之内的为： 113 个词，占总单独词数241 的 46%

在北语词表中：5000 排序之内的为： 91 个词，占总单独词数241 的 38%

从文章用词在词表中的位置和出现的频率，我们可以看出，双音词在文本中的比例非常大，而且在本阅读文章中重复频率不高，在词表中的位置也比较宽泛。这就是说少量的阅读材料并无法完成识词的学习效果。虽然我们推荐六读法，但是这只是对学生产生短期记忆。通过课后的作业，可以将本课的词汇反复训练，但如果没有后续的其他文章作为不同场景的词汇再现和训练，本课出现的双音词会很快的被遗忘。这也是<u>中级瓶颈出现的原因所在</u>。

3．阅读常用双音词统计

根据中文词典统计，中文的阅读文本中双音节词汇占据了大量的比例，三、四音节词汇在句子中也占有一定的比例，而这些词汇的识别、理解是对外汉语教学中的中级瓶颈产生的重要地段。

现代汉语双音词占优势，据周荐统计，《现汉》（96版）共收条目58 481个，其中双字组单位39 548个，占收词总量的近70%[11]，但最为高频的又常为单音词。表3显示了两种语料在词种②与所有词语③方面的音节差异。

表3 有声媒体与平面媒体语料音节对比表(%)
Tab. 3 A comparison of syllables between audio and print media corpuses

类型	词种音节对比		所有词语音节对比	
	有声媒体	平面媒体	有声媒体	平面媒体
单音节	9.68	5.18	57.12	39.48
双音节	64.80	54.00	39.22	51.15
多音节	25.52	40.82	3.65	9.37

从词种角度看，有声媒体和平面媒体的情况基本一致，即：双音节＞多音节＞单音节，这也与汉语双音词占绝对优势的情况相符。

从所有词语角度看，两类语料则有所分歧：有声媒体单音词比双音词多了近20%，而平面媒体则相反，单音词比双音词少了将近12%。即依据本文的传媒语料看，书面语双音词总量占优势，口语单音词占优。结合语料分析产生这一现象的原因有：

第一，在表达同一概念义时，口语多用单音，而书面语出于语义精确的考虑多用双音。例如"管"可组成"管理"、"管教"、"代管"、"管辖"等双音词，它们有不同的语义与适用范围；而口语交际的即时性与风格的通俗性，使其多用贯穿古今的常用单音词。语料统计验证了这一点。例如，平面媒体语料中共出现了1 688条带"管"这一语素的动词，其中单音词"管"只出现了122次，占"管"类动词总量的7%；反观有声媒体语料，单音词"管"出现了380次，占"管"类动词总量（618条）的60%以上。单音词在有声媒体语料中的高复现率，增加了语料使用的单音词总量。

第二，合偶双音词在平面媒体语料中的大量使用，使双音词的总量成倍增加。冯胜利认为，合偶双音词是现代汉语书面语体自我生成的词汇，也是现代汉语书面语的主要词汇。它们必须和两个或两个以上音节搭配，例如"进行""加以""从事""损害"等[12]。以"进行"为例，其在平面媒体语料中出现1 484次，在有声媒体中出现378次；"加以"在平面媒体中出现77次，有声媒体中仅出现3次，差距确实较为悬殊。此外，由于合偶双音词必须与其他双音词（或多音词）搭配出现，这又使双音词总量成倍增加。

张洁，张晋军根据2010年对34套HSK考试结果分析统计，HSK考试大纲规定，HSK（高等）考查甲、乙、丙、丁级常用词（共8822词，其中甲级1033、乙级2018、丙级2202、丁级3569），34套HSK（高等）试卷不重复用词16540个，8500词可以覆盖试题内容约97%，6000词可以覆盖试题内容约95%。

近年来的新版HSK考试对词汇的量化和水平级别都进行了比较合适的安排。而海外汉语教学的教材设计在这个方面仍有比较大的挑战。

常用字和次常用字的熟练掌握和运用，在中级双音词汇的学习内容中，占有举足轻重的地位。

从初级识字阶段开始，到高级阅读教学，双音词汇的训练应该是必须保留的内容之一。

4.汉语的意群，短语与语言模块结构分析

意群和短语的应用在汉语句子结构中有极为特别重要的汉语特性，特别是与字母文字的相比，不单单是词在句子里面分离，而短语识别对句子意思的理解有极为重要的作用。

中文阅读训练中，对模块，意群的快速理解和运行，则是中级和高级汉语教学中的重点，没有训练成功的快速识别意群，就不可能达成速读的能力，就不可能有大量泛读的基础，也就没有可能达到语言输入量的教学目标。

对外汉语教学中，入门和初级识字阶段开始，一直到高级阅读教学，意群短语与模块的快速识别与运用，应该是必须保留的教学内容之一。

四、 汉语的学习规律在识字阶段和阅读水平能力两个方面的表征

通过对汉语的规律，汉语的学习规律的了解，可以使教学设计和教材的设计更为合理与科学。

1. 汉字学习阶段理论

佟乐泉教授提出了非常著名的识字三阶段理论:

1)识字阶段的第一个阶段：混沌阶段，也就是朦胧阶段。

2)识字阶段的第二个阶段：精细阶段，也即是清晰阶段。

3)识字阶段的第三个阶段：模糊阶段，实际上比精细阶段更高一层，可以随口即来，随笔能用的使用汉字阶段。

第一阶段：就是初级识字阶段中所需要的教学内容和方法。语感训练和基本字词的使用。

第二阶段：清晰阶段，需要分清字的不同，相形字，相意，词的运用和理解。前两个阶段在识字系列中有多种教学内容和训练方法。

第三阶段： 是随口即来，随笔能用的目标。在阅读系列中大量训练双音词的同时，增加了清晰识字训练，以期待在这个训练中学生更能精准的知道每一组相近的字的意思和区别，使用的方法。

在本书中的《海外中文汉字第二阶段教学研究》一章，比较详细的介绍了对识字教学的分析和体会分享。

2. 阅读的六级能力分析

祝新华教授的阅读认知能力的六个层次,分别为

第一级能力:辨认解码

第二级能力:解释表述

第三级能力:分析综合

第四级能力:推理推测

第五级能力:评价鉴赏

第六级能力:创意创作

学生在达到高一级层次目标之前,必须掌握低级层次的目标。

3. 阅读的心理特征与图式理论运用

儿童在认知年龄上有一个分水岭,即在 12 岁左右从感性认识到理性认识的转变过程,因而低年龄段的学习内容多用于动画,图片寓言童话等体裁为佳,这也是百年来格林和安徒生等大师们的作品在全世界范围受欢迎的主要因素。

对于高年级和成人的认知心理,他们已经有的自身的背景知识作为图式基础,运用联想、专业与兴趣探究的强大的动机来逐渐驱动学生们的学习动机,达到从被动的到主动的,更加理性的自我寻找一切可能的条件,进行高级阶段的汉语学习,逐步建立自主性识字的培养。学习者已具备的背景知识就象一幅地图贮存在长期记忆中,把接收到的新信息与这幅地图进行比较、分析,看两者是否吻合,以便正确理解篇章的意义,做出相应的反应。

目前对于编写儿童汉语教材的一个呼声就是兴趣,其实这是学习动机的一个体现。儿童阶段是语言学习期是黄金年龄,但是就外语的学习动机却不是非常的具有需求性。构建汉语的学习环境并利用不同年龄段儿童已经具备的背景知识,比如多媒体各种手段再现语料中的内容与情节,特别是语音部分更是学习过程中增加语感的重中之重。进入到高中的学生,对于世界历史与文化已经开始引起他们的注意和兴趣,这对介绍同时期的中国文化事件的发生和影响,有着对比、时间点和同类文化相关联的语言学习是有帮助的。

4. 阅读主题树建立的基础

阅读训练包括精读训练和泛读训练,精读训练,几乎把所有的字词、句子都要理解明白,好处就是记忆深刻,字词可以是深加工输入,缺点是速度慢,无法使学生达到一定的阅读量。没有阅读量则无法记忆和扩展词汇,也无法提高和掌握阅读技能。

泛读训练则是要掌握速读的能力,而速度的前提是掌握一定的词汇,意群。

根据陈贤纯、周小兵教授的阅读训练理论和方法，祝新华教授的阅读六级别能力和李子建教授的阅读策略等对于阅读训练思想，一般的阅读理解程序是辨别字词、抓住意群、进行命题辨别和命题树的辨别。一个句子，一个段落或者一篇文章可以有多个命题，但只会有一个主命题，其他的命题都是次命题。阅读者就是要在阅读过程中，辨别所有的命题，并重新构建命题树和命题网络。

在文章中有主题词、主题句、主要段落。有详细描述句子作为主题句的支持系统。因而阅读者需要知道一篇文章的主题词、主题句，主题句子多为议论句子。辨别议论句子还是叙述句子是阅读者永远的任务。知道了主题句子，就可以知道这篇文章的中心思想，并可以有能力进行文章的主要意思的归纳和缩写。这同时也是多媒体光盘中，除了视频和语音输入之外的最主要的训练点。

五、语言内化与语言输入量分析

1. 语言内化理论

语言生成假设对第二语言学习是非常重要的理论之一，其中的两个特点是在教材设计中需要考虑的重要因素，一是语言环境的重要性，二是语言内化理论。

在语言内化之前无论学生学习了多少，都不能自动生成语言，学习语言机能与学习一般性知识是不同的，必须等到输入和练习达到了一个临界点以后，才能有初步的语言内化完成，才能有语言输出的可能。每个人的语言输入**临界点**不同，但语言的输入过程，或者教材的设计要保证两个条件的满足，一是对基本句型进行大量的操练，不知不觉中产生内化的过程，二是保证语料的**整体输入**。一个词除了它本身通常多个语义外，还有语用和以及其他的词的语义连接等很多的信息，这些细小复杂的信息不可能在第一次就全部掌握。

语言习得的一个重要的特点就是后延期特性，即无论语句还是词语的学习，往往学过了一些时间才能运用。语言学习是一种典型的隐性知识和技能的学习和掌握的过程，那么这个过程存在着螺旋上升的规律。教学的组织者、教材的编写者和家长们是否十分了解学习过程中的不同阶段的螺旋及徘徊规律，是否了解学生们在语言学习过程中的静默期规律。当这些特征表现出来的时候，用什么方法与学生一起度过。只有通过了这段时期学生们的语言内化才能完成而达到临界点。

2. 记忆的规律与输入量的关系

记忆是一种自觉的过程，是存储信息的心理能量。从事信息处理研究的心理学家们按先后顺序将记忆分为感官记忆（sensorymemory）、短期记忆（short-termmemory）和长期记忆（long-termmemory）三个阶段。

感官记忆是指个人通过视、听、味、嗅等感官得到的，为时不到一秒钟的记忆。

短期记忆又称为工作记忆（workingmemory），是指对经过短期记忆处理过的信息进行存储和继续处理的记忆阶段，一般也只能维持二十秒以内。经过短期记忆处理过的信息可能出现两种结果，或者停止处理，被大脑丢弃或遗忘，或者进入长期记忆。

长期记忆又叫做永久记忆（permanentmemory），与前两种记忆不同的是，它在时间和容量上都是无限的，它包括一个人记住以前经历的全部。

记忆的第一个阶段--感官记忆的重要心理活动，没有注意也就形成不了感官记忆。然后感官记忆对接收到的刺激进行初步的认识，这个过程叫做"形之辩识"（patternrecognition）。学习者进行形之辩识心理活动的时候，要依赖长期记忆中的语言知识来帮助他辨别听到的看到的是什么，以便继续处理。感官记忆虽然极为短暂，却是理解的第一步，它的作用在于被输入者注意接收外界信息并对这些信息进行初步辩认，选择对该信息是否需要加工，并把信息保存足够长的时间以供短期记忆处理。

记忆的第二阶段--工作记忆对理解十分重要，因为它对信息进行短暂的存储并进行分析和理解，具有储存信息和心理运作的两大功能。面对接踵而至的信息，被输入者运用已具备的语言知识和非语言知识对信息进行意元组合（chunking），以便记忆，并对这些意元的意义进行预测、选择、判断和推导，输入长期记忆。不过，工作记忆也是有限的，它的两大功能既相互合作，帮助理解意义，又相互竞争有限的记忆空间。

记忆的第三阶段--长期记忆对输入理解的影响主要表现在把存贮于其中的语言知识和非语言知识为感官记忆和工作记忆的运作提供基础。经过短期记忆处理过的信息进入长期记忆后，就成了这个巨大信息库的一部分，可以为感官记忆和工作记忆的运作提供信息；不断输入长期记忆的新信息又可以用来重新评估已经处理过的信息，排除不合逻辑的解释，填补理解过程中的缺口，使学习者获得对语料输入的整体理解，以便对外界刺激作出反应。

要想从长期记忆中回忆起内容就必须激活里面的信息。就是说，学习者进行理解的时候，要善于利用接收到的信息来激活库存的信息，拓宽和加深信息处理的广度和深度，增加信息库的容量。

六、从现代人工智能的神经网络看语言课程的设计

近些年的人工智能开发与运用，使得其作用发挥在各个领域，相对与对外汉语教学，可能其直接对应的方法与内容还没有体现出来。首先我们需要理解说明人工神经网络和深度强化学习等内容，之后可以按照这些模型去构建和设计相关的教学模型，期待这些理念在对外汉语教学中发挥作用。

1. 人工神经网络结构

人工神经网络是指构建一个类型与人类大脑结构的记忆体，里面是由数量巨大的神经元和链接神经元的突触所组成的神经网络记忆体。每个神经元都有对应的值，每个突触，也就是链接的权重，也有对应的值。一套对应于输入的几级数个神经元和突触的这些值，就是其相应的记忆。

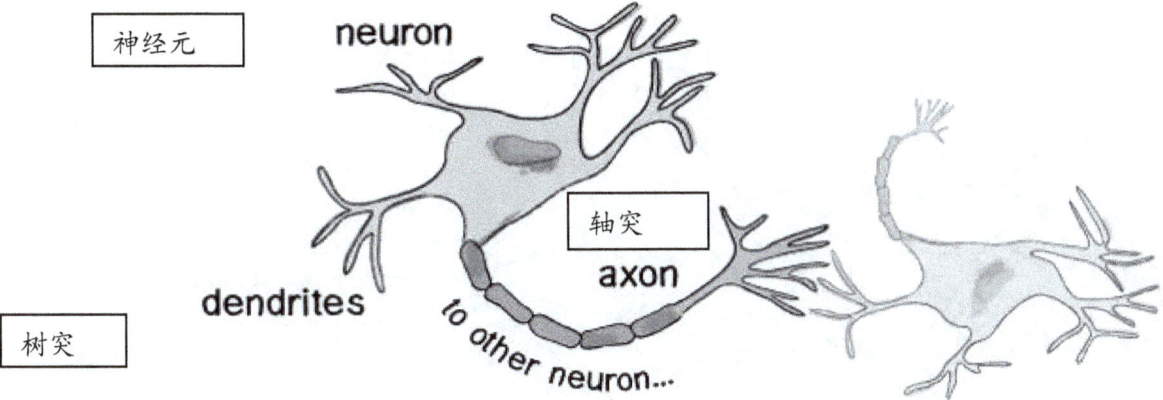

转换成数学模型为：

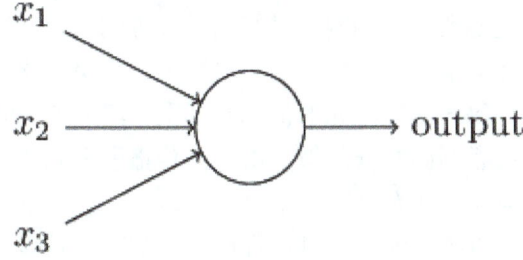

一般来讲，神经网络系统由输入，神经网络记忆体，输出所组成，其输出根据已经训练好的，具有记忆功能的神经网络记忆体，根据每次输入的信息所得到的。人工神经网络的训练是由已知的目标作为训练对象，通过开始的输出的误差，按照特定的反馈修正误差的数学模型进行修正。训练的过程就是反复修正误差的过程，一般需要几百次到几千次的训练才能达到所有神经元和突触的值确切与目标相匹配。一旦训练到一定的程度（训练次数），其输出误差小于一定的范围，我们说训练成功了，因为对于特定的目标，所有相关的神经元和突触都是有对应的值。

一个神经网络一定有很多的输入点，类型与眼睛，耳朵，可以听到和看到很多不太同的声音单词，如果训练成功，在神经网络系统里面有对应的神经网络记忆体存在，就是说某一个输入对应与神经网络记忆体里面会有相应的神经元和突触存在，或者说这些神经元与突触对应与该输入是直通的，而对应其他的输入是不通的。比方说图像识别，当我们用摄像头当初输入，并对构建好的神经网络系统进行训练，一旦训练成功，摄像头看到玫瑰，就会输出1，代表玫瑰，看到菊花，就会输出2，代表菊花。神经网络记忆体里面的神经元和突触目前就有训练好的两套神经元和突触存在。

神经网络记忆体的结构是由多级的神经元组成，每一级神经元的值等于上一级神经元的值与相应的突触值（权重）相乘，之后把这级的所有与之相连接的突触直接叠加作为本神经元的值保存。

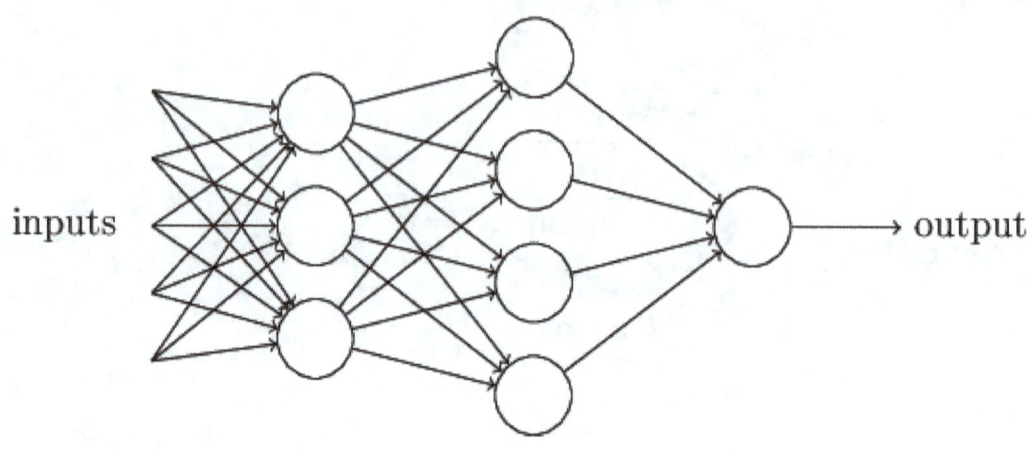

2. 人工神经网络工作原理

神经网络训练过程，是对初始建立的神经元与突触所组成的网络进行两个过程的操作，即正向传播和反向传播。第一是正向传播，所有神经元和突触都是初始时刻随机赋值的，第一次有输入值的时候，各个神经元的值与其链接的突触相乘，每一级神经元的值都是其上一级 N 个神经元与突触相乘之后直接叠加所产生的值。所以第一次或者开始时候的很多次正向传播所得到的输出值与目标值相差很大，或者说相差 99% 以上。类型与第一次看到的一个"王"这个字，基本上神经元和突触都无法解析出来。那么就需要对系统的所以神经元和突触进行修正（实际是是修正突触，修正后的突触会使得神经元的值也发生变化）。

最重要的的是第二个操作过程，也是训练的精华所在，就是反向传播算法。其中有很多的数学模型对输出值与目标值进行比较所产生的误差进行计算，其中有偏微分算法，对误差进行偏微分之后，对上一级的突触值进行更新。值得重视的是，这种偏微分的修正，是非常小的微调，通过几百次的微调才能把所有突触的权重调整好，使其可以匹配输入，得到正确的输出。这就是所谓的神经网络需要大数据进行训练的原理。

为什么需要微调而不是一次到位呢？这是通过试验得出的，大幅度调整会造成系统的震荡，甚至发散之至系统崩溃。

3. 人工神经网络训练过程对中文汉语教学的启示

这种训练思路对海外汉语教学模型设计是值得借鉴的。语言教学的训练方法就是找出对于学生的学习后的输出误差进行调整。

人工神经网络系统的图像识别，语音识别的运用，与语言教学有着太类似的地方了。**其一：**教学目标也就是神经网络原理设定的目标值。**其二：**而误差测量就是每段教学后的输出反馈，教学方法，教学的训练内容，复习与课后训练也就是反向传递的算法。而其重点是要研究的用什么内容，什么方法对记忆体进行误差修正。**其三：**训练的时间是多次化的，是逐步微调的，对待学生的学习效果不能一蹴而就，而是逐渐进化，逐步量化的过程。这也是人工神经网络训练过程需要一定的训练次数才能成功的一个重要考量因素。

有学者提到语言教学的静默期，显性知识与隐形知识之间的转化，都有着关联性。目前的人工神经网络的训练过程中的反向传播算法和次数，能用数学模型构建而可以精确的记录所有的过程的时间和每次误差减小值，呵呵，是很有趣吧，语言教学也许可以尝试进行这样的统计。

七、人工智能中的强化学习对语言教学模型建立的启发

1. 强化学习的系统结构

强化学习（ReinforcementLearning，RL）是机器学习中的一个领域，是学习"做什么（即如何把当前的情景映射成动作）才能使得数值化的收益信号最大化"。学习者不会被告知应该采取什么动作，而是必须自己通过尝试去发现哪些动作会产生最丰厚的收益。

强化学习与机器学习领域中的有监督学习和无监督学习不同，有监督学习是从外部监督者提供的带标注训练集中进行学习（任务驱动型），无监督学习是一个典型的寻找未标注数据中隐含结构的过程（数据驱动型）。强化学习是与两者并列的第三种机器学习范式，强化学习带来了一个独有的挑战——"试探"与"开发"之间的折中权衡，智能体必须开发已有的经验来获取收益，同时也要进行试探，使得未来可以获得更好的动作选择空间（即从错误中学习）。

在强化学习中，有两个可以进行交互的对象：智能体（Agnet）和环境（Environment）：

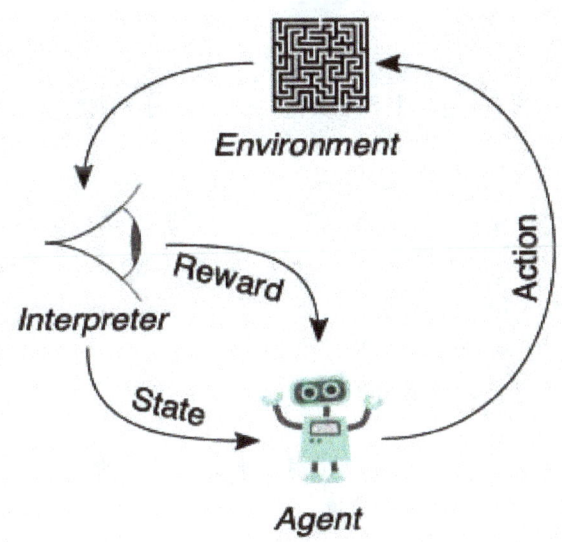

智能体：可以感知环境的状态（State），并根据反馈的奖励（Reward）学习选择一个合适的动作（Action），来最大化长期总收益。

环境：环境会接收智能体执行的一系列动作，对这一系列动作进行评价并转换为一种可量化的信号反馈给智能体。

2. 强化学习的原理

强化学习有许多不同的模型，它们都具有相同的基础：

我们对要解决的问题执行了许多不同的 episodes（注：agent 根据某个策略执行一系列行动到结束就是一个 episode），从中我们学习到一个策略。Episode 可以理解为一个过程。

在学习过程中，我们尝试学习在特定状态下应用特定行为的价值。

在每个 episode 中，我们需要执行一些行动。每次行动完成后，我们都会得到一个回报，并且我们可以看到新的状态。

由此，我们强化（reinforce）了在先前状态下应用先前行动的估计。

我们在遇到以下情况时终止：（1）我们的训练时间用完了；（2）我们认为我们的策略已经收敛到了最优策略（对于每个新的 episode，我们不再看到任何改进）；或者（3）我们的策略已经"足够好"（对于每个新的 episode，我们只能看到非常小的改进）

Q-Learning 可能是最简单的强化学习方法，它的灵感源于动物如何从其周围环境中学习。这种直觉很简单直接。算法维护一个-函数，该函数记录每个"状态-动作"对的。在每一步中：（1）使用多臂老虎机算法选择一个行动；（2）应用该行动并获得回报；（3）根据该回报更新。重复多次 episodes，或者直到每个 episode 都很难再提高我们的 Q-值。这为我们提供了一个（接近）最优-函数。

一旦我们有了这样一个 Q-函数，我们将停止探索，我们就可以利用这个学习（训练）好的 Q-函数，也就是序列集合。

最简单易懂的例子就是孩童学习走路，一开始当孩童站立起来后，每一条腿有很多的运动行为，抬腿，向前迈一小步，或者可以向前迈一大步，也可以向后退一小步。但孩童的目标已经确认，就是要去前方远处，因而通过很多次是运动试验，每次运动试验的每一个动作对于向前运动都会有一个激励的结果，把所有的，**激励最大**的运动行为存储起来，加以运用，当自行的尝试（Q-Learning 训练）结束后，今后就会运用这套最佳的**行为序列**完成走路的动作。

Q-Learning 在机器人运动训练中得到了很好的运用。在游戏的围棋中更击败了世界冠军而招致各路精英蜂拥而至。试图用这种算法解决各种以前无法突破的难题。

3 强化学习对语言教学行为的启发

而这在汉语教学中可以得到一些启发，比如，我们的目标是初级阅读能力教学，而开始去尝试不同的教学素材，不同的教学方法，不同的教学时间长度，不同的复习作业训练，通过教学测试或者语言测试，来判定学生是否有相应的进步。如果某种教学内容和行为，是有进步的教学结果，就记录该行为是保持的，通过多次试验，找到这阶段最佳的教学内容，方法等，作为今后的教学的使用，再进行下一步的教学试验。

在这里教程的设计者为教学试验进行重点设计的是，根据不同的学生语言基础和学习目标，设定学习的阶段，类似于强化学习中的所有行为动作。而每个阶段又有很多不同的学习内容、方法、时间等可以去尝试，每次试验都会有一个反馈输出，找到一个最佳的行为作为这个阶段的 Q 值而保持。最后的运用是把整个教学的每一个阶段的最佳行为作为这个阶段的教学行为选择，这就是根据教学环境，做出了一个最佳序列的教学行为。

作为人工参与的重点，**其一：**在于要知道每一个阶段的教学行为是否是合理的阶段目标，这个阶段目标是根据汉语规律而设定的。**其二：**设计每一个阶段的教学内容，素材，教学方法，所用时间等。可以有不同的几套方案，这就是好比学生在某个状态下可以用这些行动方案进行教学。**其三：**通过每一教学阶段结束后的行为，进行可知的教学测试或者语言测试，得出这个阶段中哪些是最优化的教学行为。

教程设计者应该根据不同的教学对象产生不同的最佳教学阶段的序列，得到最佳的教学策略组合。在本书中我们试图给出在不同的教学阶段中，各种教学内容、训练方法和教学目标，为教程设计者提供参考。

第二章 对外汉语教学难点与中级瓶颈

一、 海外华裔儿童汉语教学状况分析

目前很多海外华裔儿童的汉语教学目标都设定为能够进行自主阅读，并将识字量锁定在 2500 以上。但近二十年来中文教学结果与目前学生实际的中文识字量有一定的差距。无论在中文学校或者个别家庭自己在家进行的中文教学都是如此。这具体表现为两个极为明显的瓶颈状态，一个是在识字量为 800 字左右的时候，学生的遗忘就开始了，词汇量的增加也变得非常吃力，另一个是学生在学习到 1200~1500 字左右，基本上就无法继续增加识字量了。

2010 年至 2011 年我们对暨南大学中文班 8-12 年级和马立平中文班 6-7 年级的总共 800 名学生进行了"汉字识字水平"两次测试。试卷题为《北京交通》，选自《人民日报》生活版，总共 970 字，单字量为 397 个(不含重复字)，将所有单字按"字频数"分段。"字种"为生活和自然科学类。我们采取对学生"突然袭击"的办法进行诊断性测试。参考班的学生每人用 15 分钟时间阅读《北京交通》，给不认识的字画圈（不计重复），所有考卷收齐后统一阅卷，以减少人为的阅卷误差。科研组记录下每个学生每一字频段的生字量，然后算出全年级学生的平均识字量，最后经过加权平均等分析与统计，11~12 年级平均识字量在 1100~1600 之间。

因而目前来看，海外中文教学的最大困境是识字无法过关。这个瓶颈限制了学习者在汉语学习各个方面的提高。推测其原因可能有时间问题、教材问题以及教师的教学技巧等问题等。学生厌学的主要直接原因是识字量、阅读内容和认知心理年龄三者不匹配所造成的。

二、 目前全球对外汉语（包括华裔青少年）教学的难点分析

1. 中级瓶颈

中级词汇突破也许是海外汉语学习的最艰难的攻坚战役。没有到达中级水平，后面的阅读教学基本上是空谈。但是到底如何解决，中级水平之前的初级水平应该是什么程度，深加工识字训练和辅助阅读量及阅读内容方法等如何平衡，在认知心理年龄和词汇量的设计等各个方面需要理论和实验统一。

学情分析-海外华裔儿童和国内的儿童在汉语的基础上的区别。

国内的学生，具备的听说的能力比海外儿童强，听小说，听词汇并能理解意思，在初级和中级语文（言）的书面语学习，在一部分上属于识字识词，已经知道字词的音和意思，不用太多解释。字词的形音意三体的学习，主要在辨识"形"这个环节。海外华裔学生，很多的字词，没有听说过，更不知道是什么意思，如果直接在阅读课文中学习，经会有非常大的阻力，听说和词义再加上认识音形对应的学习任务非常艰巨。

张和生（2006）对中级以上汉语水平的词汇学习状况进行了调查和研究，结果发现："中级以上汉语水平的学生存在着较严重的汉语词汇量不足的问题。学习者进入汉语中级水平以后，词汇量扩展的速度呈明显衰减趋势，这一现象值得我们关注。按照学习者目前的词汇量扩展速度，他们将无法达到《(汉语水平)词汇等级大纲》对词汇量的要求，因而就无法满足汉语阅读与交际的需要。中级以上汉语水平的欧美学生已经具有了一定的语素意识但仍不成熟，误猜词义或误认同素异序词语都是学习者词汇辨识中的多发性错误。缺乏辨析近义词的能力，缺乏由汉字类属推断词义的能力，也是中级以上汉语水平的欧美学生存在的问题。探讨如何有效地扩大学生的词汇量，如何有针对性地化解学生词汇学习中的难点，无疑是当前对外汉语教学界重要的研究课题。"沈国威（2008）"'纵深配置'的知识关系到语言表达的准确、生动、丰富，是由初级向中级、高级阶段进步的关键。"

为什么需要5000个词汇是具备自主阅读的先决基础，这是根据汉语书面语的特点而决定的，根据HSK对词汇的分析和许多学者的研究表明，5000词汇是中级水平以上阅读的必备条件。

其实作为中级5000词的学习，是一个比较困惑的问题，次常用词基本上都是出现在书面语之中，比如："思念"、"思想"、"思考"都是常用字，但是三个词义却大不相同。而对词的理解需要在语境中进行，并且要在不同的课文或语境中反复出现才能掌握。这个规律有的论述中统计，大约为6-20次出现才可以达到理解，至于达到运用程度，可能需要在更多的实际环境中进行操练。

解决方案

要进入中级阶段，必须先在**最短的时间内完成初级的教学目标**，高效快速识1800字和2500常用词，在最短的时间内建立汉语的显性知识体系。**在中级阶段，**通过辅助阅读的内容和训练方法，使显性知识有效的转化和迁移成为隐性知识和能力，从点状记忆变为片状和网状记忆，科学有效地建立汉语常用词的心理词典，**用最短的时间，进行大量的有效语言输入，到达最佳的汉语语言内化效果和形成长期记忆，并具有5000常用词的识别和应用能力**。而配套的音频、图片及影视等多媒体的环境效果是非常重要的支撑手段。

2. 课上与课后的环境保障与输入量分析

多数海外华裔儿童中文学校的汉语教学，课堂教学时间大约为2-3课时/周，而一年才有60-66课时。根据中国国内大部分高校对外汉语教学的阶段设计，初级和中级课时基本上各个阶段设计为800小时。海外华裔儿童汉语教学的课时数的限制，更需要高效科学的总体设计。课后的训练设计则是一个非常重要的辅助教学环节。因此课后的训练就显得极为重要，对于教材的设计和家长的培训等问题，也体现一个重要的教学过程和环节，就是如何让家长或者辅导老师既不像老师那样备课，但又能熟悉和喜欢课文内容，课文内容和学生心理年龄是否匹配等，这些也是一个亟待解决的问题。

3. 实用性与可操作性分析

目前在美国各地的中文学校教课，教学手段过于滞后，还停留在一只笔，一张嘴，几张识字卡上。这对于提高课堂效率是很困难的。而且一周就2个小时，再加上教师对教材的理解参差不齐，有时在课后家长也不能给与有效的监督，要想提高中文教学水平还真有点举步维艰。所以，我们的教材是否设计课堂需求的课件系统，教师参考书更具体一些，家庭作业与家长的联系更密切一些等等。

4. 对外汉语教学难点

根据李泉教授2022年3月5日网络讲座《国际中文教育视域下的汉字：难学辨析、特点分析与教学策略》，统计了一些对外汉语教学专家的文章论点，其中指出，对外汉语教学难点第一是音形不对应，这是无法回避的问题，只能死记硬背，但基本的汉字还是很有限的，本教程的识字教学设计里面用了很多的多媒体手段来解决这个难点。第二是文本中分词没有物理切分，这也是中级瓶颈所在。本教程设计在识字教学阶段和阅读教学阶段特别注重了双音词的训练方法，从课文的排版提示，到课上课后的训练内容，词的训练是重点保留项目之一。

三、教材的探索与分析

为了考察和研究海外，特别是美国地区的华裔儿童汉语教学实际情况，我们对海内外十套汉语教材作了定量分析，选取10套较有代表性的教材(《绝色中文》，《熟语识字》，《马立平中文》，《iChinese》，《大成全语文》，《韵语识字》，《新意》，《暨大中文》，《中华字经》，《朗朗中文》)进行了定量分析与统计，写出了《海外10套中文教材小学部分内容对比分析》报告。我们主要从四个方面进行了评估：识字阶段(方法、时间、重复情况)、课堂教学设计(以保证识字的有效输入)、阅读内容和阅读量以及家庭的输入/复(练)习方法。目前正在使用的中文教材，没有一个在小学部时间段里完成2500~3000汉字的识字任务，很多的中文学校在四年级之后，开始试用各式各样的拼凑教材，而中学生学习中文的兴趣却在锐减。

第三章 高效海外中文教程系统设计

根据前面分析的汉语语言规律，语言学习规律和目前对实际情况的总结分析，综合了各个方面的因素而为海外（华裔）青少年设计一套科学实用，并满足课堂与课后语言输入的《高效海外中文》汉语学习系统。

一、结构设计

从系统整体结构上，特别设计了从入门到高级四个阶段的教学体系。其中识字系列包含入门、初级、中级三个阶段，识字以韵文识字为主体，包含了儿歌，韵文和诗词等，并配置了多达数十种多媒体训练内容的教学模块。入门和初级阶段结合辅助阅读训练，包含了一句话到300字的小故事。大阅读为中级阶段的重点训练内容，重点是在突破了语感听说的基本能力之后，由韵文识字教学模式的口语化教学，转换成书面语言的教学模式。

1. 《高效海外中文》教程结构设计的四级教学时间与字、词量化安排

	高效海外中文对应册数	识字量	识词量	短语（意群）	主题词	主题句	中心思想（mainidea）	课文阅读量(万字)	对应HSK	学习时间（年）/课时/课后
阅读能力			第一级	第二级	第三级		第四~第六级			
入门	识字系列第一、二册	800	1500					1	1~3	2
初级	识字系列第三、四册	1600	2500					10	4	2
中级1	识字系列第五、六册	2500	5000	X				10	5	2
中级2	阅读系列第一册	2500	5000	X				5	5	1

高级1	阅读系列第二、三册	3000	6000	X	X			10	5（建议HSK修改为中级2）	2
高级2	阅读系列第四册	3250	7000	X	X	X	X	5	6（建议HSK修改为中级3）	1
高级3	阅读系列第五册	3500	8000	X	X	X	X	10	6（建议HSK修改为三个高级级别1,2,3）	2
累计	11册	3500	8000					50		11年

2. 教材分册包括：课本、学生用书A，B、教师用书和配套光盘。

《高效海外中文-识字系列*学生用书》第 X 册 A，B（有1~6册共12本）

《高效海外中文-识字系列*教师用书》第 X 册（有1~6册共6本）

《高效海外中文-识字系列*配套光盘》第 X 辑（有1~6辑共6辑）

《高效海外中文-（中国通）阅读系列*学生用书》第 X 册 A，B（有1~5册共10本）

《高效海外中文-（中国通）阅读系列*教师用书》第 X 册（有1~5册共5本）

《高效海外中文-（中国通）阅读系列*配套光盘》第 X 辑（有1~5辑共5辑）

共计：课本：11册，学生用书：22分册，教师用书：11册；合计：书：44册。

配套多媒体光盘：11辑；合计：11辑。

第二篇 识字教学设计

第四章 入门、初级和中级识字阶段的高效可行性方案设计

本系统高效的四大基石。

基石一： 韵文为载体的识字，符合汉语音韵和记忆特点。即汉语的"语言模块"记忆最佳字数小于8。这也是中国诗句与儿歌每句不超过7个字，能使千百万人快速和永久记忆的原因之一。

基石二： 高效地建立短期记忆，是本系统的重要过程。多媒体练习配合韵文识字，对字词句的游戏式的各种反复刺激20次以上。满足对记忆目标的"深加工"要求，同时这种题材又满足可理解输入的条件。

基石三： 辅助阅读训练，包括聆听阅读，半自主阅读和自主阅读训练。构建从整体输入到整体输出、再到单个输出字词学习的迁移过程。阅读训练按照三级六个层次能力进行教学操作。

基石四： 只有将短期记忆转化为长期记忆，语言的学习才会到了运用阶段。构建从整体输入到整体输出、再到单个输出字词学习的迁移过程。阅读训练按照三级六个层次能力进行教学操作。

一、快速高效识字

1. "背诵式语言输入"的整体输入识字法

韵文识字运用整体输入的识字方法，不求学生们每个字全理解，而求学生们对整体的韵文有理解和感知，重点是学生进行**模仿朗读**，增加汉语的听力、读音等语感训练。这样的识字效率，生字率为60%左右，即一篇韵文大部分是生字，每年学习生字量设计为400以上，这样用六年的时间完成阅读汉语所需的2500基本字词的学习，从而具备了可以进行阅读汉语文章的能力。

这样短期内可以增加学生们的语感，做到听说读有效的在训练中链接一起。

2. "数十种多媒体教学模块"课堂课件和课后练习

多媒体的语言辅助教学模块，不单是可以增加学生的语言环境，而且更丰富了多种训练方法，使用图片，音视频，动漫等多媒体内容，更是老师非常实用的、有利的课件体系。

3. "广告式语言输入"的动漫和聆听建立语感，符合 i+1 语言输入理论

通过与中国湖南电子音像出版社合作，我们使用了整盘的动漫视频，对学生们进行了一些语音和视频输入的测试研究。例如，介绍一些非常优秀的儿童视频，请学生们自己去观看和欣赏，比如《快乐童谣》，《喜羊羊和灰太狼》系列剧等。通过试验，我们发现，整盘视频，不能够保证儿童可以一次看完，不少学生没有长久的兴趣，不再喜欢看同样的动漫视频了。

儿童和成年人一样，有一定的兴趣集中时间。而适量切割，每次只播放短则30秒，长则3~5分钟，并按照一定的规律进行重复，我们称之为"广告式语言输入法"，既满足了图式建立过程，又符合i+1的语言输入理论。音频和视频的内容，选用最为贴切儿童生活的起居、游玩等熟悉的内容为进入点，同时逐步增加带有浓厚中华文化内涵的传说故事，中华传统节日和成语故事等，将优美的汉语结合故事内容传授给学生，使学生们能够建立汉语字词、句子与情景内容、动作、人物和景物的描述及情感描述等连接。

二、克服遗忘手段

1. "循环识字法"2年内复习7次

2. 嵌入式"动漫"和"聆听"建立语感

3. 在遗忘点上进行韵文的动漫欣赏和四级电子字卡游戏

为了解决遗忘问题，并增加了一些汉语学习过程中所特有的训练内容，我们全球首创"汉语识字分层"训练，特别设计发明了《高效海外中文-识字系列》-《四级电子字卡游戏》，这个游戏包括了四级训练模式-轻松、通关、闯关和挑战。这些训练模式，在短期记忆训练过程中，作为深加工的操作，并且从短期记忆到长期记忆转化都具有着实际的意义，可操作性强，习得过程明显。

电子字卡的设计目的之一，就是在遗忘点上进行再训练。通过"配套光盘"中的"韵文欣赏"动漫进行对脑海中的记忆激活，然后再用字卡游戏第三级进行再训练。这个过程完成了汉语语言的音形对应，听音记忆，最佳的实现了"循环识字"功效。由于用电子字卡可以实现随机显示句子、短语、字词和字的位置，能动的使学生对句子、短语和字词进行有效的记忆和使用。

通过"电子字卡"在遗忘点上进行重复的训练，并结合"配套光盘"中的"聆听动漫模块，结合"辅助阅读"训练内容，达到巩固识字、扩大识字和运用字词效果。

游戏的趣味性可以使学生们喜欢这样的形式，互动性可以让学生们尝到成功的喜悦，游戏中设计了"完成时间"和"最少移动步数"，可以使学生在课堂上，或者在课后进行对抗性质的比赛。

三、识字阶段的辅助阅读设计

1. 训练目的：

课程设计在学生学习了400字之后，开始进入视图阅读，1000字之后加入辅助阅读教学阶段。辅助阅读训练，有助于巩固生字、词的音形对应和学生们的分词断句能力。重点训练对点字、词的读音，在句子中的地位。

中级瓶颈突破

中级瓶颈的突破是要有5000以上的双音词可以阅读并理解为目标。阅读作为词的理解，在语境中理解其含义，只有通过大量的阅读，透过不同的语境才能掌握。

2. 阅读内容设计：

第二语言学习过程中的图式理论有着非常重要作用，用学生们已经熟悉的阅读背景知识，对于促进对阅读的理解可以起到事半功倍的效果。

小阅读所选的精华文章，从一句话开始，增加到350个字左右的经典故事短文。主要内容是《民国老课本》内容，整体的内容设计已经是千锤百炼，本书内容涵盖了修身、游戏、历史、地理、政治、自然、实业、人事、国民知识、世界知识以及日常应用之事，力求做到丰富开阔，为初级汉语学习打下良好的基础。

大阅读文章包括格林童话，安徒生经典童话等，和故事，日记等叙述体裁，从450个字开始，扩展到1500字。从三年开始按照25%的阅读训练比例增加，重点训练学生们对大块汉语文章的适应，对字词和音对应，对段落的理解，对整个文章的掌控能力。

3. 阅读训练方法：

阅读训练则在三种形式下进行，由聆听阅读，视图阅读到辅助阅读进行过渡。主要将学生的阅读训练分成三个阶段进行重点实施，第一个阶段是解码和理解，第二个阶段是应用、合成的训练，第三阶段是欣赏与写作的训练。

重点字词才是句子中的"灵魂"。这正是"落叶漫天，独赏一片舞"的效果。 体现了本系统重点突出的阅读训练思想。使学生们真正达到阅读第一阶段的语言字词最重要的认知能力。从感悟、模仿开始，进行积累，达到语言运用。传承中国古代蒙学教学方法，满足现代语言教育学和儿童认知心理，完成语言的显性知识到隐性知识建立的习得机制。

四、《高效海外中文—识字系列》入门、初级和中级课程特点与内容设计

1. 概要

训练项目	内容	目的
韵文识字/写字	唐诗、宋词、儿歌、童谣等	学基础汉字。达到能聆听和阅读的基本条件
聆听阅读	童谣、儿歌、童话、故事、日记、小说等	感悟、模仿。分辨、熟悉中文字、词及句子结构、建立语感
动漫欣赏	经典儿歌、童谣、童话、动漫连续剧等	感悟、模仿。分辨、熟悉中文字、词及句子结构、建立语感
半自主阅读	经典童话、故事图画书、绘本等	儿童认知过程图画-〉文字的解码过程
小阅读/写作	寓言;笑话;自然故事;儿童民	字词的理解、句子的理解积累背景知识阅读第

	歌;传说历史等经典文章	一级能力训练
大阅读/写作	经典世界童话故事等。	句子的理解、段落和文章的理解积累背景知识 阅读第一、二级能力训练

2. 识字部分：配有多媒体课件及课后作业多媒体项目

适用年级	学前班	一年级	二年级	三年级	四年级	五年级
	入门	入门	初级	初级	中级	中级
	第一册	第二册	第三册	第四册	第五册	第六册
韵文动漫欣赏	X	X	X	X	X	X
韵文朗读	X	X	X	X	X	X
韵文注拼音	X	X	X	X	X	X
看图识字	X	X	X	X	X	X
听音识字	X	X	X	X	X	X
扩展读词	X	X	X	X	X	X
写字笔画、结构、拼音	X	X	X	X	X	X
组词游戏	X	X	X	X	X	X
看拼音找字	X	X	X	X	X	X
识字韵文四级电子字卡xxxxxx						
第一级：辨别句子	X	X	X	X	X	X
第二级：辨别短语、意群	X	X	X	X	X	X
第三级：辨别字、词	X	X	X	X	X	X
第四级：辨别所有字	X	X	X	X	X	X
句中填词		X	X	X	X	X
背诵	X	X	X	X	X	X
连词成句				X	X	X
辨别形体相似字词					X	X
生字卡	X	X	X	X	X	X
杜曼闪卡	X	X	X	X	X	X
密码通关设计	X	X	X	X	X	X
家长回执	X	X	X	X	X	X
拼音训练	X	X	X	X	X	X
辨识声母韵母		X				
拼音字词对应			X	X		
好句子拼音录入					X	X
识字法	韵文识字八部教学法（见课堂流程设计）					
识字量	441	373	522	435	416	292
识字量累计*	441	814	1336	1771	2187	2479
*本识字量统计：不包括辅助阅读和聆听、动漫中的词汇						

3. 聆听动漫部分

		学前班	一年级	二年级	三年级	四年级	五年级
动漫欣赏	童谣	X	X				
	中国文化故事		X	X	X	X	X
聆听	幼儿故事	X	X				
	中国文化故事		X	X	X	X	X
	中国成语故事			X	X	X	X
	中国饮食故事			X	X	X	X
	中华传说故事			X	X	X	X
听力教学法	长城听力教学法						

4. 辅助阅读部分

		学前班	一年级	二年级	三年级	四年级	五年级
阅读	内容			寓言	童话	童话	故事
	字数：小阅读			<150字	150~300字		
	字数：大阅读			400字	400字	500字	800字
阅读训练重点	辨识字词音形对应、重音、停顿等、分词断句、意群辨别			X	X	X	X
	辨别字词填空			X	X	X	X
	字词、短语、意群对应连接			X	X	X	X
	句子顺序排序			X	X	X	X
阅读教学	理解句子、段落问答			X	X	X	X
	句子表达类型判断					X	X
	阅读教学法：长城阅读教学法—读经试阅读教学法						
	总阅读量			5万字	5万字	5万字	5万字

5. 写作训练部分

	学前班	一年级	二年级	三年级	四年级	五年级
写字	X	X	X	X	X	X
抄写重点句子、段落			X	X	X	X
好句子积累、拼音录入					X	X

第五章 识字阶段目标特性与内容设计

一、入门阶段目标特性与内容：《高效海外中文-识字系列》1~2册

入门阶段的主要目标是迅速**建立汉语的语感**，包括听力和说的能力，达到比较熟练、准确地进行基本字词的听说能力。

《识字系列》第一、二册是比较简单的儿歌和诗词。配套多媒体光盘具有丰富的各种方法来诱发学生模仿参与的欲望。老师可以利用所有的多媒体模块作为课堂课件与学生互动，这些多媒体模块又可以作为课后训练内容进行重复调用。

二、初级阶段目标特性与内容：《高效海外中文-识字系列》3~4册

初级的目标是学生开始进行书写内容的识句子和短语训练。

在入门阶段原有的韵文识字体裁基础上，《识字系列》第三、四册是加长了的儿歌和韵文。减少了唐诗和宋词的比重。并开始了辅助阅读的训练过程。从一句话开始到300字的小故事阅读训练。

从第三册开始到第六册，即学完800字之后，开始进行辅助阅读训练。辅助阅读训练的目的是使学生们从简单的识字过程到书面本文章阅读过程的转换，在阅读中复习和巩固并扩大识字，辨别句子中的字、词和短语（意群）则是这个阶段的重要教学目标。本系统注重阅读教学和辅助阅读教学的分级训练，所以我们提出了在阅读（辅助）教学中，要做到"不缺位，不跨位，不错位"指导原则。第三册和第四册的辅助阅读，从一个句子开始，到一个段落和"大阅读"的整体故事教学，体现了在辅助阅读中的层次设计思想。

三、中级阶段目标特性与内容：《高效海外中文-识字系列》5~6册

中级阶段是比较重要的阶段，因其识字识词量的目标增加，而要建立一套完整的阅读体系才能完成这个级别的突破。

在识字过程中，《识字系列》第五、六册增加了"辨别字词"和"连词成句"的训练。设计使用了10万字的阅读量，并建议使用《六读阅读训练法》来完成扩展字词到中级阶段的艰巨任务，并建立课后增加补充的阅读量和阅读内容。

该阶段的主要存在的问题是遗忘率。针对于此，开发配套多媒体光盘的基本模块与应用，辅助阅读，按照遗忘曲线重复识字韵文电子字卡游戏等。

第六章 四级韵文识字电子字卡设计

关键字： 电子字卡、中文识字、整体输入、语言模块识别、遗忘率、学习理论、短期记忆、长期记忆、记忆深加工

一、概述

以韵文识字为主体的《高效海外中文--识字系列》，能够在短时间内，使海外学生进行大量识字和提高语感，有明显的作用。而纸质韵文字卡，作为学生的识字复习，拼字排序等训练，也起到了很好的辅助作用。

虽然课程的设计，安排了循环识字训练，但是通过多年的授课发现，学生们的遗忘仍然存在，并且在复习旧课的过程中，学生不太喜欢再次处理旧课的字卡，而且没有韵文音频的辅助帮助，对于海外学生，音字不能对应的弊端也明显的暴露出来。

教学解决方案：根据识字过程的发现的难点和重点，以及训练分层的理念，特别设计了韵文四级分层训练的识字电子字卡游戏，将字卡游戏设计为"轻松过关-识别每句的排序"、"勇敢闯关-识别基本语言模块"、"高级通关-识别基本字词"和"挑战极限-识别所有字"等四级难度字卡游戏。同时增加了"音频帮助"、"移动步数"和"完成时间"等功能，使学生们在课堂和课后根据不同的循环识字训练的时间点，进行句子，短语，词和字的看字，听音和识别字词短语和句子的训练，在很短时间内高频率多次任意时间的复习所学的韵文,有趣而更有效率。

二、相关实验

实验测试：第一组实验：对第五册学生测试第三册的韵文，学生们能够通过听音，回忆所学的内容和字词，100%学生可以完成第三级的游戏，66%学生可以完成第四级的游戏。第二组实验：目前第五册学校的学生，没有学过第一册内容，进行第一册字卡游戏的测试，100%通过第三级测试，即在音频提示的情况下，认识字和词，并能够根据韵文的句子，将字和词拼摆正确位置。

三、语感训练是语言学习中的重中之重

电子字卡训练在隐性语言系统中起到了重要的作用。（语感-习得-隐性语言系统的形成理论）。

电子字卡的音频系统，可以给学生创造出**全面的，多方位，实时的，随机的和最佳的语音模仿环境**。从朗读、阅读、重点句意的理解、复述文意，到小练笔的表白，无不体现出语感的形成和隐性语言系统的建立。

隐性知识是迈克尔·波兰尼（MichaelPolanyi）1958年在哲学领域提出的概念。隐性知识是指"只可意会，不可言传"的知识，即隐性知识相对主观，且依附于人的大脑或技能，它

通常通过行动表现出来。詹青龙老师在《信息技术教师培训：理论与应用》（2009）一书中特别介绍了野中郁次郎提出的著名的 SECI 模型，即隐性和显性知识的转化形式。

从知识管理层面上看，语言的隐性知识最初的建立由观察、模仿、亲身体验及师徒传授来完成。之后再完成隐性与显性知识的螺旋式上升的转化与建立。这个过程与我推荐的朗读训练"四读法"相吻合。而我们的很多学校正是缺少了"听读（聆听、范读）和跟读（模仿）"的重要过程，学生无法在这个初级阶段建立语感和语言的隐性知识，使学生无法生成高级阶段"朗读和诵读"的能力。

从学生的朗读水平可以看出学生的语感存在，实际上是学生们已经建立了中文的"隐性语言系统"，是学生们语言的隐性知识在课堂中的显化。

四、"四级训练模式"-轻松、勇敢、高级和挑战

-第三册第 49 课《布谷鸟》字卡游戏样板

1．儿童识别语言的基本模式，初期阶段的整体输入模式。第一级能力训练。

"整体输入"是儿童学习语言的基本能力，也是《高效海外中文-识字系列》识字原理设计的出发点。识字阶段的第一个阶段：混沌阶段，也就是朦胧阶段。这个阶段是学生们初识汉字，以汉字的整体结构来朦胧记忆。

在课堂上学过韵文后，第一次的训练为识别句子训练，学生只要能记住句子中的一些人物、事件，就非常容易联想并辨别整个句子。这样对于增加学生的兴趣和自信心，有着最基础的作用。这也是高效快速识字的最基础，由"整体到单个"原理。

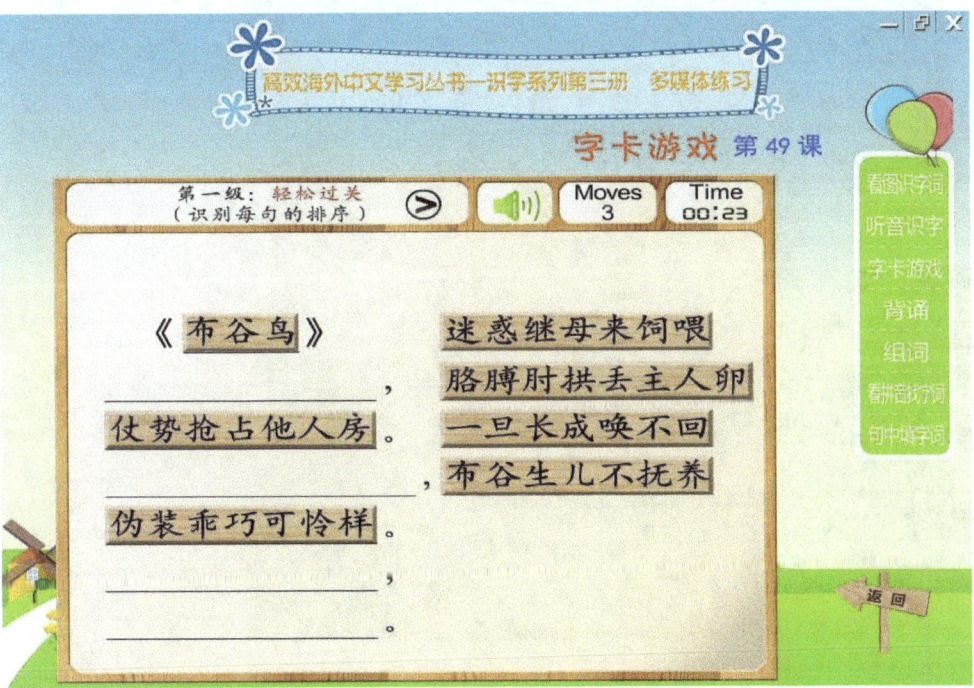

2. 汉语语言基本模块（词组、短语、意群）的识别，遵循汉语句子结构特点。第二级能力训练。

汉语句子的特点造成了字词短语在句子中没有分隔符号，对于字母文字语言的学生，如何识别句子中的字词，特别是熟悉和识别基本语言模块（短语、词组、意群）是识字过程中的重点，也是难点。特别是从识字阶段到辅助阅读阶段的训练，字词的音形对应和基本语言模块的识别，句子的"分词断句"能力训练则是重中之重。

意群和短语的应用在汉语句子结构中有极为特别重要的汉语特性，特别是与字母文字的相比，不单单是词在句子里面分离，而短语识别对句子意思的理解有极为重要的作用。

中文阅读训练中，对模块，意群的快速理解和运行，则是中级和高级汉语教学中的重点，没有训练成功的快速识别意群，就不可能达成速读的能力，就不可能有大量泛读的基础，也就没有可能达到语言输入量的教学目标。

对外汉语教学中，入门和初级识字阶段开始，一直到高级阅读教学，意群短语与模块的快速识别与运用，应该是必须保留的教学内容之一。

通过〈电子字卡游戏〉的第二级训练，能够使学生们按照习得的方式进行对"基本语言模块"的适应和辨别，为辅助阅读进行"分词断句"的训练打下一个坚实的基础。《高效海外中文-识字系列》的韵文的"基本语言模块"训练，将会多达1000个以上。

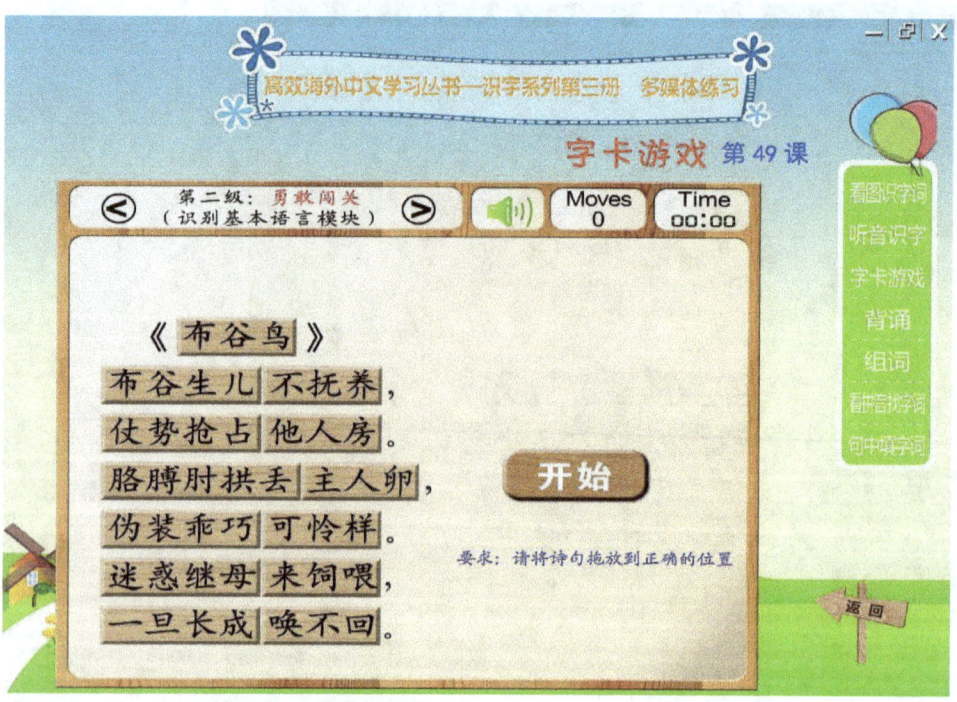

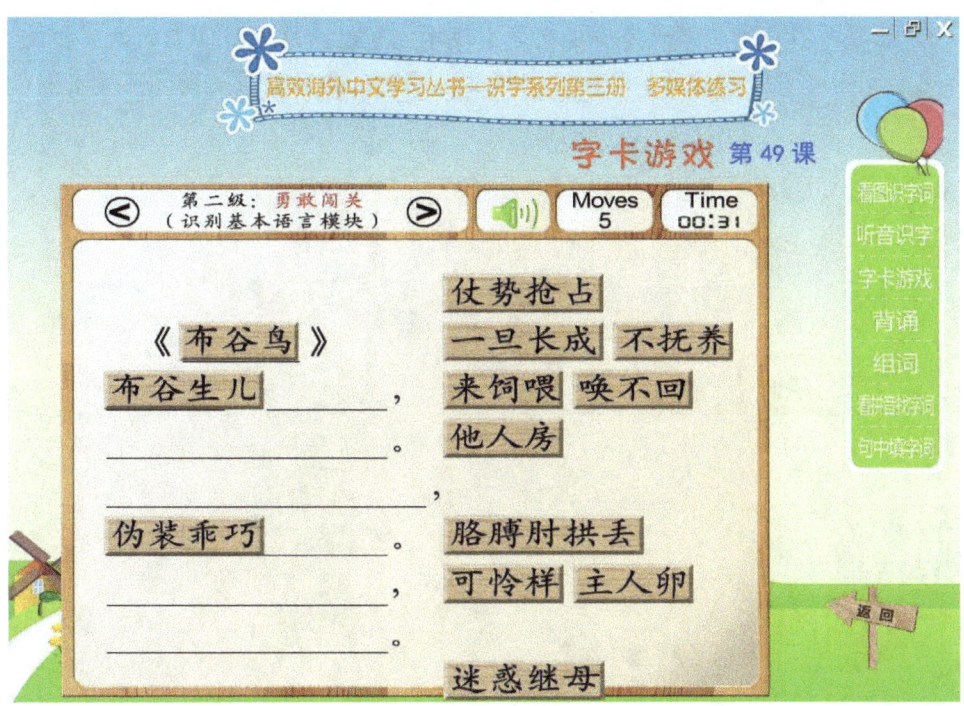

3．汉语的基本字词掌握，动词和双音词在汉语句子中的作用。第三级能力训练。

字和词是组成汉语句子的语言单位，辨别字词，是识字过程中的基本任务，也是阅读第一级能力的保障。高效识字最后的判别，就是无论在学完后的任何时间，能够听一边韵文，就可以把随机分布的字和词摆放到正确的韵文句子位置上。这是判别是否识字词的最基本的测试条件。

<u>**中级词汇突破也许是海外汉语学习的最艰难的攻坚战役。**</u>

没有到达中级水平，后面的阅读教学基本上是空谈。但是到底如何解决，中级水平之前的初级水平应该是什么程度，深加工识字训练和辅助阅读量及阅读内容方法等如何平衡，在认知心理年龄和词汇量的设计等各个方面需要理论和实验统一。

国内的学生，具备的听说的能力比海外儿童强，听小说，听词汇并能理解意思，在初级和中级语文（言）的书面语学习，在一部分上属于识字识词，已经知道字词的音和意思，不用太多解释。字词的形音意三体的学习，主要在辨识"形"这个环节。海外（华裔）学生，很多的字词，没有听说过，更不知道是什么意思，如果直接在阅读课文中学习，经会有非常大的阻力，听说和词义再加上认识音形对应的学习任务非常艰巨。

为什么需要5000个词汇是具备自主阅读的先决基础，这是根据汉语书面语的特点而决定的，根据HSK对词汇的分析和许多学者的研究表明，5000词汇是中级水平以上阅读的必备条件。

其实作为中级5000词的学习，是一个比较困惑的问题，次常用词基本上都是出现在书面语之中，比如："思念"、"思想"、"思考"都是常用字，但是三个词义却大不相同。而对词的理解需要在语境中进行,并且要在不同的课文或语境中反复出现才能掌握。这个规律有的论述中统计,大约为6-20次出现才可以达到理解,至于达到运用程度,可能需要在更多的实际环境中进行操练。

4. "字本位"理论的体现,汉语最小语言单位是"字"。第四级能力训练。

五、有效克服"遗忘率"

1. 短期遗忘

使用"听音识字词句"、"听音记忆"和循环识字法电子字卡的设计目的之一，就是在遗忘点上进行再训练。通过"配套光盘"中的"韵文欣赏"动漫进行对脑海中的记忆激活，然后再用第三级游戏级别进行再训练。这个过程完成了汉语汉字的音形对应，听音记忆，最佳的实现了"循环识字"功效。由于用电子字卡可以实现随机显示句子、短语、字词和字的位置，能动的使学生对句子、短语和字词进行有效的记忆和使用。

2. 长期遗忘

王衍军（网络PPT）词汇"在不同上下文、不同语境中的重现。词汇通过这种反复识别，巩固定型后进入读者的汉语心理词典，语法及文化知识等也在这种反复识别中熟练起来，形成系统。如果没有足够的阅读量，词的再认就达不到自动化的程度。词的再认耗费了大量的注意力，必然导致不能有效地进行更高层次上的阅读加工。这不仅是读得慢的原因，也是理解差的原因。没有足够的阅读量，就突不破阅读认知的瓶颈。"王衍军（网络PPT）"汉语还有自身独特的韵律节奏，光靠讲解很难领悟，必须反复朗读，直至烂熟。汉语语感的培养，仅靠汉语知识的讲解和操练是远远不够的，必须反复诵读汉语中优美的篇章，把体现汉语特点的典型表达方式铭记于心。"

通过"电子字卡"在遗忘点上的训练，整个识字系列设计为2的N次方时间复习率。比如在第1周学习之后，在第2，4，8，16，32周再次将识字电子字卡的第一级和第二级加入到作业训练中，结合"配套光盘"中的"聆听动漫"模块，结合"辅助阅读"训练内容，达到巩固识字、扩大识字和运用字词效果。

六、游戏的趣味性、互动性和对抗性。

游戏的趣味性可以使学生们喜欢这样的形式，互动性可以让学生们尝到竞技成功的喜悦，游戏中设计了"完成时间"和"最少移动步数"，可以使学生在课堂上，或者在课后进行对抗性质的比赛。通过任何级别的比赛，全球范围，区域范围，本校范围，班级范围，学生能够有机会对比完成时间和步数的成绩。这种对抗的成果，是对学生们的最大奖励！

结论

《高效海外中文-识字系列》的《四级电子字卡游戏》，总共119课韵文，总字数为5972个，涵盖基础汉字2479个，生字率为42%，属于韵文集中识字法。双音词总数为1979个，涵盖基础双音词为1867个，这些是汉语学习中级瓶颈突破前的最基础词汇训练内容。四级训练模块总计476个可以参与PK的"电子字卡游戏"。

《高效海外中文-识字系列》四级韵文识字电子字卡在海内外中文识字中的应用是目前全球首创"汉语识字分层"训练方法。使用"听音识字、词、句"、"听音记忆"和"循环识字法"，配合随机出现的句子、短语模块，双音词和单字的电子卡片训练，有效地克服海外学生识字过程中的遗忘现象，突出对整个句子的鲸吞式记忆，短语快速识别以提高速读的能力，对词的训练以突破中级瓶颈的难点。提高听音识字和增加语感，将韵文识字的功效更进一步扩大。

第七章《识字系列》多媒体模块设计

一、概述

1. 课堂课件应用

多媒体语言教学辅助模块，对于海外汉语教学应该说是非常有用的部分，其一是在课堂上，老师可以有现成的多媒体课件使用，配合课堂授课流程，使用多媒体自有的标注播音员级别的课文朗读，对应的各个故事的动漫视频，让学生在情景中学习语言。

2. 课堂的识字项目训练

同时课堂上老师可以运用数十种训练项目即刻与学生们一起参与识字游戏训练。丰富的各种训练模块，让学生们在不知不觉的习得中学习了中文字。

3. 短期遗忘和长期遗忘训练

由于有了各课的多媒体训练模块，很容易的进行本周的课堂内容训练，短期遗忘的任何内容，包括音，形等随时点击或者作业中得到训练。而之前学习的课程，在每辑光盘多媒体中都按照 2 的 N 次方集合再现。无论老师上课还是课后作业，都可以进行使用与复习。

4. 课后作业训练

课后作业按照训练的序列有机的编排，只有完成了上一级的内容，才能进行下一个模块的训练，最后有完成码可以让学生们输出给老师进行检查。

由于大部分的训练模块上课时候学生都和老师做了一次，因而课后的复习就会觉得非常容易，这种训练模式几乎是习得模式。

二、多媒体训练模块设计

界面和结构设计

基本的结构为课堂模块和课后模块，在"任选目录"中，所有课程的各个训练模块都可以直接调出播放和互动训练。在"课后目录"中，一旦选定了某一课，则必须按照多媒体已经链接好的模块一个模块一个模块的进行训练，之至最后的一个模块完成后才能得到完成码。

系统结构图，设计思想和教学安排则是用于随时查看的参考内容。系统概要有非常标准的国家级播音员朗读的概要内容，系统精华为教学中的精华参考书目等。

三、任选目录

在这个目录中可以选任何一课的多媒体课程。

1. 在某一课选择后，可以选择"朗读"模块，多媒体则播放这个课文的标准朗读内容。

2. 选择"注音"功能，则可以在课文的每一个字上面看到汉语拼音。

3. "欣赏"模块可以播放课文的动漫视频，同时课文的音频也同步播放。

4. "生字卡"模块可以显示每一课的生字，每个生字的结构，笔画，读音等。

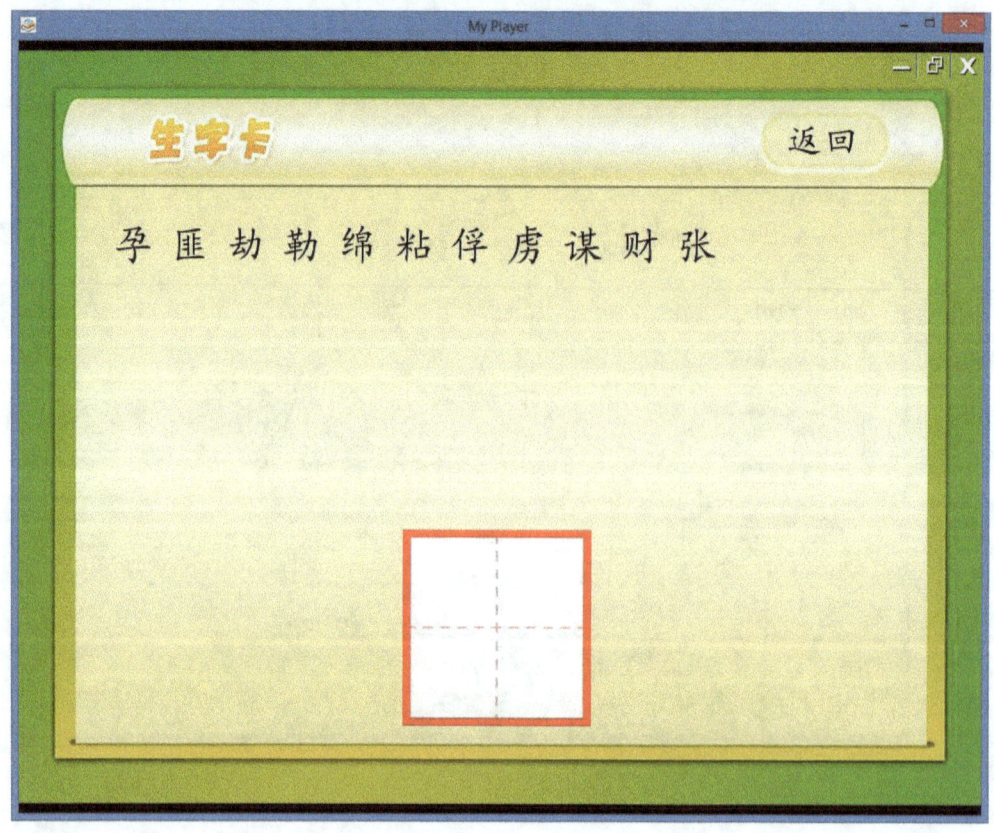

5. 进入"互动练习"区域，所有的模块都可以互动练习。

6. "看图识字"模块，用鼠标可以拖动字、词放到相应的图片下方，训练学生的字词识别能力。

7. "听音识字"模块，训练学生音形对应能力。

8. "组词"模块，训练学生识词和组词的能力。

这个部分在名词阶段还比较容易，形容词和动词就有一定的难度了。

9. "看拼音找字词"训练学生的拼音与生字词的对应。

10. "连词成句"训练学生的识别句子中字词排序的能力。

11. "辨词"模块，训练学生们精确识字能力。

这部分的识字主要是课文中的相似字辨别能力。类型这样的相似字、字族字的系统训练在高级阶段设计了精确识字的学习内容。

12. "杜曼闪卡"模块训练学生们对某个字的读音能力。

13. "字卡"模块，训练学生们对课文的整体句子，短语，词和字的识别能力。

14. "聆听阅读"部分中包括了"红蚂蚁系列"等动漫欣赏。

给学生们看中文动漫内容，是增加语言环境的重要辅助手段。

15. "聆听阅读"部分中包括了"中国民间故事与成语"等聆听欣赏训练内容，增加学生们听音听故事的兴趣和能力。

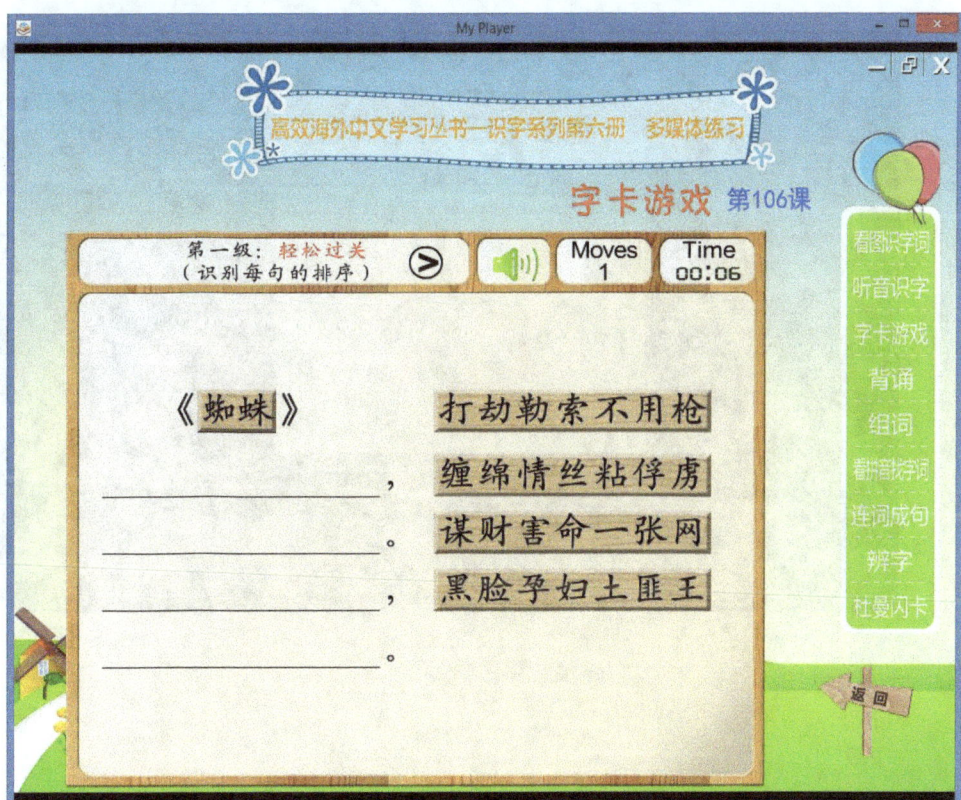

四、"课后目录"

课后目录是学生们的课后作业系统。

1. "课后目录"选择后,需要选择某一课。

2. 选择某课后,需要选择某一天。

3. 选择某天后,就必须按照多媒体设定好的所有训练模块一个一个的完成。

4. 某天完成后,出现"完成码",这个"完成码"也是除了周一之外的任何一天进入的通行码,需要在课本上记录这个"完成吗"。

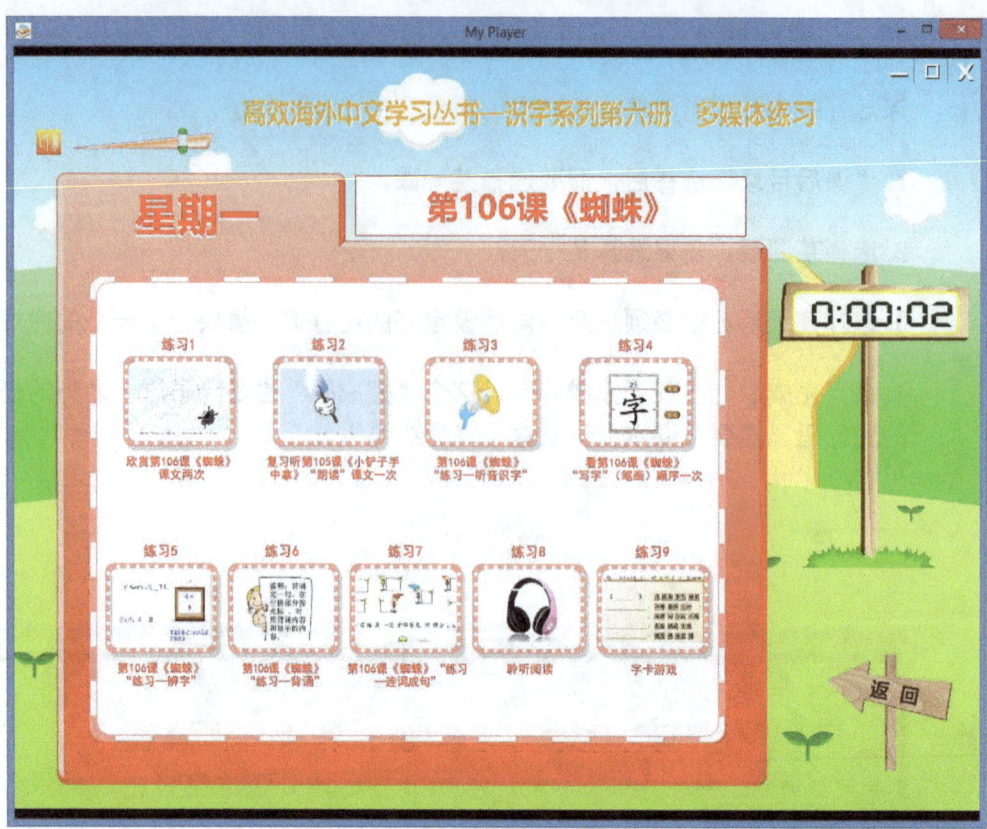

第八章《识字系列》初级阶段教学内容设计

一、《高效海外中文-识字系列》初级阶段（第四年）教学内容与时间安排

1. 识字部分按照初级阶段训练方法进行。

2. 阅读部分，增加了小阅读和大阅读教学模块。

3. 每4课进行一次综合练习，综合练习主要的对韵文识字部分进行综合训练，阅读部分训练方法不变。

第N周	《识字系列配套光盘》第4辑	课上小阅读教学10-15分钟,聆听阅读训练	课上大阅读教学30-35分钟,聆听阅读训练	家庭作业阅读部分:抄写经典句子，改编抄写阅读故事之中的经典句子和段落	训练点:课堂3-5分钟的训练内容,加在每周三的作业,或周二、周四的阅读训练里面
1	65A	第217课		218课～221课	复习偏旁部首：阝
2	65B		《青蛙王子1》	《青蛙王子2、3》	
3	66	第222课		223课～226课	复习偏旁部首：忄
4	67	第227课		228课～231课	复习偏旁部首：辶
5	68A	第232课		233课～236课	复习偏旁部首：扌
6	68B		《青蛙王子4》	《青蛙王子5、6》	
7	综合练习一		《狼和七只小山羊1》	《狼和七只小山羊2、3》	
8	69	第237课		238课～241课	复习偏旁部首：犭
9	70	第242课		243课～246课	复习偏旁部首：灬
10	71	第247课		248课～251课	复习偏旁部首：纟
11	72	第252课		253课～256课	复习偏旁部首：宀
12	综合练习二		《白雪公主1》	《白雪公主2、3》	
13	测试一				
			春季		
14	73A	第257课		258课～261课	同义词
15	73B		《白雪公主4》	《白雪公主5、6》	

16	74A	第262课		263课~266课	同义词
17	74B		《白雪公主7》	《白雪公主8、9》	
18	75	第267课		268课~271课	反义词
19	76	第272课		273课~276课	反义词
20	综合练习三		《驼背的故事1》	《驼背的故事2、3》/2聆听阅读训练	
21	77	第277课		278课~281课	标点符号
22	78	第282课		283课~286课	标点符号
23	79	第287课		288课~291课	"的"的用法
24	80	第292课		293课~296课	"地"的用法
25	综合练习四		《驼背的故事4》	《驼背的故事5、6》/2聆听阅读训练	
26	81	第297课		298课~301课	"得"的用法
27	82A	第302课		303课~306课	
28	82B		《森林中的三个小矮人1》	《森林中的三个小矮人2、3》	
29	83	第307课		308课~311课	
30	84A	第312课	《一个豆荚里的五粒豆1》	第313课	
31	84B			《森林中的三个小矮人5、6》	
32	综合练习五			《一个豆荚里的五粒豆2、3》	
33	测试二				
34	机动				
总计		20篇小阅读	11篇大阅读/11次聆听阅读训练	93篇小阅读和大阅读	

二、中级阶段阅读教学与练习的训练要点

1. 学习初步地分析课文,判断每篇短文有几个句子。
2. 联系上下文理解阅读文章重点词语的意思。

3. 学会用字典查生字，从而进一步理解汉字的音节，部首，笔画，结构，可以组成的词语等。
4. 通过替换练习，进一步比较和理解词语。
5. 学会找出一句话的关键词语。
6. 从抄写精美和经典句子开始，为学生们的后期写作打好基础。
7. 理解标点符号的用法，并结合朗读来理解句子的意思。
8. 课上训练重点：

    8.1.听老师或光盘朗读阅读课文

    8.2学生跟读，然后自己朗读课文，达到语感训练的听说能力。

    8.3学生们通过老师讲解和自主阅读来理解和认识重点字词在句子中的作用。

9. 课后阅读训练重点：

    9.1. 根据阅读内容，选择正确的字、词填入句子中。

    9.2. 完成字词、句子的正确连接。

    9.3. 回答问题，增强对句子或段落的理解。

    9.4. 熟悉文章的"排序"，对句子进行正确的排序，理解整篇文章的整体意思。

    9.5. 用自己的话对经典句子和文章进行复述，从而练习对文章的总结和语言表达能力。

10. 复习课的重点内容：

    10.1.熟悉生字：听音识字（老师、学生读音，学生举卡）
    10.2.练习朗读课文，比赛，朗读的四个重点，看哪个同学能够学习老师的语调、重音、停顿等。
    10.3.训练汉语拼音，听音，拼写汉语拼音，用光盘中"写字"部分训练。逐渐训练学生对一个句子进行拼音输入，为第五册的拼音写文章做准备。
    10.4.训练"字-词-句"的基本构成，用光盘中的"读词""练习-词组"部分训练，请学生们模仿，并用自己知道的事情进行造句。

    10.5. 辅助阅读教学，主要是辅助学生对文章中的字、词进行再识别和辨认，对整个句子的语音输入由老师和家长完成。并增加学生们的读音的能力，因为毕竟很多的词学生是第一次听，而没有说的机会，增加语感在这个部分完成。

四、家庭或课后辅导建议与安排设计

儿童没有学外语和第二语言的心理需求，家长的关心和在家（课后）提供中文语言环境对孩子们学好中文非常重要。

外语学习需要足够的语言输入量和输入时间，孩子需要根据练习册的安排，每天做家庭作业，切记不要在临上课前突击完成。在孩子养成学习习惯以前，家长一定要陪伴儿童一起学习中文。（建议每周5次，每次３０分钟。无论任何教材，家长只把孩子送到中文学校，回家不管，其学习效率只会有20%的成效。）

课文阅读和朗读

家长给孩子阅读，可以根据学生们的情况，有眼神和身体语言的交流，做到最好的语言输入。

虽然光盘中有聆听部分，由播音员进行专业朗诵，但是家长在第三册～第六册的阅读训练中，需要家长进行朗读，可以和孩子讨论，提高孩子的兴趣，达到一同快乐和欣赏故事的目的。

家长进行《读经式阅读训练法》（详第四篇），更有助于学生们建立各个中文字词的意思，建立不同环境，故事情节和内容的中文表示方法。学生进行跟读过程，在今后的字、词学习中，和中学部的阅读教学中打下了"图式内容"建立的基础。

坚持直到突破临界点。

别看书厚，本教材是按照美国小学生作业习惯设计的，每周的内容都在一起，包括重复率的设计，按照周一到周五安排完成作业，就一定有成效。每天的作业量就是30分钟左右。

第九章《识字系列》中级阶段教学内容设计

一、《高效海外中文-识字系列》中级阶段（第六年）教学内容与时间安排

1. 识字部分按照初、中级阶段训练方法进行。

2. 从第五年开始阅读部分全部为大阅读教学模块，中级瓶颈突破在于双字组词汇的 5000 个识词量上面的训练。大量阅读使词汇在不同的语境中出现 6~10 以上，学生才能理解并记住词汇。

3. 每 4 课进行一次综合练习，综合练习主要的对韵文识字部分进行综合训练，阅读部分训练方法不变。

第 N 周	韵文识字课程：课上/课后《高效海外中文丛书-识字系列配套光盘》第 6 辑	课上：大阅读教学（大阅读）30~35 分钟。~~~~~~~~~~聆听阅读训练	课后：家庭作业阅读部分~~~~~~~~~~抄写经典句子、改编自写阅读故事之中的经典句子和段落。	句子、段落及写作训练~~~~~~~~~~判断句子属于什么表达意思（五种之一）。、排序（拼音写作）	语言训练点 课堂设计 3 分钟~5 分钟的训练内容 加入每周三的作业内容，或加入周二、周四的阅读训练里面
20XX 秋季					
1	102 课 A	《铜匠哈桑》1	《铜匠哈桑》2，3		阝
2	102 课 B	《铜匠哈桑》4	《铜匠哈桑》5，6		忄
3	103A	《铜匠哈桑》句子及"排序"训练 1，4		《铜匠哈桑》句子及"排序"训练 1-6	
4	103B	《铜匠哈桑》7	《铜匠哈桑》8、9		辶
5	104	《铜匠哈桑》10	《铜匠哈桑》11、12		扌
6	105	《铜匠哈桑》句子及"排序"训		《铜匠哈桑》句子	

			练 7，10		及"排序"训练 7-12	
7		综合练习一	《铜匠哈桑》13	《铜匠哈桑》14、15		爫
8		106	《铜匠哈桑》16	《铜匠哈桑》17、18		犭
9		107	《铜匠哈桑》句子及"排序"训练 13，16		《铜匠哈桑》句子及"排序"训练 13-18	
10		108A	《铜匠哈桑》19	《铜匠哈桑》20、21		纟
11		108B	《铜匠哈桑》22	《铜匠哈桑》23、24		宀
12		综合练习二	《铜匠哈桑》句子及"排序"训练 19，22		《铜匠哈桑》句子及"排序"训练 19-24	
13		第六册秋季测试				
20XX 年春季						
14		109	《铜匠哈桑》25	《铜匠哈桑》25、27		氵
15		110A	《铜匠哈桑》28	《铜匠哈桑》29、30		讠
16		110B	《铜匠哈桑》句子及"排序"训练 25，28		《铜匠哈桑》句子及"排序"训练 25-30	
17		111A	《铜匠哈桑》31	《铜匠哈桑》32、33		目
18		111B	《铜匠哈桑》34	《铜匠哈桑》35、36		日
19		112A	《铜匠哈桑》句子及"排序"训练 31、34		《铜匠哈桑》句子及"排序"训练 31-36	
20		112B	《铜匠哈桑》37	《铜匠哈桑》38、39		月

21	113	《铜匠哈桑》40	《铜匠哈桑》41、42		土
22	114	《铜匠哈桑》句子及"排序"训练37、40		《铜匠哈桑》句子及"排序"训练37-42	
23	综合练习三	《铜匠哈桑》43	《铜匠哈桑》44、45		虫
24	115	《铜匠哈桑》46	《铜匠哈桑》47、48		火
25	116	《铜匠哈桑》句子及"排序"训练43、46		《铜匠哈桑》句子及"排序"训练43-48	
26	117A	《铜匠哈桑》49	《铜匠哈桑》50、51		钅
27	117B	《铜匠哈桑》52	《铜匠哈桑》53、54		饣
28	118A	《铜匠哈桑》句子及"排序"训练49、52		《铜匠哈桑》句子及"排序"训练49-54	
29	118B	《铜匠哈桑》55	《铜匠哈桑》56、57		衤
30	119A	《铜匠哈桑》58	《铜匠哈桑》59、60		女
31	119B	《铜匠哈桑》61	《铜匠哈桑》62、63		彳
32	综合练习四	《铜匠哈桑》句子及"排序"训练55、58、61		《铜匠哈桑》句子及"排序"训练55-63	
33	第六册期末测试				
总计：	18篇识字韵文	21篇故事阅读	42篇故事阅读	句子：60个 排序：63个故事	

二、72个偏旁部首汇总

丶 冫 氵 灬 亠 广 丬

讠 扌 亻 彳 宀 冖 穴 廾

钅 阝 礻 辶 夊 木

疒 饣 丩 攵 夂 犭 纟 目

立 革 火 土 皿 白 臼 日

禾 虍 犬 女 鸟 弓 虫 月

匚 凵 冂 口 彐 勹 彡 页

丨 丿 卄 聿 九 西 谷 心

子 八 人 夕 口 车 骨 爪

三、辅助阅读教学与练习的训练点为：

1. 课上训练重点：

A：听老师、光盘对阅读课文的朗读

B：跟读、自己朗读课文，达到语感训练的听说能力。

C：理解、认识重点字词在句子中的作用。

D：基本知道不同的句子表达的意思和表达方式：

熟悉句子的五种表达方式：

叙述	记载人的行为经历，叙述事情的经过变化
描写	写景物状态，气氛，形容物的形态。描写人物外表，形态等。
说明	说明事物的结构，解释概念含义
议论	讲道理，明观点，论是非
抒情	抒发感情（直接抒情、间接抒情）

2. **课后阅读训练：识字、词、找出句子顺序等能力：**

   A：选择字、词填入句子中。

   B：完成字词、句子的正确连接。

   C：回答问题，对句子或段落的理解。

   D：熟悉文章的"排序"，对"排序"的句子进行正确的排序。理解整个文章的整体意思。

   E：能用自己的话上课或在家中对经典句子进行讲述、运用。

3. **课后阅读训练：归纳句子种类、模仿"排序"段落和文章能力**

   A：会使用汉语拼音进行写作练习。

   B：归纳五种表达方式的句子，抄写各个阅读文章中的句子，并用汉语拼音进行不同句子的写作记录。

   学生在学期的各个阶段，能有五种表达方式的经典句子收集文本文件。

   C：对阅读的文章"排序"进行录入和改写。

   学生在学期的各个阶段，能有所学的阅读故事"排序"版的收集文本文件。

   D：能用自己的话上课或在家中对"排序"故事进行讲述，背诵。运用所学的句子进行自己身边事情的运用。

4. 复习课的重点内容：

   4.1. 熟悉生字：听音识字（老师、学生读音，学生举卡）
   4.2. 练习朗读课文，比赛，朗读的四个重点，看哪个同学能够学习老师的语调、重音、停顿等。
   4.3. 训练汉语拼音，听音，拼写汉语拼音，用光盘中"写字"部分训练。逐渐训练学生对一个句子进行拼音输入，为第五册的拼音写文章做准备。
4.4. 训练"字-词-句"的基本构成，用光盘中的"读词""练习-词组"部分训练，请学生们模仿，并用自己知道的事情进行造句。

   辅助阅读教学，主要是辅助学生对文章中的字、词进行再识别和辨认，对整个句子的语音输入由老师和家长完成。并增加学生们的读音的能力，因为毕竟很多的词学生是第一次听，而没有说的机会，增加语感在这个部分完成。

四、中级阶段的阅读能力训练在三级六层阅读能力中重点是第二~第四级训练：

回顾祝新华教授的阅读认知能力的六个层次，分别为

第一级能力：辨认解码

第二级能力：解释表述

第三级能力：分析综合

第四级能力：推理推测

三层六级阅读能力训练：能力-特点-认知-怎么问-怎么答

阅读第一级复述认读原文，抄录词句，指出显性的事实辨认找出记叙六要素(时间，地点，人物，原因，经过与结果）抄录词句，指出事实或得出某结论(结果）的依据(原因）。

阅读第二级解释用自己的话语解释词语，表面句意转译--是什么意思解释句子的意思解释文中的词语或短语的表层意思。

阅读第三级重整分析，综述篇章内容与表达技巧这个语段主要讲什么内容?比较异同概括，简要从哪些方面可看出...试举例说明。

五、参考文章：

1、【概念阐释】

文章常见的表达方式有记叙、议论、抒情、描写、说明五种。

表达方式的综合运用是记叙文的主要特点之一。主要方式是叙述，还要辅之以描写、说明、议论和抒情。叙述是通过一般记叙和述说的交代，把人物或事件的概貌介绍给读者，把分散的场景或事件的片段贯穿起来。描写是在需要具体刻画的地方，对人物或事件、环境作绘声绘色、细致入微的刻画，绘出鲜明生动的形象。叙述和描写常常结合起来使用，阅读时能充分注意文中的叙述和描写，对深刻理解文章的思想内容会起很大作用。

阅读记叙性的文章，既要能指出记叙的要素、人称、线索、顺序（顺叙、倒叙、插叙）、中心、材料的详略，分析各种描写（景物描写，场面描写，细节描写；人物的肖像、语言、动作、心理描写；正面描写、侧面描写）的作用，又要理解议论、抒情、说明的句子。

【阅读技法】

正确理解记叙文中五种表达方法的作用，对于把握文章的主旨、分析人物形象至关重要。因此，要在具体的语言环境中，根据上下文的内在联系来理解分析。

记叙是为了使读者对事件的全貌和发展的来龙去脉有一个清晰的了解。

描写是为了使读者获得具体深刻的印象。记叙文中的人物描写是为表现人物性格，揭示作品主题思想服务的。方法有正面描写、侧面描写、细节描写。环境描写指对自然环境及社会环境的描写。所谓自然环境描写指对日、月、星辰、天气、自然风光等的描写。自然环境描写能烘托人物的心情，表现人物的品质，推动情节的发展，起衬托中心意思的作用。分析环境描写的作用时，要先找出描写的句子，再联系文章的内容、时代背景综合考虑。

记叙文中的说明，常用来说明某种事物状态、性质、功能的特征。应该注意的是，记叙文中的说明，从整体上看仍是为写人叙事服务的。

记叙文中的抒情有两种方式。一种是作者在记叙的基础上直接抒发自己对文章的思想感情；还有一种是寄情于人、寄情于事、寄情于物，在叙述描写的字里行间渗透着作者的感情。阅读记叙文，抓住这些直接或间接的句子，才是把握住了作者在文中所表达的思想感情的依据，才能更加深刻地受到感染，接受美的熏陶。

记叙文中的议论目的都是为了直接点明和加深所写内容的意义，起画龙点睛的效果。其中有的议论就是文章的中心意思。形式上有的先叙后议，使读者提高对所叙人物(事情)的认识，增强文章的思想深度。有的先议后叙，使读者很快进入将要叙述的人物(事情)的思考，引起对下文的密切注意。有些记叙文中，作者不直接对所叙人物(事情)发表议论，而由文章中某个人物去发表议论，作出评价。因此，阅读记叙文时，对文中的议论细加揣摩，注意它与叙述、描写的关系及在文中的作用，能较快较准确地把握文章的中心思想。

2、体裁的区别：

以记叙人物、事件、景物为主的散文，称为记叙散文。记叙散文叙事较完整，写人人物形象鲜明，描写景物倾注作者的情感。这类散文与短篇小说相似，但又有明显的区别。就叙事而言，散文所述的事件不要求情节完整，更不追求曲折变化，而小说对叙事的要求要较散文高得多；另外，散文在叙事的时候需要饱蘸情感，小说的情感则主要由人物体现出来，不须作者明确抒发。就写人而言，小说要求努力塑造典型人物形象，典型人物是作者虚构出来的。而散文中的人物则是在真人真事的基础上，进行某些剪裁加工，注重对人物进行写意式的描绘。根据该类散文内容的侧重点不同，又可将它区分为记事散文和写人散文。偏重于记事的散文以事件发展为线索，偏重对事件的叙述。它可以是一个有头有尾各具不同的语言风格。

散文与记叙文有什么不同？

实在文学理论中没有记叙文这个概念，而所谓记叙文是在教学中为了区别不同的表达方式（议论、抒怀、记叙、说明、描写）而约定俗成的一种文体。与之对应的还有议论文，说明文，抒怀散文。议论文，说明文，抒怀散文，记叙文都属于散文范畴。

散文的含义实在很广，凡是独立于小说，戏剧，诗歌等几大文体之外的，都能回进散文范畴。而议论文，说明文，记叙文等等又属于另外一种分类方式了，这其中有这分类交错的现象。譬如说，议论文，说明文，记叙文都可以以散文的方式写，也可以以其他的文体来写。

特点不同，固然两者都是叙事，但侧重面也不同．记叙文以事件记叙为主，散文以叙事抒怀为主(补充两文的特点)记叙文的特点记叙文是指记人、叙事、写景、状物等类的文章。古代的记、传、序、表、志等，现代的消息、通讯、简报、特写、传记、回忆录、游记等，都属于记叙文的范畴。

六、家长的辅助工作内容

1.儿童没有学外语和第二语言的心理需求。

2.外语需要足够的语言输入量和输入时间。

3.儿童学习需要有学伴。（很多老师的孩子学习好的一个重要原因是，老师习惯陪孩子，无论是游戏还是作业训练）

4. 家长一定是完成上面的需求的最佳人选。家长一定要陪伴儿童一起学习中文。（或者 afterschool 的课后的中文复习课，每周达到5次，每次３０分钟的学习）

5. 无论任何教材，家长只把孩子送到中文学校，回家不管，其学习效率只会有 20%的成效

6. 阅读课文朗读工作：

  6.1. 家长给孩子阅读，可以根据学生们的情况，有眼神和身体语言的交流，做到最好的语言输入。

  6.2. 虽然光盘中有聆听部分，由播音员进行专业朗诵，但是家长在第三册~第六册的阅读训练中，需要家长进行朗读，可以控制孩子的兴趣，达到学伴一同快乐和欣赏故事的目的。

  6.3. 家长进行《读经式阅读训练》，更有助于学生们建立各个中文字词的意思，建立不同环境，故事情节和内容的中文表示方法。学生进行跟读过程，在今后的字、词学习中，和中学部的阅读教学中打下了"图式内容"建立的基础。

  此项工作，家长完成了：第二语言可理解性语言输入原理，i+1 语言输入原理，阅读的"图式理论"原理。

7. 别看书厚，这是按照美国小学生作业习惯，每周的内容都在一起，包括重复率的设计，按照周一到周五安排完成作业，就一定有成效。每天的作业量就是 30 分钟左右。无难度学习。

8. 整体训练的模式为辨识训练，即选择题训练，而不是运用式训练即自己出答案。这种方法最科学，学生最喜欢，兴趣最长久，效果最优秀。

第三篇 阅读教学设计

第十章 阅读教学设计思想

一、阅读教学内容呈现模型

基于布鲁纳学科结构观点的教材内容呈现模型

布鲁纳（j.s.bruner）是美国著名的教育心理学家。他认为，在纷繁复杂、浩如烟海的学科知识中，学生是没有时间去穷尽各种细枝末节的东西的，学生要学习的就是每门学科的基本结构。

那么，应该如何去学习呢？他强调让学生广泛使用"发现法"。即让学生自己积极主动地去探索学习，"自己去发现"学科内容，使学生"像数学家那样思考数字，像历史学家那样思考史学"，能亲自发现事物的结构和规律。这主要靠学生内部动机的作用，也就是学生对学科内容本身发生兴趣，而不是出于奖赏或竞争等外在动机。如何激发学生的内部动机？重要的一点就是教材的内容设计。教材应增加学习内容的趣味性，呈现一些引起学生好奇心的内容。

经过实验研究，他发现：呈现正确的、概括的说明，最能引起学生的兴趣。这些正确而概括的说明指一门学科的基本概念、基本原理以及它们之间的相互联系和规律，也就是学科的基本结构。学生掌握学科的基本结构，既能节约时间，又能学到很多知识，只有经过这样学习的学生，才能适应知识经济时代的要求。

二、阅读内容的设计方案

教材的编写者要根据认知结构的三个变量，做到阅读教学中充分建立"图式模型"，分级分层积累与提高：

1. **学科结构的内容与学生原有认知结构的起固定作用的观念之间的联系达到一定程度。**

    即材料的一定比例的内容应该是与学生已有知识结构中相一致的内容。

2. **年级越低，教材中的内容应该是与基本概念原理有关的实践性质的内容越多；而年级越高，则与基本原理、概念相关的一些研究性的内容应该越多。**

    教材中还应该出现一些引导性材料，供任课教师使用，教学生发现新旧知识之间的联系性。

3. **提供的新知识应该与原有知识结构中的内容有差别。**

    "一致性"体现为新旧知识间类似又有不同于旧知识的新内容。要将学生所学内容的本质属性和非本质属性进行变式呈现；提供事物的各种有关特征——无关特征、有关特征——有关特征、无关特征——无关特征的比较。

4. **将基本概念或原理在教材内容上以前后呼应的方式呈现。**

教师在教学中加强基本知识的教学中，对核心内容做到"口不绝于六艺之文，手不停于百家之编"，便于学生反复应用，加深理解，进一步稳定其认知结构。

三、阅读教学内容与方法的设计特点

《高效海外中文-阅读系列》教学呈现为双结构模式：**汉语语言基本结构和中华文化认知结构。**

海内外众多的语言教学家、教材设计专家早已经指出了一个非常明确的观点，即语言课不是文化课，不是历史课，不是故事课，不是科学知识课。文化、历史故事、科学知识等内容，是作为语言学习的载体，充分体现了学生们在不同的年龄对外部世界求知的心理需求和心理成熟的表现。学生们没有相关的阅读能力，不可能理解这些内容和思想。《高效海外中文-阅读系列》总体设计，充分体现了语言与文化的互融性而选择，通过不同的材料内容学习与感知，理解文中的汉语语言运用技巧，达到语言学习和训练的教学目的。

与此同时，学生们对中华文化有了一个比较整体的了解和对文化的内涵有一个熟悉的机会和过程。无论学生在任何地方，都会遇到并品尝中华文化魅力之韵味。

阅读教学的根本目的是让学生们掌握阅读的基本六个能力，特别是前三个阅读能力，即字词的辨识解码能力，字词句子的解释能力和句子、段落与文章的综合概括能力。

四、阅读的教学目标设定

1. 按照阅读教学分级训练理论，达到第二级至第四级的阅读能力训练。达到不跳跃、不痛苦的海外中文学习的良性循环。

帮助学生理清课文线索和脉络，从字、词、句、节、段、篇，学会从具体内容中分析和概括的能力，培养学生的思维能力。（第二、三级能力：解释、综合能力）

2. 熟悉句子的表达方式、熟悉段落和文章的结构，理解句子、段落和文章的主要意思。

读懂、理解、分析课文的内容（从表层义、深层义、比喻义、象征义）及作者如何表达的基本方法。（第四级能力：推理，判断）

3. 综合分析，推理判断作者意图，达到具有评价欣赏文章和创作的基础。

4. 缩写文章、积累好句子等达到学生们具有基本写作的能力。

5. 学习掌握更多的词汇（读、写的基础）。（第一级能力：辨识能力）

五、阅读的教学内容设计

1. <u>阅读教学内容：</u>

阅读题材中，选用中华文化为基础内容，并含有中国古典名著、现代四次工业革命及新闻和应用体等题材。中华文化精粹八大模块为：中国哲学思想、中国古代军事思想（含孙子兵法和三十六计）、中国中医药故事、中国诗书画一体化（含中国十大名画）、中国园林（含中国五大园林）、中国饮食（含中国八大菜系）、中国戏曲（含中国十大名曲）、中国武术等。

2. 精确识字：

同音字系列，字族字系列，字干体系列

3. 常用成语

300个基本成语故事及十二生肖趣味成语。

4. 写作

五种写作的基本表达方式的句子训练。

记叙文、说明文、议论文训练。

六、阅读训练的终极目标

1. 系统地构建中华文化知识体系

在完成《高效海外中文-(中国通)阅读系列》学习后，学生们不但进行了汉语的学习，更能成为熟知中华文化的"中国通"，因为《阅读系列》包含了中国文化的各个模块即经典又有趣。学生们学习越多，越能把前后人物背景和故事呼唤在一起，整体性和探索能力越来越强，为第三册及后面的各册大容量、各个学科模块的深度学习与探究奠定了非常广泛而扎实的基础。通过学习能够帮助学生们构建中华文化与艺术体系的整体框架，同时进行了最基本背景知识的铺垫。

1. 在文化艺术修养方面储备足够的背景知识

艺术是文化内涵的重要体现形式。通过熟悉和了解绘画艺术、建筑艺术、诗书画印琴酒茶，以及战争军事艺术的具体事例，来品味中华文化的迷人所在。文学与文化艺术来点缀自己人生，烘托周围的气氛，是人生何等丰富和美满。通过第五维度的索引，终有一款是你的最爱！

2. 如何欣赏文化的内涵

阅读的真谛就是读者和作者之间进行对话，读者和故事里面的人物进行对话。读者在作者描述和图画中进行生活实践，穿越历史，在某个意境中感悟作者和其相关人物的精神世界，通过作者对事物的描写议论，能够与读者的内心世界进行合拍与碰撞，达到精神上的共鸣。这样的阅读能把读者作为其中的角色带入作品的意境中，这就是从阅读中找到的快乐并且享受这种过程。

例如：通过《寒鸦图》的学习，学生们可以从题诗中能够领悟到书画者对"老树枯苔雪乍晴，饥鸟飞集噤无声"这冬季枯干的树枝景象，竟然能画出这么美丽图画，还有这么美丽的诗句在陪衬。通过对《高山流水》名曲的学习，可以感知不同的音符在表现山的高耸威严和水的急流与跳动。通过宋徽宗的《芙蓉锦鸡图》，能够把这位皇帝内心的世界观和哲学观体现在这美丽的动物身上。如果每一篇故事或者文章学生们都能引起共鸣，那么文化的内涵自然就会在学生们的心中落下不可磨灭的印记。

每个人都有自己的梦想，无论少年儿童还是暮年老人，根据自己的梦想，在《（中国通）阅读系列》中的不同主题线的维度中，去寻找和探索世界已经发生的故事，把自己梦想和历史与现实进行链接，可以让读者把梦中图画或者自己心里面的感悟描画出更完美、更清晰，并期待着这些梦想可以成真，这也是阅读的一个重要的作用。

读者根据自己的兴趣，能否知道更多脑子里面的模糊的想法，求知更多感兴趣的细节，延伸作用是把很多不同的故事，论点最后会呈现在自己构筑的一幅很大的图画中，把自己想说的东西，用不同的感受，用更丰富的语句和内容进行再充实。而品读过的书籍存于自己的书架之上，多个书架构成自己独特的微型图书馆，而这就是随时可以找到思绪出处的藏宝之地。本系统的高级阶段，学习语言的同时可以帮助学生建立自己的书库系统。

3. 追求精神上的更高层次的探究

<u>学生可以参与探究的项目（不限于这些）：</u>

3.1. 郑和下西洋所带的工具与欧洲文艺复兴时期达芬奇画的工具图是否相符（宰永迹图）？农耕文明在图中的表现？

3.2. 郑和下西洋与原美洲地图发现的假说？

3.3. 建筑与饮食、商业等故事与细节，参考《乾隆南巡图研究》《笔记。清明上河图》

3.4. 云冈石窟-人类东西方文明如何交集在一起的

3.5. 中国古代船舶与各种工具（清明上河图、宰永迹图、姑苏繁华图、康熙南巡图、乾隆南巡图等长卷图）与现代同类相比较

3.6. 丝绸之路的七个绿洲以及各个时期的主要特点

3.7. 敦煌的每个石窟里面的故事背景

4. 为 AP 中文和 HSK6 级以及 IB 中文考试做出了扎实的基础训练，从内容到方法。

无论是三种中的哪一种最终级别的考试，都要求学生能掌握相当深厚的中国文化知识和现代生活用语等。从阅读的三个基本条件分析，语言知识、背景知识和阅读技能都是能够取得考试的必要条件。

IB 中文的设计，是从入门一直到高中毕业，其内容和标准应该是非常丰富和标准的每一个级别设计的精准细致。根据《国际文凭学习者培养目标》设定，八个方向中的其中四个是必须在学习和考试过程中体现到的：

探究者： 他们培养发展自己天生的好奇心。他们学习掌握开展探索和研究的必要技能，并在学习的过程中显示出独立自主性。他们积极主动、热爱学习，这种好学的品质将伴随他们的一生。

知识渊博的人： 他们探索各种与当地或全球有关的重要概念、思想观点和问题。在探索的过程中，他们学习掌握精深的知识，并发展对广泛而均衡的各个学科的综合理解。

思考者： 他们积极主动地以批判性和创造性的方式运用思考技能来识别和处理复杂的问题，并做出理由充分、合乎伦理的决定。

交流者： 他们能够运用一种以上的语言，在多种多样的交流模式中有信心和富有创意地理解并表达思想观点及信息。他们能够有效而愉快地与他人合作。

《中国通阅读系列》从内容的精选到预留的研究方向和探究内容，给阅读者有足够的深度和广度进行学习，足够多的中华文化历史和知识体系，能让学生对比不同时代的其他地域的文明史进行更广泛的思考和探究，这样的系统设计可以满足 IB 中文对训练内容的要求。

HSK 中文水平开始的第六级，基本上体现了应试者的汉语阅读水平和听力水平以及综合文章概括能力等。这些内容和训练方法，在《中国通阅读系列》中按照每册的阶梯逐步到第四、第五册的训练题型基本上和 HSK6 保持一致。

如果能够掌握了本系列的内容和达到了训练的要求，通过 AP 中文的考试应该已经不需要太多的基础准备工作了。

七、高级阅读课程的训练点设计

故事引入、建立图式背景。介绍人物事例，介绍作品，讨论对各个阶段的影响，配合文章，进行各个阶段相关的语言能力训练。

1. **阅读教学与练习的训练点**

    1.1. 课上训练重点：

1.1.1. 听老师、光盘对阅读课文的朗读

1.1.2. 跟读、自己朗读课文，达到语感训练的听说能力。

1.1.3. 理解、认识重点字词在句子中的作用。

1.1.4. 基本知道不同的句子表达的意思和表达方式，熟悉句子的五种表达方式。

写作五种表达方式：

叙述	记载人的行为经历，叙述事情的经过变化。	太阳从东方升起来了。
描写	写景状物，描摹景的氛围，形容物的形态。	一轮圆圆的红日从东方冉冉升起来了。
说明	剖析事物构造，解释概念含义（析理释义）。	太阳是从东方升起来的。
议论	讲道理，明观点，论是非。	太阳从东方升起的道理谁都知道。
抒情	抒发感情（直接抒情、间接抒情）。	啊，太阳从东方升起来了！

2. 后阅读训练：识字、词、找出句子顺序等能力：

   2.1. 选择字、词填入句子中。

   2.2. 完成字词、句子的正确连接。

   2.3. 回答问题，对句子或段落的理解。

   2.4. 熟悉文章的"排序"，对"排序"的句子进行正确的排序。理解整个文章的整体意思。

   2.5. 能用自己的话上课或在家中对经典句子进行讲述、运用。

3. 课后阅读训练：归纳句子种类、模仿和排序段落和概括文章能力

   3.1. 会使用汉语拼音进行写作练习。

3.2. 归纳五种表达方式的句子，抄写各个阅读文章中的句子，并用汉语拼音进行不同句子的写作记录。

学生在学期的各个阶段，能有五种表达方式的经典句子收集文本文件。

3.3. 对阅读的文章"排序"进行录入和改写。

3.4. 能用自己的话上课或在家中对故事进行讲述和概括。运用所学的句子对自己身边事情进行描述。

4. 仿写句子

仿写句子是指在一定的语言环境中，根据语言表达的需要，参照题干所提供的句式，另写一个或多个句式相同、内容与上下文衔接的句子。
仿句是按照题目已经给出的语句的形式，再另外写出与之相仿的新句，仿句只是句式仿用，文字内容不能完全一样。
只要被模仿的是句子的形式，不管是单句或复句，都列入仿句。

4.1. 句式：

句式就是句子的结构方式。对于句式，可以从两个角度来理解：

4.1.1. 句子的类别：

句子包括单句和复句两大类；

单句又有非主谓句和主谓句，复句又有多种类型。

4.1.2. 修辞的角度：

要研究哪一种句子最能恰如其分地表达思想感情，更具有说服人、感染人的表达效果。
从句子的类别研究句式是对语言现象的静态上进行分析的，偏重于认识和理解，主要解决怎样做到使语言表达正确无误的问题。
从修辞的角度研究句式是对语言现象的动态分析，偏重于运用，主要解决怎样做到使语言表达形象、生动、鲜明、有力的问题。

4.2. 仿写技巧：

常见的仿写句子的考查类型有：套用式仿写、续写式仿写、造句式仿写、嵌入式仿写、命题式仿写。
要答好这类题应从几个方面入手：

4.2.1. 审清题干，明确仿照内容。

找出例句中的显形信息或者隐性信息。但是一部分同学总认为题干就那么几句话，有什么好审的，我看了一眼都能背出来。殊不知，背出来了也不等于你就审清楚了。
另一种情况是一部分同学心中似乎明白了，但不能在答案中有效地体现出来，可谓"心中有，手中无"。

要真正做到明确显性要求，可采用分项列举的办法，把题干的要求进行分解，把每一小点写在草稿纸上，并标上序号；

或者用铅笔轻轻地在题干上标上序号。

4.2.2. 我们可以分解出三个显性要求：

①添上恰当的主语，

②句意与下句密切关联，

③句式基本一致。（检查答案时，我们要反躬自问：有主语吗？主语恰当吗？与下句的关系密切吗？句式一致了吗？）

仿写的句子只有符合了这三个要求，才能算是正确的。

4.2.3. 隐性信息所隐含的内容要通过例子进行综合分析才可以得到。

隐性要求也是复杂的。

但是不管例句如何变化，我们大致可以从这样几方面来考虑它的隐性要求：

①看例句是单句还是复句，是陈述句还是疑问句，是整句还是散句，是肯定句还是否定句，是长句还是短句；

②看单句内部短语的结构，看复句中分句之间的逻辑关系；

③看语体色彩，看感情基调；

④看关键性词语等等。要十分重视对隐性要求的分析。

4.3. 找全其模仿点，确定陈述对象

4.3.1. 句子形式：

因为句子的类别不同，语气也就不同，表达效果也就随着有所不同。这方面的研究内容除了"语气句式"（陈述句、疑问句、祈使句、感叹句）之外，还应包括：

特殊语序、主动句、被动句、肯定句、否定句、连动句、兼语句、提示句、总结句等要——加以分辨，防止"走形"。

在复句的仿写中有假设句、因果句、条件句、转折句等，也就是要侧重于整句。

如是复句，仿句也应是复句，且假设、因果、递进、并列等复句关系也应一致；

如是单句，仿句也应是单句，且主、谓、宾、定、状、补的位置相一致。

4.3.2. 修辞角度：

这种题型往往要做到修辞一致，这就要求同学们对常用的八种修辞能正确理解，并能熟练运用。

这八种修辞是比喻、比拟、排比、反问、对偶、借代、设问、夸张。如修辞使用不当，就会"失之毫厘，谬以千里"。

同学们在初中阶段主要要掌握的有比喻句、排比句、对比句、对偶句等形式。

比喻句的要求是要有本体和喻体，要有相似点，讲究贴切、通俗、形象；

而排比句的要求则是讲究结构相似、意思连贯、语气一致等。

4.3.3. 色彩角度：

如"古往今来，彪炳史册的杰出人物，都曾做出过非常的努力，因而在事业上创造了辉煌的业绩。"这句话从感情上讲，饱含褒扬之情。而且仿写的语句大多是要求富有哲理的，或者意蕴含蓄的，这就要求同学们首先应该领会或领悟其中蕴含的哲理，把握上下文的意脉，防止"形合而意离"的仿写。

5. 缩写句子：

又叫压缩语段，就是把"枝稠叶茂"的长句子，缩短为只留"主干"的短句子，并且不能改变原句的主要意思。

无论多么复杂的单句，只要层层压缩，就会越来越简单，最后剩下的就是这个句子的"主干"。换句话说，"主干"就是把所有的定语、状语、补语都压缩了之后余下的部分。

5.1. 缩句的对与错，优与劣的标准：

一是不改变原句的意思。

二是不改变原句的结构。

三是不留下多余的枝叶。如把"精彩的表演在热烈的掌声中结束"缩为"表演在掌声中结束"就多了"在掌声中"这个枝叶。

四是缩写后仍然是句子。

5.2. 缩句的要求：

5.2.1. 缩句后主要成分必须是词或词组

例如："大熊猫贪婪地吃着鲜嫩的竹叶。"不能缩成"熊猫吃叶"，而应缩成"大熊猫吃着竹叶"。

因为"大熊猫"和"竹叶"是完整的概念，"熊猫"和"大熊猫"的外延并不一致。"叶"在这里是语素而不是词，"竹叶"才是词。

5.2.2. 保留必要的成分

例如："我班先进学生经常主动热情地帮助后进学生"。如果缩成："学生帮助学生"则意思模糊，只能缩成"先进学生帮助后进学生"。

保留了"先进"和"后进"两个附加成分，意思就清楚明确了。

5.2.3. "着"、"了"、"过"要保留 "着"字用在动词后面表示动作正在进行

如："同学们上着课"，如果缩成"同学们上课"，就没说清楚是现在上课还是以前上课。"了"字用在动词后面表示动作已经完成。

如："赵老师给我们上了一堂难忘的科学课。"应当缩成"赵老师上了科学课。"若缩成"赵老师上课。"是正在上，还是上完了？不知道。"过"字用在动词后面表示动作已经过去。

如："我曾经游览过美丽的桂林。"如果缩成"我游览桂林。"是正在游览，还是曾经游览？没有说清楚。

由此可见，谓语后面的"着"、"了"、"过"不能去掉的。

5.2.4. 复指成分应完整地保留

例如："我们应当遵守自己过去许下的诺言。"应当缩成"我们遵守自己的诺言"。若缩成"我们遵守诺言。"意思是不完整的。

5.2.5. 表示方位的词组应该完整地去掉

例如："我们在清澈的河水里游泳。"应当缩成"我们游泳。"不能缩成"我们在游泳"，此外，像"在……下"、"在……里""在……外""在……中"等句子中表示方位的词组作状语时，都不能保留"在"字，应该同后面的状语一起完整地去掉。

5.2.6. 补语的处理

首先，动词谓语后面的补语一般应保留中心词；

其次，形容词后面的补语一般删去。

如"发表作文后的张小南高兴得跳起来"，可缩成"张小南高兴"。

5.2.7. 不改变句子的语气

句子的语气不能改变，如"莫非他想在这里安安稳稳地睡上半天吗？"应缩成"莫非他想睡吗？"

5.3. 缩句的常见情况及应对技巧：

缩写句子常连带扩写，仿写和修改句子考查。

5.3.1. 缩句常出现的有两种情况：

第一种，去掉全部枝叶，只保留主干。如："精彩的表演在一片热烈的掌声中结束。"缩为："表演结束"。

第二种，去掉大部分枝叶，保留主干和小部分枝叶。

保留的枝叶有：

①否定句中的否定词。

如"我绝对不同意你的这种无理要求"。缩为"我不同意你的要求"。"不"必须保留。

②"把"字句和"被"字句中的"把"和"被"以及它们连带的重要词语。

如：他把我漂亮的水杯带来了。缩为他把我的水杯带来了。把修饰词去掉，谁：他，干什么：把我的水杯带来了。

③疑问句子中表达疑问的词语要保留。

如"五年级的运动员为什么会在运动会上夺走了好几项冠军呢？"缩为"运动员为什么夺走了冠军呢？"

5.3.2. 缩句步骤：

①弄懂句子的意思；

②标出应留词语（主干和必须保留的枝叶）；
③检查对错优劣。如："这气魄宏伟的工程在世界历史上是伟大的工程。"缩为："这工程是工程。"

  5.3.3.缩句方法：
①分辨句式，提出问题。

  先看看这句话是写人还是写景物的，然后可以提出"主""谓""宾"来找出句子的主要部分。

  如："满头白发的老奶奶拄着拐杖，焦急而又耐心地等待着周总理的灵车。"
这是一个长句，我们就可以提问：主——老奶奶；谓——等待灵车。缩句后就成为："老奶奶等待着灵车。"

  又如："这毛茸茸的在地上流动着的小绒球原来是刚孵出来的小鸡。"

  我们可提问：主——小绒球；谓——是小鸡。缩句后就成为："小绒球是小鸡。"
②进行词语比较，找出主要词语。

  有些句子很长，修饰的部分较多，我们就要在几个词语中选出主要的，才能正确地缩句。
如"工人宿舍前的草地上开满了五颜六色的野花。"
因为"野花"只能开在"草地上"。所以"草地上"是主要词，而"工人宿舍前"是修饰"草地"的。
③如果是否定句缩句，就要把否定词一起写出来，否则就会改变句意。

  如"我不相信他那种骗人的鬼话。"应缩成"我不相信鬼话"，而不能缩成"我相信鬼话"。
④将形容词，修饰词删去。

第十一章 海外中文汉字第二阶段教学研究－清晰识字教学的方法与设计

一、回顾汉字识字的三阶段理论

佟乐泉教授提出了非常著名的识字三阶段理论，给中国小学识字阶段的教学带来了比较科学的认识论。我们简单的叙说这些内容，对我们海外儿童识字阶段的认识，也会起到一个积极的作用。

识字阶段的第一个阶段：混沌阶段，也就是朦胧阶段。这个阶段是学生们初识汉字，以汉字的整体结构来朦胧记忆。

基本上是"认识"，"估计是"汉字的意思，音形对应。识字阶段的第二个阶段：精细阶段，也即是清晰阶段。这个阶段学生们的识字量增加，对字义的理解，在句子中的作用等会比朦胧阶段更清晰。识字阶段的第三个阶段：模糊阶段，实际上比精细阶段更高一层，可以随口即来，随笔能用的使用汉字阶段。

我们认为，这三个阶段是识字的基本规律。学生在识字过程中，必定遵循这个阶段性，而且不可颠倒和互换的过程。

根据中国小学语文教学的统计数据，佟教授的理论得到了验证。而这种阶段识字的理论，来指导海外儿童的汉字学习，更有积极的意义。其中，在多长时间来完成第一阶段，比如，在儿童具有初级阅读能力为 500 至 1000 字。通过辅助阅读，对学习过的字词进行巩固和拓展。

佟教授的另一个识字阅读过渡理论，就是识字和阅读之间有一个过渡期。在中国小学语文教学中，这个过渡期大约在识字量的 1600~2000 左右。这个时期的学生有识字量的基础，进行不同义章阅读的能力。通过阅读来继续进行识字的巩固和提高。识字量只有到了 2000~2500 以上，学生才有可能进入到清晰阶段和模糊阶段。

学生只有到了清晰阶段，和模糊阶段，中文的识字使命才算完成。

纵观海外儿童汉语教学历史，各个海外中文学校，几乎是海外儿童汉语教学水平最高的场所，目前 12 年级毕业时的阅读能力几乎不能进行自主阅读。因为识字量统计数据为 1300~1600 字左右，还在识字的第一阶段进行徘徊。

需要进行解决的问题是，如何在儿童阶段，完成识字的第一阶段和第二阶段，而不是在设计上把识字时间进行 10 年的分布。

"《高效海外中文学习丛书-识字系列》系统概要"一文论述了高效识字的手段和方法。这个阶段设计在入门，初级和中级阶段完成 2500 字、5000 词的学习。

清晰识字进行第二阶段到第三阶段的转化。清晰识字作为海外儿童汉语识字教学的第二阶段学习，在中级阶段进行实施，对于少年具有的逻辑思维能力，判别能力，汉语的基本阅读能力，知识背景能力，学习的策略技巧能都是最适应的年龄阶段。

同样，在中国小学语文教学中，作为小学中段高段和初中的推展识字学习中，广泛的使用字族识字法，字理识字法进行补充训练，起到了非常好的识字教学效果。

二、汉字识字教学各个阶段的方法优点及存在问题分析

通过汉字识字教学分析列表，我们可以看出汉字识字的历史演变，各个阶段，各个识字法的优缺点，以更清楚地认识儿童、少年各个时期的心理行为，达到不同阶段识字效果的最佳时机和最佳方法，最终目的是选择高效而快速的识字手段。

识字教学法	产生年代及发明人	主要优势	特点	存在问题
集中识字法	2000年前开始到本世纪初	集中认识一两千左右，再逐渐转入阅读和写作，这样的教法突出了识字，注重认读字音与书写，释文、应用分步走，客观上减轻了儿童初入学大量识字的繁重任务，收到了集中识字的成效。其次识字教材字句整齐押韵，易读螳记。尤其是识字量大，大大减缩了识字教学的时间。	清文学家王筠就对些作了总结："蒙养之时，识字为先，不必遽读书。"汉元帝进，史游写的《急就篇》开创了"以类相聚，连篇成韵，便于诵读"为特点的集中识字的先河。后来，《百家姓》、《三字经》、《千字文》配合成一套，成了在中国沿用最久，最广，影响最大的识字教材，一直沿袭到清末节兴办新学之前	方法呆板，死读死记，不重视儿童的主动性，教学过程单调乏味，容易使学生产生厌倦情绪。识字载体可理解性差
《正字千字文》	明朝，李登针明朝，李登针	注意区分偏旁部首和音近字、形近字，提高了识字效率。	提出了"辨认识字法"，以及"字块识字"、"看图识字"等等，比较符合儿童心理的识字教学方法	手段单一，识字载体可理解性差
《文字蒙求》	清朝末年，王筠	他提出集中识字教学要依据汉字构造规律，先教纯体字，后教合体字；要按象形，指事的构字特点施教"指物识字法"、"两步解字法。应先易后难，	把中国的汉字分为四类，即象形、指事、会意、形声，进一步把识字教学法推向一个新阶段	手段单一识字载体可理解性差

		从具体到抽象。		
分散识字	"五四"运动以后，尤其是1922年施行新学制以后	开始改为用句子或整段故事编识字教材，而且注意儿童的年龄特点、兴趣，围绕儿童生活编选识字教材	强调"寓识字于阅读之中"，全然摒弃了传统的集中识字，每课书先教生字，再读课文，边识字，边读课文，突出了"字不离词，词不离句，句不离文"的原则。这种教法在一定程度上改变了死记硬背的做法，注意启发学生的主动学习。	教师觉得难教，教学效率大幅度降低，这种识字教学少而慢差费的现象，不符合中国语文的学习规律，影响了学生读写能力的提高，也影响儿童的智力发展。
新集中识字	1958年，辽宁黑山北关实验小学	开始采用看图识字和以歌带字的方法，如教唱《东方红》，以后就改用"四声带字法"，按汉语拼音的音序同音归类的方法识字。同音字中的形声字，学生记忆效果最好，。基本字带字的方法，如用'又字"带出了"权、劝、欢、叹、"等字。	利用歌中的字带出同音字来教学。认识一个音节，可学会一串字。如八、巴、笆拨把爸吧等因为可以借形声字的"形旁表义，声旁表音"的作用，主改用形声字归类这种方法充分利用了汉字的形声规律，又兼容了不是形声字的合体字，可以囊括绝大数生字。	但歌词中的字毕竟有限。但这样也容易造成同音混淆。汉字中也有许多不是形声字，难以归类。识字载体可理解性差
新分散识字方法	1958年，南京师范附小特级教师斯霞	教汉语拼音，增加看图识字、短语，句子以及课文篇数，并修改课文的用词，	增加了每个学期的识字量和识字密度，又有助于读写的提前进步，提高学生的认识能力。	效率不高
循环识字教学	1954-1981年，黑龙江省建三江局直小学校长刘振平	是根据德国心理学家艾宾浩斯的遗忘曲线原理，即遗忘的速度是先快后慢。	根据这一原理，实行教学内容有规律地循环反复，使生字复习或再认的间隔时间先短后长，变即愈到后来，音隔时间愈长，便可提高识记效果。	手段单一

"字族文"识字法	1960-1980年四川省的井研县鄢文俊老师	这种识字教学的方式强调在2500个常用字当中先确定一部分母体字（300多个母体字），形成一个字族。以一个母体字为主，编出一篇篇的"字族文"来教识字。非常通俗易懂的一个儿歌，把这几个字连串在一起，既学了生字，同时也学了这一段很生动的韵文。	"字族文"识字它吸收了集中识字重视汉字构字规律的经验，同时也兼顾了这个分散识字重视在语言环境中识字的经验，还有注音识字重视在发展语言，发展思维当中识字的经验，这几种基本的经验在"字族文"识字当中都得到了，融会贯通。第二，它利用汉字的字符系统可以成批的识字。第三，它还有利于对汉字的形声系统的认识，还有它的声符系统产生了比较强的那种感受	局限性是一方面现代汉字的声符它的表音度不是很高，因此"字族文"这个"文"有时候比较难编写。另一方面汉字的声符系统也比较复杂，因此难以全面把握
注音识字法	1982年9月开始，黑龙江的佳木斯市第三小学拜泉县育英小学，讷河县实验小学	它以"以汉语拼音为工具，阅读、写作提前起步，寓识字于学汉语之中"为总则，建立先读书后识字，边读边写的教学体系。具体做法是：变换传统的识字手段，先集中一段时间让学生学好汉语拼音，着重进行直呼章节的训练，加强读拼音词汇和句子的练习；而后以汉语拼音为了工具进行大量阅读；以汉语汇拼音为工具进行写话和作文训练。	在大量的听说读写训练实践中，逐步掌握汉字。"注提"识字特点是充分发挥汉拼音的作用，寓识字于读写训练之中，重视口头语言能力的培养，充分估计学生的学习潜力，调动学生的学习积极性。读写训练起步早，量大，不但识字质量高，也同时提高了学生阅读、写作和普通话水平。	但是该识字法要求学熟练掌握拼音，能直呼章节，难度较大，学生负担较重。
劈文识字法	1982年安子介	安先生在《解开汉字之谜》一文中，对5888个汉字，运用劈文切字法逐个进行分析，发现每个汉字的声旁不仅有标音的功能，而且都是有意义的。	找出每一个汉字的音形义之间的联系；为学汉字打开了方便之门，提高了学习效率。	识字载体可理解性差。手段单一
"以字标音"	四川万县地区一体化	儿童不再称学拼音，而是先学音标字，学会四声，然后再用音标字为其它汉	这种教学法先从普通话的457个音节里筛选出350个音节，各个音节再选出一个简单的常	手段单一识字载体可理解性差

、"以字注音"教学法。	区一些小学	字注音，迅速进入阅读训练。教学音标字必须把音发准确无误，分清平翘舌音，前后鼻音等易混字音，同是掌握字形、字义。在教音标字的过程中，让学生掌握好汉字的基本笔画，笔顺原则，常用偏旁部首，并逐步掌握汉字构字规律，以形成识字能力。	用字，称"音标字"，加上四声的调号，作为注音工具使用。"以字识字教学法"能工巧匠解决小学生学拼音比较枯燥、负担太重的问题，解决了识字和阅读的矛盾，有助于加强低年级的读写训练。	
韵文识字	辽宁丹东市东港实验小学姜兆臣校长	把常用汉字编写在一起，组成最常用的字词，然后根据蘑菇纵向意思或者情节，编成句式整齐、通俗易懂、合辙押韵、短小精悍的，符合儿童特点的韵文	作为儿童的同时识字教材，学生通过诵读这些韵文给予并掌握字词。	练习手段不丰富、课件等缺欠，没有辅助阅读材料。
熟语识字	1999年广东珠海拱北小学陈青校长，珠海香洲区黄达教研员	用"语言模块"进行记忆和学习，更符合儿童阶段学生们的形象化思维，更有兴趣地进行各式各样的学习操作，例如，背诵、朗读、游戏、字卡等。其识字方法包含：韵语识字、朗读识字、动漫识字、背诵输入、看图识字、听音识字、组词识字、字卡识字、注音识字、写字识字、拼音识字等	2年内学会2500字和5000词。内容以2500个常用汉字为蓝本，使用儿歌、唐诗、宋词等作品，具有鲜明的中国文化特色、汉语独特的韵文作品形态：合辙押韵、琅琅上口、句子整齐、短小精悍。多媒体技术介入。识字载体可理解性强	缺少聆听、动漫内容，没有配套的辅助阅读训练。
高效海外中文识字系列	2011年美国马里兰州长城中文学	用"语言模块"进行记忆和学习，更符合儿童阶段学生们的形象化思维，更有兴趣地进行各式各样的学习操作，例如，背诵、	6年内学会2500字和5000词。具有初级阅读能力。多媒体技术介入。共使用119首经典韵文，内容以2500个常用汉字为蓝本，使用儿歌、唐诗、	中级瓶颈仍然明显通过阅读教学和识字第二阶段训练，到达高级识字水平。

| 的整体输入识字法 | 校，中国湖南电子音像出版社 | 朗读、游戏、字卡等。其识字方法包含：韵语识字、朗读识字、动漫识字、背诵输入、看图识字、听音识字、组词识字、字卡识字、聆听识字、阅读识字、注音识字、写字识字、拼音识字、循环识字等 | 宋词等作品，合辙押韵、琅琅上口、句子整齐、短小精悍，识字载体可理解性强。三个教学模块支持海外儿童汉语识字学习：韵文识字、聆听动漫、辅助阅读的层次能力训练相结合。背诵输入提高海外学生的汉语语感。 | |

三、海外汉字学习的第三、四阶段－清晰识字设计思想

1．主要内容：集中识字、字族识字、字干识字等

2．举例说明

主要概念：分解使人理解深刻，理解使人记忆牢固。零部件是可以通用的，可以成组识字。

笔者认为汉字自有其造字规律。了解这个造字规律，利用这个规律来认字，事情就会变得简单多了。

众所周知，大部分汉字是由几个部件组成的，主要的两部分是偏旁和字干。"偏旁"这个词由来已久，常常表明汉字的基本含义，在若干汉字中通用。偏旁总共大约有150个左右。"字干"是笔者首先提出来的新概念，字干总数大约有800个左右，通常表明汉字的读音，也在一组汉字中通用。这一组汉字往往具有相同的读音，或者是近似的读音。

偏旁有点像英语单词中的前缀或后缀，它赋予汉字一个基本含义；而字干有点像英语单词中的词干，它赋予汉字一个基本读音。

当然，我们必须把偏旁和字干放在一起，才能表示一个完整的汉字。

现在我们来看偏旁和字干在汉字中的功能。

请看下面一行字：

妈、吗、玛、码、骂、蚂

在这些字中，都有一个"马"字，其中

马 ma（horse）是字干

妈 ma（mother）有字干"马"，因此，读音相同

吗 ma（question）有字干"马"，因此，读音相同

玛 ma（agate）有字干"马"，因此，读音相同

码 ma（wharf）有字干"马"，因此，读音相同

骂 ma（curse）有字干"马"，因此，读音相同

蚂 ma（ant）有字干"马"，因此，读音相同

于是，看到一个字有字干"马"，你可以读成 ma 差不多就对了。

再请看：妈、娘、姑、姨、姐、妹、奶、婆。

在这些字中，都有一个"女"字，其中

女 nu（female）是偏旁

妈 ma（mother）有偏旁"女"，因此，表示是个女人

娘 niang（mother）有偏旁"女"，因此，表示是个女人

姑 gu（aunt）有偏旁"女"，因此，表示是个女人

姨 yi（aunt）有偏旁"女"，因此，表示是个女人

姐 jie（eldersister）有偏旁"女"，因此，表示是个女人

妹 mei（youngersister）有偏旁"女"，因此，表示是个女人

奶 nai（grandmother）有偏旁"女"，因此，表示是个女人

婆 po（grandmother）有偏旁"女"，因此，表示是个女人

于是，看到一个字有偏旁"女"，你可以理解这是一个女人，差不多就对了。

部分汉字缺失表音的字干，两部分表示两个意义。

例如：明、雀、跌、套、鸣、拿、涉、尾、鲜

明 ming（bright）意思是日与月同辉

雀 que（bird）意思是小的隹（鸟）

跌 die（fall）意思是失足

套 tao（cover）意思是大而长

鸣 ming（sound）意思是鸟口之音

拿 na（take）意思是手合起来

涉 she（wade）意思是水中走步

尾 wei（tail）意思是尸下的毛

鲜 xian（fresh）意思是有鱼有羊

　　诸位不难发现汉字的造字规律吧？笔者的理念是：分解使人深刻理解，理解使人牢固记忆。知其然，还要知其所以然。因此，笔者的做法是将汉字分解为几个部分，分别加以解析。虽然中国汉字有数千之多，在分解之后，只有几百个偏旁和字干需要学习，它们是重复使用的。这样一来，学习汉字是不是变得简单了？

　　英文是拼音文字，虽然只有 26 个字母，然而组成单词之后却有成千上万，字母的组合中没有一定的规律。例如在表示妈娘姑姨姐妹奶婆的英语单词中，没有共同的表示女的意思的字母 woman 或 female，在表示吗妈玛码骂蚂的英语单词中，没有共同的表示马 horse 的读音的字母，都需要逐个逐个记忆。所以说，拼音文字未见得容易学。反之，汉语中共同表示女的意思的偏旁以及共同表示马的读音的字干，可以比作英语中的词根或者前缀和后缀，是很容易学的。

四、清晰识字的教学设计，包括内容、教学方法，训练复习形式研探

　　清晰识字作为中、高阶段的阅读教学之辅助识字内容。使学生在阅读过程中，除了巩固，提高，拓展入门和初级阶段的学过的 2500 字及其数千个词之外，更能通过清晰识字的字族识字法、字干识字法、字理识字法来进行识字的高级阶段训练。

1．教学计划与内容

按照 3000 常用字。教学计划：从中级-高开始，分 5 年进行。每年 600 个字。

每年按照 30 周，每周 20 个字。

每周课堂教学：4～6 个字。

每周课后训练：四天，每天 4～5 个字。

2．课上教学设计

课上教授清晰识字教学模块时间：１５～２０分钟。

教学训练内容：

字——结构字形分析、读音分析、字干分析、偏旁分析

字词运用——理解字、不同的词在各个句子中的作用。学生可以进行拓展训练。

字拓展识字与精确识字训练——辨认不同的相近（同字干）的字、词，及理解字、不同的词在各个句子中的作用。学生可以进行拓展训练。

训练方法：

朗读训练、听音识字、看图识字、句子填空、词义解释句子对应填空、造句、自编短文、对应连线（包括字、音、词、句等）。（含多媒体光盘设计，请专业人员进行实施）

教学测试：用相同的训练方法进行测试包括朗读中文材料，包括报纸、书籍、网络文章等。

3．课后的训练内容和方法

每天设计训练字练习不应超过 5 分钟。

训练方法：

朗读训练、听音识字、看图识字、句子填空、词义解释句子对应填空、造句、自编短文、对应连线（包括字、音、词、句等）。（含多媒体光盘设计，请专业人员进行实施）

第十二章 高级阶段目标特性与教学设计

一、阅读系列基本结构与内容

《高效海外中文-（中国通）阅读系列》共五册，每册由十个教学单元，每个单元由两篇课文和一个综合练习组成，同时包括了3000字的精确识字和成语练习模块。每课包含一篇课堂阅读与训练和课后两篇阅读与训练。每篇阅读故事为800~1100字左右，并合理的设计了在不同时间进行三次不同训练点阅读训练。每个单元的综合练习还包括了应用"精确识字"结合本单元故事的造句功能，使学生能结合实际的故事进行再模仿、再记忆的联动增效学习。

本系列阅读内容具有趣味性、知识性和丰富的中华文化经典，将以故事的形式，深入浅出的呈现到学生面前，并结合叙述文、说明文和议论文等多种文本体裁。

二、阅读训练点

阅读训练包括精读训练和阅读训练。精读训练，几乎把所有的字词、句子都要理解明白，好处就是记忆深刻，字词可以是深加工输入，缺点是速度慢，无法使学生达到一定的阅读量。没有阅读量则无法记忆和扩展词汇，也无法提高和掌握阅读技能。因而本系统的阅读训练综合了精读训练和速度训练等不同的模式。

阅读训练则是要掌握速读的能力，而速度的前提是掌握一定的词汇，意群。

根据陈贤纯、周小兵教授的阅读训练理论和方法，祝新华教授的阅读六级别能力和李子建教授的阅读策略等对于阅读训练思想，一般的阅读理解程序的辨别字词、抓住意群、进行命题辨别和命题树的辨别。一个句子，一个段落或者一篇文章可以有多个命题，但只会有一个主命题，其他的命题都是次命题。阅读者就是要在阅读过程中，辨别所有的命题，并重新构建命题树和命题网络。

在文章中有主题词、主题句、主要段落。有详细描述句子作为主题句的支持系统。因而阅读者需要知道一篇文章的主题词、主题句，主题句子多为议论句子，辨别议论句子还是叙述句子是阅读者永远的任务。知道了主题句子，就可以知道这篇文章的中心思想，并可以有能力进行文章的主要意思的归纳和缩写（配合纸质训练内容进行）。这是多媒体光盘中，除了视频和语音输入之外的最主要的训练点。

《高效海外中文-（中国通）阅读系列》教材体系的精华内容设计，符合学生各个年龄段的阅读心理需求。这样的教学内容和手段，首先是让老师和家长们爱不释手，学生们才有可能喜欢。这是《高效海外中文-（中国通）阅读系列》设计的最终目标，中文教学识字阅读和精通中华文化。教学方法采用《读经式阅读训练法》，《6W提问法》，《六读评书式阅读训练法》，《SQ3R阅读教学法》等，根据各个阶段教学目标，完成有效的阅读教学。

三、内容的前后连接和联想模式

在内容和结构编排上,注重了历史、人物故事和思想体系的横向及纵向连接,不同的主题线把许多故事有效的连接起来,无论是在语言学习还是在人物历史和事件上都有非常强烈的联想功能。

1. 独立主题八大模块

是建立中华文化系统框架的基础内容,其中包含了:

<u>中国古典哲学思想</u>:儒家哲学、道家哲学和佛家思想。

<u>中国古典军事及经济思想</u>:孙子兵法、鬼谷子故事、三十六计及古典经典战役官渡之战、巨鹿之战、武王伐纣、胃边访贤、肥水之战、马陵之战、林陵之战、昭君出塞以及经济方面的丝绸之路、郑和下西洋等。

<u>中国古典中医故事</u>:扁鹊、华佗、孙思邈、李时珍与《本草纲目》、张仲景与《伤寒论》、《皇帝内经》及《神农本草经》、二十四节气等。

<u>中国古典戏曲</u>:中国著名京剧、昆曲《牡丹亭》、《西厢记》、黄梅戏《天仙配》、梧桐雨、窦娥冤、孔雀东南飞,著名传世名曲:梅花三弄、十面埋伏、广陵散、高山流水、二泉映月、梁山伯与祝英台以及编钟等。

<u>中国古典诗书画艺术</u>:中国古典的传世精品的长卷图,例如《晋文公复国图》、《韩熙载夜图》、《洛神赋图》、《富春山居图》、《清明上河图》、《溪山清远图》、《宰永迹图》、《溪山渔隐图》、《姑苏繁华图》及《康熙南巡图》和《乾隆南巡图》等。

<u>中国饮食文化</u>:水饺、红烧肉、宫保鸡丁、麻婆豆腐、鱼香肉丝、开水白菜、梅菜扣肉等中国经典鲁川粤菜,茶道、中国面食及羊肉泡馍与刷羊肉和京八件点心等。

<u>中国古典建筑与园林艺术</u>:故宫、避暑山庄、颐和园、苏州园林、长城、兵马俑、岳麓书院、嵩岳寺塔、岳阳楼及黄鹤楼等,武当山、庐山、峨眉山、华山、等。

<u>中国武术、史书与民间艺术</u>:太极拳、少林功夫、武当派等武术,三国演义、红楼梦、西游记和水浒等部分经典故事片段介绍等。史记、资治通鉴、四库全书、永乐大典等相关的人物故事等。中国瓷器、青铜器、玉器、甲骨文、古扇子、风筝、帆船、象棋、剪纸、旗袍等。

2. 模块中的横向(类别)连接

例如:<u>"梅花"主题线</u>把王安石的《遥指不知雪》、《梅妻鹤子》、中国名曲《梅花三弄》及琼瑶的《云水间》等几个故事连接在一起。<u>"秦朝"主题线</u>把《孟姜女哭长城》、《长城三关》、《吕氏春秋》和《统一文字之小篆》等连接在一起。<u>"道教"哲学思想主题线</u>又把《老子出关》、《永乐宫壁画》、《鬼谷子》、《道士医学家孙思邈》、《大痴道人黄公望》以及中国十大名画之一的《富春山居图》,和《武当派》以及金庸小说介绍《射雕》《侠侣》等巧妙的结合交叉在一起。"苏轼"主题线的《后赤壁赋》、《红烧肉》与第四册的《寒食帖》、第五册的《三酸图》、《四爱图》等进行连接。"书法"主题线又把第一册的《书法-行楷体》、第二册《李斯小篆》、第三册《米芾灵璧研山》、《出师颂》，第四册《怀素自述帖》，米芾《蜀素帖》，《黄庭坚书到今日读已迟》、《寒食帖》及第五册的《快雪时晴帖》、《仲尼梦奠帖》连接在一起。

3. 模块中的纵向（时间）连接

"鬼谷子与孙子"主题线把第一册的《孙子兵法》与第二册的《鬼谷子》、第四册的《鬼谷子无字天书》、《马陵之战》与第五册的《鬼谷子下山》、《林陵之战》连接起来。"唐寅"主题线把第二册的《唐伯虎点秋香》、传世名画《梦仙草堂图》，第五册的传世名迹长卷《溪山渔隐图》连接在一起。"王羲之"主题把第一册的《书法-行楷体》、《萧翼赚兰亭》及第五册的《快雪时晴帖》《曲水流觞兰亭雅集》连接在一起。寒食帖主题把第四册的苏轼的《寒食帖》，《晋文公复国图》，《寒食节》连接起来。

五、阅读教学具体内容与时间安排

1. 高级阶段阅读教学内容时间安排

项目	阅读第二级能力训练	阅读第三级能力训练	阅读第四、五、六级能力训练	写作训练	识字训练	语法点训练
目标及能力	辨识，解释字词、解释句子和段落。	句子，段落和文章的整体意思（中心思想）。	对作者意图的推理，延伸和对文章的评论，欣赏，文章的读后感。	五种句子表达形式的训练；记叙文、说明文、议论文的写作训练。	精确识字，趣味成语，基础成语训练。	句子结构和成分。修辞的内容和方法
课文内容	中国古典名著、现代四次工业革命及新闻和应用体等题材。中华文化精粹八大模块。			缩写，仿写，扩写，续写，改写等训练，培养想象和表达能力。	熟悉同音字、母体字和字干字体系。	句子结构。表达要合事理。句子成分搭配要得当。
训练方	选合适的词在句子中填空，字、词句	选择正确的字、词的意思；选择正确	句子的意思是什么？找出相关的字词、句子来说明为什么XXX？通过字词	各种体裁文章的命题训练：如：美国文化如何传入中国	辨别字、词。成语故事与成语对应。	辨别句子的修辞方法。辨别句

法	子正确连线	句子的意思。	来判断句子的表达方式和在句子中的作用。同意文章的观点，为什么？运用文章的信息提出你的额观点，模式。论文的初步。	的？	字、词与成语在合适的句子中体现。	子的成分与结构。模仿句子的结构和修辞方法写出自己的句子。	成与模子构句构辞写已的子
第一年课堂	20篇文章				每次写两个句子，20次，共40个句子。	每周1个成语，10个精确识字。	
第一年课后作业	40篇文章				每次写四个句子，50次，共200个句子。	600个精确识字和成语40个	
第二年课堂		20篇文章			每次写记叙文结构，共5次。	每周1个成语，10个精确识字。	找出故事段落的主要意思
第二年课后作业		40篇文章			每年写五个记叙文	600个精确识字和成语40个	找出故事段落的主要意思
第三年		20篇文章			每次写说明文结构，共5次，3次	每周1个成语，10个精确识	分析句子成分和结

				记叙文。	字。	构，修辞方法。（综合练习中）找出故事段落的主要意思
第三年课后作业			40篇文章	每年写五个说明文，3次记叙文。	600个精确识字和成语40个	分析句子成分和结构，修辞方法个。（综合练习中）找出故事段落的主要意思
第四年课堂			20篇文章	每次写说明文结构，共2次，2次记叙文，议论文3次。	每周1个成语，10个精确识字。	分析句子成分和结构，修辞方法个。（综合练习中）找出故事的主要意思
第			40篇文章	每年写2个说明	600个精	分析句

四年课后作业				文，2次记叙文，议论文3次。	确识字和成语40个	子成分和结构，修辞方法___个。（综合练习中）找出故事的主要意思
第五年课堂			20篇文章	每次写说明文结构，共2次，2次记叙文，议论文3次。	每周1个成语，10个精确识字。	分析句子成分和结构，修辞方法___个。（综合练习中）找出故事的主要意思
第五年课后作业			40篇文章	每年写2个说明文，2次记叙文，议论文3次。	600个精确识字和成语40个	分析句子成分和结构，修辞方法___个。（综合练习中）找出故事的主要意思
总	60篇文	120篇文	120篇文章，10万	250个句子写作训	精确识	45个句

| 计 | 章，5万字。 | 章，10万字。 | 字。 | 练。20篇文章写作训练。 | 字：3000个。成语故事：250个 | 子成分和结构训练。45个修辞方法训练。 |

第十三章《高效海外中文-（中国通）阅读系列》各个阶段内容设计

一、第一册教学时间安排

训练目标	阅读第二级能力训练	阅读部分家庭作业	阅读写作训练	综合训练	精确识字与成语故事
	辨识，解释字词、解释句子和段落。判断句子属于什么表达方式（五种之一）	选合适的词在句子中填空，字、词句子正确连线、选择字词的意思	判断句子属于什么表达意思（五种之一）。排序（拼音写作）每次仿写四个句子	（课堂）每次仿写两个句子，20次，共40个句子。写故事概要。	（课堂设计）3分钟~5分钟的训练内容10个字。

20XX 秋季

第N周	课上内容	课后内容1	课后内容2
第一单元：现代工业革命 第一课 蒸汽机 第二课 蒸汽机其他			
1	阅读1：瓦特观察壶盖	阅读2：玩具产生第一部蒸汽机	阅读3：蒸汽机的应用
2	阅读4：蒸汽机原理	阅读5：蒸汽机的优缺点	阅读6：蒸汽机的影响
3	综合训练1：1。自我挑战，找生字词。2。故事概述能力训练。每个故事用八句话完成每个故事的概要。3。写出四~八个句子。其中包括：叙述、描写、说明等句子。并力争用精确识字的一些字。4.学习5个成语故事		
第二单元：中国古代哲学思想 第三课 孔子 第四课 儒家思想			
4	阅读7：鲁班考孔子	阅读8：儒家的由来	阅读9：教无定类
5	阅读10：儒家思想的代表作	阅读11：孔子的重大贡献	阅读12：孔子文化对世界文化的影响

6	综合练习2（训练目标与综合练习1相同）		

第三单元：中国古代军事思想与策略第五课孙子兵法第六课孙子兵法其他

7	阅读13：孙武练兵	阅读14：田忌赛马	阅读15：孙子兵法简介
8	阅读16：孙子兵法对中国的影响	阅读17：孙子兵法六篇	阅读18：孙子兵法对世界的影响
9	综合练习3（训练目标与综合练习1相同）		

第四单元：中医文化第七课华佗的故事第八课神医的由来

10	阅读19：外科鼻祖	阅读20：医术精湛	阅读21：五禽之戏
11	阅读22：一生勤奋	阅读23：料病如神	阅读24：治疗经典
12	综合练习4（训练目标与综合练习1相同）		
13	秋季测试		

20XX年春季

第五单元：中国诗书画一体化第九课诗中有画第十课桃花源

14	阅读25：王维作画戏太守	阅读26：辋川别业	阅读27：山居秋暝
15	阅读28：桃花源记 配：文徵明《桃源问津图》	阅读29：桃源仙境图	阅读30：水墨画
16	综合练习5（训练目标与综合练习1相同）		

第六单元：中国园林文化与建筑第十一课避暑山庄第十二课故宫

17	阅读31：热河泉	阅读32：山庄整体布局	阅读33：山庄建筑艺术
18	阅读34：森严壁垒的城堡	阅读35：故宫九龙壁	阅读36：古建筑盆脊上的小兽
19	综合练习6（训练目标与综合练习1相同）		

第七单元：中国饮食文化第十三课鲁菜第十四课川菜

20	阅读37：红烧肉	阅读38：宫保鸡丁	阅读39：木须肉与木耳
21	阅读40：陈麻婆做豆腐	阅读41：鱼香肉丝	阅读42：开水白菜
22	综合练习7（训练目标与综合练习1相同）		
第八单元：中国曲艺文化第十五课高山流水第十六课京剧			
23	阅读43：伯牙摔琴谢知音	阅读44：古筝曲《高山流水》	阅读45：高山流水欣赏
24	阅读46：梅兰芳学戏	阅读47：京剧起源	阅读48：脸谱
25	综合练习8（训练目标与综合练习1相同）		
第九单元：中国武术第十七课太极拳第十八课少林			
26	阅读49：张三丰的道行	阅读50：太极图与两条蛇	阅读51：太极拳
27	阅读52：僧人修炼	阅读53：少林寺师徒	阅读54：少林功夫
28	综合练习9（训练目标与综合练习1相同）		
第十单元：中国古典名著与诗书画第十九课三国演义第二十课后赤壁赋			
29	阅读55：桃园三结义	阅读56：煮酒论英雄	阅读57：借东风火烧赤壁
30	阅读58：苏轼与赤壁	阅读59：赤壁赋图	阅读60：书法-行楷体
31	综合练习10（训练目标与综合练习1相同）		
32	春季（期末）测试		

二、第二册教学时间安排

训练目标	阅读第二、三级能力训练	阅读部分家庭作业	阅读写作训练	综合训练	精确识字与成语故事
	辨识，解释字词、解释句子和段落。判断句子属于什么表达方式（五种之	选合适的词在句子中填空，字、词句子正确连线、选择	训练写作五种句子的表达形式。（五种之一）。排序（拼音写作）	写故事概要。写出文章的元素和结构。模仿故事写自己的记叙文。按照记叙文元素，结	（课堂设计）3分钟~5分钟的训练内容10个

	一），判断句子和段落的意思。	句子的意思和段落的意思。辨识句子中的短语。	每次仿写四个句子	构，段落和整体故事四级训练。三篇600字左右的记叙文。写出段落中包含的要素	字。

20XX 秋季

第N周	课上内容	课后内容1	课后内容2
第一单元：现代工业革命第一课电器时代第二课汽车和飞机			
1	阅读1：发现电流	阅读2：伏特电池	阅读3：第二次工业革命
2	阅读4：现代汽车	阅读5：福特的名言	阅读6：飞行试验
3	综合训练1：1。自我挑战，找生字词。2。故事概述能力训练。每个故事用八句话完成每个故事的概要。3。用精确识字的一些字写出四~八个句子。其中包括：叙述、描写、说明等句子。4。学习5个成语故事。5。找出段落中的包含元素（6W和中心句子）。		
第二单元：中国古代哲学思想第三课老子第四课壁画、鬼谷子与道观			
4	阅读7：静思学习	阅读8：老子出关	阅读9：《道德经》
5	阅读10：永乐宫壁画	阅读11：鬼谷子	阅读12：中国著名道观
6	综合练习2（训练目标与综合练习1相同）		
第三单元：中国古代军事思想与策略第五课三十六计第六课经典战例			
7	阅读13：匈奴灭东胡	阅读14：《三十六计》起源	阅读15：内容和特点
8	阅读16：官渡之战	阅读17：无中生有	阅读18：地位和影响
9	综合练习3（训练目标与综合练习1相同）		
第四单元：中医文化第七课扁鹊第八课孙思邈			
10	阅读19：扁鹊	阅读20：望闻问切	阅读21：中医的根本

11	阅读22：道士医药学家	阅读23：虎惊胆	阅读24：开馆救妇
12	综合练习4（训练目标与综合练习1相同）		
13	秋季测试		

20XX 年春季

第五单元：中国诗书画一体化第九课富春山居图**第十课**黄山八景与寒江独钓

14	阅读25：大痴道人	阅读26：富春山居图	阅读27：黄公望的山水画
15	阅读28：黄山八景图	阅读29：苦瓜和尚石涛	阅读30：寒江独钓图
16	综合练习5（训练目标与综合练习1相同）		

第六单元：中国园林文化与建筑第十一课长城**第十二课**长城三关

17	阅读31：孟姜女哭长城	阅读32：长城体系	阅读33：万年灰与燕京城
18	阅读34：山海关	阅读35：玉门关	阅读36：嘉峪关
19	综合练习6（训练目标与综合练习1相同）		

第七单元：中国饮食文化第十三课粤菜**第十四课**海外中餐

20	阅读37：梅菜扣肉	阅读38：煲汤	阅读39：早茶
21	阅读40：太阳升起的地方	阅读41：李鸿章"杂碎"的故事	阅读42：数字话中餐
22	综合练习7（训练目标与综合练习1相同）		

第八单元：中国曲艺文化第十五课咏梅之风**第十六课**梅花三弄

23	阅读43：遥知不是雪	阅读44：梅妻鹤子	阅读45：高士携鹤图
24	阅读46：不期相遇	阅读47：梅花三弄	阅读48：琼瑶的《云水间》
25	综合练习8（训练目标与综合练习1相同）		

第九单元：中国武术第十七课武当派**第十八课**金庸的武侠小说

26	阅读49：内家之宗	阅读50：武当派	阅读51：金庸小说

27	阅读52：射雕英雄传	阅读53：神雕侠侣	阅读54：倚天屠龙记
28	综合练习9（训练目标与综合练习1相同）		

第十单元：中国古典名著与诗书画 第十九课 吕氏春秋 第二十课 唐伯虎

29	阅读55：奇货可居	阅读56：吕氏春秋	阅读57：统一文字之小篆
30	阅读58：唐伯虎点秋香	阅读59：一轮明月照九州	阅读60：梦仙草堂图
31	综合练习10（训练目标与综合练习1相同）		
32	春季（期末）测试		

三、第三、四、五册教学时间安排

序号	模块名称	第三册	第四册	第五册
1	现代工业革命	计算机	网络/ 火箭技术	人工智能与群蜂机器人 诺贝尔故事/及诺奖
2	中国/西方哲学思想	维摩演教图 佛印忽然冒出来 观世音 敦煌艺术/莫高窟 五台山故事 泼墨仙人	冯友兰的《中国哲学简史》， 金岳霖的《知识论》及典故/ 欧洲的文艺复兴/ 文艺复兴三杰及代表作 《韩熙载夜宴图》 《竹林七贤及图》/嵇康	罗素的《西方哲学史》及典故/ 柏拉图/黑格尔/尼采等 法国大革命/ 印象派代表作 抽象派代表作 云冈石窟-人类文明交集
3	军事/经济	博弈论介绍 巨鹿之战 武王伐纣 周文王渭边访贤	《国富论》及作者，故事介绍/ 中国京杭大运河 马可波罗游记/**哥伦布探险记**/**库克船长**/**麦哲伦海峡**	房龙的《宽容》及作者、故事介绍/ 〈罗马帝国与基督教的兴起〉 鸦片战争/圆明园介绍

		昭君出塞 萧何月下追韩信	淝水之战/ 鬼谷子的《无字天书》 《马陵之战》	中国丝绸/及丝绸之路 《林陵之战》 "鬼谷子下山"罐的发现与拍卖过程
4	中医文化/ 民间艺术	《本草纲目》李时珍故事介绍/ 张仲景与《伤寒杂病论》 中国古扇欣赏 中国象棋 曲阳佛像石雕/寺庙雕刻之佛教石雕 《十八罗汉渡海》	《皇帝内经》介绍/ 麻将/桥牌《通过麻将和桥牌分析东西方文化》 剪纸/旗袍 风筝/帆船与现代帆船 郑和七下西洋 《宰永迹图》看明朝民政（研究题目：郑和下西洋所带的工具与欧洲文艺复兴时期达芬奇画的工具图是否相符？）	《神农本草经》简介 屠呦呦获诺贝尔奖/ 中国24节气文化 中国古玩-玉器/瓷器/景泰蓝/珠山八友 元瓷中的古代故事/四爱图 议论文：传世名迹|唐寅《溪山渔隐图》考析（封面）
5	中国诗书画	范宽《溪山行旅图》 《汉凿将军印欣赏》 徐渭《墨葡萄》 米芾书法全集/灵璧研山 《芙蓉锦鸡图》宋徽宗 《雪渔图》看图写议论文（封面）	沈铨《百鸟朝凤》 赵孟頫《鹊华秋色图》 怀素狂草帖/《书到今日读已迟》/《黄庭坚书法》 吴宏《燕子矶和莫愁湖图》/蔡邕的九书/《盛年不重来》/八大山人的故事 李成《寒鸦图》（封面） 苏汉臣《秋庭戏婴图》	《洛神赋图》及曹植的故事 董其昌《丹树碧峰图》/《董其昌自书告身帖》 《诗书画印琴酒茶——谈古今文人的印章爱好》 郎世宁恢宏巨作|《雍正十二月令圆明园行乐图》 吴镇巨作《墨竹谱》 《曲水流觞兰亭雅集》 配明文征明兰亭修禊图
6	中国园林与建筑	苏州园林 造园艺术与文化 嵩岳寺塔/	岳麓书院/（四大书院） 蓬莱仙境图（西岳华山） 兵马俑	颐和园/ 阿房宫图（青城山/泰山） 四合院文化（避暑山庄的

		梁思成/林徽因与中国古建筑保护/ 姑苏繁华图 西方建筑特点	红楼梦里的建筑 康熙南巡图(**封面？里面的建筑与工具图**) 溪山清远图	《山麓种的四合院》) 乾隆南巡图（建筑与饮食、商业等故事，参考《乾隆南巡图研究》） 中西方建筑风格对比 《枫桥夜泊》
7	饮食文化	刀削面/炸酱面/ 中国茶与茶道/茶具 中国水饺张仲景	羊肉泡馍/ 中国酒文化/百情重觞/试酌百情远，重觞忽忘天 田畯醉归图说 青铜器上的中国（青铜器故事）	京八件点心/ 涮羊肉 豆腐箱 烧鸡/风鸡 《渔樵耕读》竹雕
8	中国戏曲	梧桐雨 十面埋伏/ 黄梅戏 编钟 孔雀东南飞 出师颂	昆曲/《牡丹亭》-"游园惊梦" 秦腔 窦娥冤 二泉映月 广陵散 焦尾琴/柯亭笛的故事	西厢记 /评弹/著名箫曲 长恨歌 梁山伯与祝英台 《桃花溪》 莎士比亚四悲四喜
9	中国史书 /建筑	峨眉山 庐山 《吴彬罗汉图》及历史拍卖价值 《史记》/及作者故事 《报任安书》 《朱熹家训》	岳阳楼/岳阳楼记 《资治通鉴》/及作者故事 米芾《蜀素帖》/《二十四孝图》陈少梅 《晋文公复国图/寒食节芥子推》 《寒食帖》介绍 《少年易老学难成，一寸光阴不可轻》欣赏/段玉裁《新	黄鹤楼/故事 《四库全书》/《永乐大典》及其故事 《不是一番寒彻骨，争得梅花扑鼻香》欣赏 《三希堂法帖》-《快雪时晴帖》和《王珣-伯远帖》 《仲尼梦奠帖》欧阳询

			说文解字注》	甲骨文的故事
10	古典名著与书画	再别康桥/徐志摩 陶渊明归隐 《醒世恒言》-杜十娘怒沉百宝箱 王冕《白梅图》 巨然《萧翼赚兰亭图》 《西游记》/《女儿红》歌曲	文姬归汉图 苏武牧羊 三阳开泰图/王石谷《断崖云气图》？ 《跪羊图》-《羊羔跪乳、乌鸦反哺》故事 《五牛图》？/蜀川佳丽图卷 《红楼梦》/《葬花吟》歌曲 "不在梅边在柳边，个中谁拾画婵娟"诗谜	王蒙《太白山图》 《清明上河图》 《三酸图》 舞文弄墨/《山川悠远》介绍 《水浒》/《醉红颜》歌曲 "窗竹影摇书案上，野泉声入砚池中"/段玉裁藏砚/纪晓岚"《阅微草堂砚谱》"

　　书画艺术是文化内涵的重要体现形式，通过对绘画艺术、建筑艺术，诗书画印琴酒茶，战争军事艺术的具体事例熟悉和了解来品味中华文化之魅力所在，文学与文化艺术来点缀自己人生，烘托周围的气氛，是人生何等富足和美满。通过第五维度的索引，终有一款是你的最爱！

四、各册的附录供学生们进行进一步的研究参考：

1. 二十四孝图及故事介绍

2. 元青花瓷里面的图片及故事介绍

3. 快雪帖、伯远帖和中秋帖

4. 姑苏繁华图、康熙南巡图（写论文）和乾隆南巡图分主题介绍

5. 《宰永迹图》-看明朝民政十五个故事介绍（写论文）

6. 《寒食帖》的题跋鉴赏

7. 《溪山渔隐图》的题跋鉴赏

8. 《雪渔图》写论文

五、（中国通）阅读系列-5D 阅读系列的配套多媒体系统结构设计和内容结构的五维度设计

无论是国内的语文教学高级阶段，还是海外华裔儿童汉语教学的中级突破，不单单是解决阅读材料的问题，而是如何建立一个阅读环境和系统，使教学管理者，老师，家长和学生组成四位一体并能共同参与的一个小群体的。有了这样的小群体，才能保证足够的语言输入量和输入时间，来弥补课后所需的输入要求，而阅读系列的高级阶段，是系统构架中华文化知识，故事并与经典的西方文化，哲学，文明史在时间上是对应，并提出在目前史学上的几个西方重点的文化碰撞与连接的假说。这些内容同时也是上述的小群体学习的体系，因而不单可以激发人的热情，而且需要一个好的系统设计来维持可持续发展的兴趣。

例如，在内容和结构编排上，注重了历史、人物故事和思想体系的横向及纵向连接，不同的主题线把许多故事有效的连接起来，无论是在语言学习还是在人物历史和事件上都有非常强烈的联想功能。

一幅立体的 3D 世界地图，每 300～500 年的时间段慢慢向右移动，这就是 4D，图中含有阅读系列每册的人物事件，而且是全球的，这是对比教学法。学生老师和家长可以看任何的事件，光标在每个事件时，会有一个小图片和时间地点人物和事件介绍，更详细的内容就再点击进入某一课的界面了。

第五维度是我们设计的中华文化的八个模块，同时并有现代工业四次革命介绍，中华经典史书，任何阅读兴趣归类，跨越时间和地点，同时包括了课文里面涉及到的地域和时间相关的内容，其中包含有中国旅游城市重点历史故事与文化事件和餐饮典故的快速查询功能。

六、配套多媒体内容设计：课件和作业方案

"课件"内容包括所有的课文和成语故事，互动练习模块应该包括纸质书本里面的所有训练点，但每个训练点只出现两次，并于书本里面的训练内容不同，意在于使老师和学生熟悉本课及课后作业的训练方法。

课堂的课件系统，可以有阅读的朗读音频、欣赏的视频，并都可以随时停顿、前进，后退，播放等功能。

1. 课上有一些简单的互动训练内容，根据 6W 方法和判别"Ｆ／Ｏ（叙述／议论）"句子

2. 同时根据五册不同级别的阅读训练，设置不同的课堂训练内容

包括找关键词、中心句；意群阅读法、词义推敲法；看标题猜测文章内容、找标示语；词句的比喻义、句义／段旨的综合；六何法、概念图；自拟问题、思维训练。

3. 判断文章的类别（功能），段落的类别（功能），句子的类别（功能）及各主要意思

第四篇 教学法

第十四章 从入门到中级课程-教学流程设计

一、课堂教学方法总论

1. -课堂教学方法需要考虑的问题

-如何在课堂上使用本套教材

--如何使用多媒体教学模块作为课件

--如何使用《课堂流程互动表》，作为老师课堂流程控制和学生激励记录手段

--如何使用《教师用书》作为参考，写出更精准的、更丰富的、更完美的备课教案

课堂是一线教师授课的舞台，是体现课程总体设计中教学目标的场所，是学生感悟和接触新语言的启锚地。语言学习的第一步是刺激过程和短期记忆的建立过程。

一个优秀的课堂设计，总体把握**"感悟、模仿、尝试、运用"**过程，要达到最大化的有效性语言输入，建立有效的刺激和足够量的语言输入，使学生产生强烈的语言模仿欲望。

2. 课堂设计要体现如下特征：

2.1. 最大化语言量输入：

通过识字阶段的韵文学习，使用生字率极高的韵文形式，通过引导段，感悟段，欣赏、朗读聆听、看图识字、听音识字等手段，完成教学目标，每课多达 15 个以上生字，每年达 400 个以上汉字学习。

2.2. 非常有趣的内容：

韵文内容多为儿歌，唐诗，贴切儿童生活，动漫和聆听欣赏。辅助阅读内容，采用童话、寓言内容，是建立儿童学习新语言最有兴趣的内容材料。

2.3. 灵活的刺激手段：

《高效海外中文-识字系列》课堂流程设计，体现了课堂的多内容，多方式的刺激行为。多媒体光盘的课件功能，可以完成多达几十种以上的互动形式，每个单元可以控制在几分钟之内，在学生对同一方式产生疲劳之前，转换为新的互动方式。例如："欣赏"单元，给学生以整体的视频、图画、语音、文字的立体输入，建立最初的新语言的感悟基础。"看图识字"单元则体现了汉字和图形之间的字意连接，而"听音识字"单元体现了汉语语音和文字之间的关联。

2.4. 有效的激励机制：

学生能够模仿，这是最重要的一步。不强求学生一定记住所有的生字，<u>学生能够参与互动活动，这是最重要的课堂使命</u>。每个互动环节，需要设计出每个学生的完成的奖励机制，比如，"练习-听音识字"，每答对三个，发一个"星"，"练习-组词"中，每个字只要答对了两个，就可以获得一个"星"。模仿、跟读等环节，都可以根据不同的完成程度给以鼓励。这种各个环节的贴"星"机制，使学生们参与欲望发挥到了极致，具有不可比拟的魅力。

3. 能够控制课堂的能力：

及时观察学生的兴趣点，调整每个互动单元的时间。学生和老师一样，都会有不同的表现行为。当某个环节，学生们兴奋高涨的时候，需要考虑的是其他的环节是否留有时间。当学生情绪低落、沮丧的时候，需要挖掘学生的原有的优质特性，帮助学生走向快乐。这是课堂控制能力最好的体现方面。

二、《高效海外中文-识字系列》课程流程互动表设计

为老师设计出来课堂的授课内容、流程和互动方式，学生互动参与记录。根据这些表格，老师可以迅速上手，老师备课的内容和时间，是围绕着２０多个环节，参考《教师用书》的背景提示，根据不同学生的特点，具体的设计出每个单元的互动语言，设计出每个环节的悬念提问，使学生能够在高兴奋状态下，达到在各个互动活动中的主动识字、主动模仿、主动尝试和主动运用的程度。

在各个互动环节中，教师还可以参考《教师用书》中的"长城中文韵文教学八步法"、"长城中文聆听教学法"、"长城中文阅读教学法"、"读经式阅读教学法"和"长城中文朗读教学法"，有机的融合到各个教学环节之中。

老师可以对表格进行必要的修改，在课堂上进行运用。

1. 入门与初级课程：《高效海外中文-识字系列》课堂流程互动表格（第一册~第四册）

日期：20 年 月 日

班级：_____ 课名：_____ 姓名：_____ 获奖总数：_____

第一部分：复习上节课韵文-互动记录（根据教师用书，可选择其他的复习课）		获得的星星次数
1	（会看）拼摆上节课韵文的字卡	
2	（会说）能朗诵上节课的韵文	
3	（会听）能听音认识上节课韵文的字词	

	第二部分：学习新课韵文-互动记录	
4	新课导入环节：能够和老师互动	
5	多媒体"欣赏"：能够回答出：人物，动物，时间，地点，事由，过程，结果，描述，说明，议论，心情。（可增加英文解释字词）	
6	听多媒体"朗读"，模仿老师、尝试自己读（可增加英文解释字词，可增加多媒体"注音"）	
7	多媒体"练习-看图识字":可以将答案写在下面序号的后面 1 2 3 4 5 6	
8	多媒体"练习-听音识字":听音后把答案填写在序字号后面。 1 2 3 4 5 6 7 8 9 10 11 12	
9	多媒体"写字、拼音"、偏旁练习： 1: 2: 3: 4:	
10	多媒体"读词"记录，跟老师朗读派生的三个词。 1：2：3：4：5：6：	
11	多媒体"练习-组词"答案： 1：2：3：4：5：6：	
12	再次朗读课文：	
13	多媒体"练习-背诵"答案	
14	多媒体"练习-看拼音找字"答案	
15	多媒体"练习-句中填词"：读句子：选正确的词：	
16	再读韵文：读音准确：断句正确：朗读完整：	
	第三部分：动漫和聆听欣赏-互动记录(第3~4册可选)，拼音教学部分（第二册）	
17	多媒体"动漫欣赏"-人物，动物，时间，地点，事由，过程，结果，描述，说明，议论,心情。第一次欣赏：第二次欣赏：	

18	多媒体"聆听欣赏"-人物，动物，时间，地点，事由，过程，结果，描述，说明，议论，心情。 第一次欣赏：第二次欣赏：	
第四部分：辅助阅读-互动记录（第三册～第四册）		
19	导语段回答问题： 1：2：3：	
20	感悟段（聆听老师朗读）回答问题：人物，动物，时间，地点，事由，过程，结果，描述，说明，议论，，心情，老师朗读停顿点。 1：2：3：4：	
21	精讲、跟读、模仿段： 能找出句子中的关键字词：回答老师问题：	
22	拓展训练段：自己朗读：	

2. 中级-初课程：《高效海外中文-识字系列》课堂流程互动表格（第五册~第六册）

日期：20   年   月   日

班级：_____ 课名：_____ 姓名：_____ 获奖总数：_____

第一部分：复习上节课韵文-互动记录（根据教师用书，可选择其他的复习课）		**获得的星星次数**
1	（会看）拼摆上节课韵文的字卡	
2	（会说）能朗诵上节课的韵文	
3	（会听）能听音认识上节课韵文的字词	
第二部分：学习新课韵文-互动记录		
4	新课导入环节：能够和老师互动	

5	多媒体"欣赏"：回答问题：人物，动物，时间，地点，事由，过程，结果，描述，说明，议论,心情。（可增加英文解释字词）	
6	听多媒体"朗读"，模仿老师、尝试自己读（可增加英文解释字词，可增加多媒体"注音"）	
7	多媒体"练习-看图识字":可以将答案写在下面序号的后面 1　2　3　4　5　6	
8	多媒体"练习-听音识字":听音后把答案填写在序字号后面。 1　2　3　4　5　6　7　8　9　10　11　12	
9	多媒体"写字、拼音"、偏旁练习： 1：2：3：4：	
10	多媒体"读词"记录，跟老师朗读派生的三个词。 1：2：3：4：5：6：	
11	多媒体"练习-组词"答案： 1：2：3： 4：5：6：	
12	再次朗读课文	
13	多媒体"练习-背诵"答案	
14	多媒体"练习-看拼音找字"答案	
15	多媒体"练习-句中填词"：读句子：选对词：	
16	再读韵文：读音准确：断句正确：朗读完整：	
17	多媒体"练习-辨识字词" 1：2：3：4：	
18	多媒体"练习-连词成句":写出排序号码	

第三部分：辅助阅读-互动记录

19	导语段回答问题： 1：2：3：	
20	感悟段（聆听老师朗读）回答问题：人物，动物，时间，地点，事由，过程，结果，描述，说明，议论，，心情，老师朗读停顿点。 1：2：3：4：	
21	精讲、跟读、模仿段：找句子中的关键字词： 回答老师问题：	
22	拓展训练：自己朗读：	

第十五章 读经式阅读训练法

一、概要

《读经式阅读教学法》的设计，针对海外儿童识字阶段，由具有初级阅读识字量的阅读能力，进行字词在文章故事的辨识能力训练。这种辨识能力在于对字词的字形、读音和基本意思的感悟。由于汉语句子中的字词不像字母文字那样有间隔，因而这个字词的辨识训练在海外汉语学习中将是一个重要的过程。

通过运用《读经式阅读教学法》教学，将使原来的分散识字法结合的阅读教学在效率上有很大的提高，使学生们快速的了解故事的整体概要，提高了学习兴趣，得到阅读分级能力有效训练。

二、具体步骤

1. **提出问题。**
   试着让学生们在第一篇聆听过程中，掌握故事的整体结构和大概情景。然后，请学生们用一到四句话，或其中的关键字词来描述故事，看看学生们在第一篇的聆听过程中，能记住多少内容。

   同时根据《6W 提问法》(who, when, where, what, why, how) 进行启发学生们的兴趣和关注点。

2. **老师再读段落，学生们跟着看课文。**
   随时检查学生是否跟上老师朗读内容。在老师再次朗读的时候，主要训练学生对句子的字、词的辨识能力。

这个时候需要学生全神贯注的跟着老师读的句子进行阅读。老师根据学生对认识字词的程度，随意停下来，请学生们指出读到什么地方。随着学生们对中文句子越来越熟悉，认字越来越多，老师可以读的很多句子，学生们多可以跟上了。这个过程一般需要 6 个月左右。

3. **再读段落中的重点字或词，让学生们圈出，学生和老师对重点字词进行互动。**
   老师领读重点字、词。老师朗读第二遍的时候，可以根据学生们识字、词的水平，在读一句，或者许多句子之后，请学生们划出老师特定指出的几个关键字、词。随着学生们的识字词能力越来越强，老师可以朗读很多的句子之后，请学生们进行找老师特指的关键字、词。

这个过程是阅读过程中，让学生们对句子的结构进行理解，重点地对句子中的字、词（也许没有学过的词）进行辨识和解码。通过每堂课的训练，学生们对句子中的关键字、词的解码能力越来越强，自然能够帮助学生进行句子结构的分析和理解。这是一个渐变的过程。

由于海外学生对字、词，特别是常用的词的学习上有时间的是限制，通过这样的方法，使学生们反复熟悉字、词，对韵文载体中的学过的字、词再重组，辨认，对新的字、词进行学习，通过在句子中的位置进行整体理解有绝对重要的作用。

这个过程需要 3~4 年。

4. 老师领读，学生跟读整段故事。

　　拓展段：训练学生再进行朗读和用自己一句话概括一段的内容。

这个阶段是学生们在已经辨认了字词基础之上，进行句子或段落朗读训练，其目的是通过朗读，继续进行语感的增加，更能通过关键词的重读和停顿，来理解汉语句子各个元素的作用。

　　老师进行必要的指点，进行更感性化的关键句子再示范，请学生模仿，再模仿。

第十六章 SQ3R 阅读法

一、SQ3R 阅读法的发明

SQ3R 阅读法是由美国的教育心理学家弗朗西斯·罗宾逊发明的。他在 1946 年出版的著作《有效的学习》中提出了这一方法。

"SQ3R"是英语：Survey, Question, Read, Recite, Review 五个词的第一个字母的缩写。译成汉语就是："浏览、发问、阅读、复述、复习"。SQ3R 读书法是一种具体的阅读方法。这种阅读方法对于高级水平的学生有着重要的指导作业，也对于阅读课老师在设计阅读教学中的不同阶段有着实际的指导作用。

二、步骤意义

1. 浏览：

所谓就对文章概略浏览一遍。概览时要注意前文、目录等以了解全书的大要。然后略读内容，章节、标题、标题、主旨与总结等。概览有助于了解书本的内容架构及重点，迅速的筛选资料，自己理解及不理解的部分，为下一步阅读提供蓝图。

2. 提问：

现在开始真正的阅读活动。把每个标题变成一个问题，从而可以增强理解。提问能够促进对已知信息的提取，更快的理解这一部分内容。这种把标题转化为问题的工作可以在浏览标题是同时进行，但必须有自觉的努力，才能在阅读过程中寻找他的答案。

3. 阅读：

在发问之后，你必须以主动的方式找答案，并将文章理解及连贯进行有意义的了解。阅读时首先先将文章阅读进行理解，再将理解的成果以不同颜色的"文字标注"、"线条"、"颜色"、"符号"等标记，来标记出段落"主旨"、"主标题"、"次标题"、"重点"，并将概念的定义、举例、因果、步骤外显在书本上，如此将内容结构化、层次化，形成自己理解的架构，形成概念图及便记忆及复习，此时你在发问阶段的问题已经获得解答。

4. 复述：

读了一段内容后，在不看书的情况下，试图简要的复述你对问题的答案，用自己的语言列举一个实例。如果能这样做了，就能知道书中的内容是什么；如果不能，重新把这段快读一遍。做这种复述的最好方法是把**关键性词语以提纲的形式记在纸上**。

5. 复习：

复习时可以先回忆自己理解的架构及概念图当发现忘记某些概念时即回去看眉批、重点、笔记、纲要与图表，在不理解时再回去看书本，将模糊的记忆和未理解的概念确认理解及记忆。

三、SQ3R 的阅读学习法对汉语教学的启发

1.适用于高级水平的精读教学。

这种训练方法适用于高级水平的学生，要求语言水平较高，能否认知各章节的标题，分别总结句子等议论句型。

2. 能否找到阅读过程中的理解。

阅读的理解应该是对疑问进行答疑式的范畴，对于感兴趣的话题，对阅读已经提出的问题，试图在文章中找到答案。对于老师设置问题的准确性，有比较高的要求。

3. 记忆训练有利于系统整理和习惯养成重点内容记录习惯。

整理记录关键字词，关键点，关键事件等，不但可以重复学习，更利于收集整理相关的事件分类保存，对于长时间的学习之后，学生可以自行的归纳出同类人物，事物，历史事件等信息，对于掌握各个文化时期的事件，关联性，更好的记忆有着相当积极的作用。

阅读授课老师在系统的阅读课之前，应该首先整理出相关的不同课程的链接关系，再通过每个课程的阅读文章分析，找到重点事件的记录点，指导学生慢慢的学会抓住主题词，主题句进行记录和总结。

第十七章 六读评书式阅读训练法

--突破汉语中级瓶颈，决战5000词汇难关！

一、 概述

海外华裔儿童汉语教学的状况，学生在高年级没有具备阅读汉语文章的能力，这也是多年没能揭开的一个谜。

回顾第二语言大师的话：没有足够的语言输入量，就不可能具备语言的输出量。

汉语语言学习的中级阶段，是非常重要的阶段，而字词的扩展学习，一定要达到词的总量在5000个左右才能具备了阅读的能力。这是除了基本常用字2500的学习和语音语感之后的另一个极为重要的指标。所以中级阶段的教学目标需要非常明确，即用两年的时间，进行10万字的阅读材料阅读，学习和扩展中文的5000个常用词。

目前海外华裔儿童的汉语学习，基本上没有完成这一重要的指标，这也许是目前海外华裔儿童小学高年级到中学阶段出现问题的症结所在。用阅读能力目标进行分级，明确各个阶段的学习目标和能力确定，用可行的阅读训练法对学生进行训练；这个阶段最理想的阅读材料是经典的叙述文或小说类的体裁，贴近适龄学生的认知心理年龄和现实生活，有趣而容易模仿；进行足够量的汉语书面语的有效输入和能力训练，达到自主阅读能力的要求。

二、 学生情况分析及解决条件

1. 学情分析-海外华裔儿童和国内的儿童在汉语的基础上的区别。

国内的学生，具备的听说的能力比海外儿童强，听小说，听词汇并能理解意思，在初级和中级语文（言）的书面语学习在一部分上属于已经识字识词，已经知道字词的音和意思，不用太多解释。字词的形音意三体的学习，主要在辨识"形"这个环节。而海外华裔学生，很多的字词，没有听说过，更不知道是什么意思，如果直接在阅读课文中学习，经会有非常大的阻力，听说困难、词义不懂再加上认识音形对应的的难度，使得阅读学习任务凸显艰巨。

张和生（2006）对中级以上汉语水平的词汇学习状况进行了调查和研究，结果发现："中级以上汉语水平的学生存在着较严重的汉语词汇量不足的问题。学习者进入汉语中级水平以后，词汇量扩展的速度呈明显衰减趋势，这一现象值得我们关注。按照学习者目前的词汇量扩展速度，他们将无法达到《(汉语水平)词汇等级大纲》对词汇量的要求,因而就无法满足汉语阅读与交际的需要。中级以上汉语水平的欧美学生已经具有了一定的语素意识但仍不成熟，**误猜词义或误认同素异序词语都是学习者词汇辨识中的多发性错误。缺乏辨析近义词的能力，缺乏由汉字类属推断词义的能力**，也是中级以上汉语水平的欧美学生存在的问题。探讨如何有效地扩大学生的词汇量,如何有针对性地化解学生词汇学习中的难点,无疑是当前对外汉语教学界重要的研究课题。"

沈国威（2008）"'纵深配置'的知识关系到语言表达的准确、生动、丰富，是由初级向中级、高级阶段进步的关键。"

为什么需要5000个词汇是具备自主阅读的先决基础，这是根据汉语书面语的特点而决定的，根据HSK对词汇的分析和许多学者的研究表明，5000词汇是阅读中级以上的必备条件。

2. 解决问题的先决条件

增加识字韵文学习，先期掌握字的发音，增加聆听和动漫欣赏模块的输入，增加对字词的在故事中的感悟和理解。确定学生的基本阅读能力，学生的听说的语感是否已经建立。《高效海外中文-识字系列》韵文识字的目的，前四年，学会常用字词1771，培养语感，会读这些常用字、词的正确发音，会诵读韵文和句子。通过《高效海外中文-识字系列》第三册和第四册初级辅助阅读训练，达到了初级阅读能力水平。我们定义的初级水平为：学完1800字，具有能说能力，能听懂这个1800汉字的语感，诵读汉语的基本句子语句完整的能力。

《高效海外中文-识字系列》第四册和第五册的学生已经具备了汉语初级水平。决战中级水平的5000词汇，这个词汇量一定要在辅助阅读中完成。

3. 六读法的实际意义

"六读法"属于中级汉语水平的学生，所以学生是否有听说的汉语语感，即基本字词能听懂，会正确发音。如果学生不能够正确的进行大部分字词的发音，请进行初级水平的韵文识字训练，《高效海外中文-识字系列》第一册~第四册的识字学习和《高效海外中文-识字系列》第三册~第四册的辅助阅读初级朗读训练。

4. 阅读量与内容的设计

阅读量，要得当，不能太多，时间太长，操作容易，见效快。首先是阅读材料的内容，要经典有趣。这个阶段的训练比较枯燥而艰苦，学生和家长有毅力还不够，需要教材的内容选取的合理。其次的每篇文章不宜太长，太长无法进行多次的重读，精读，太短也没有达到语言的量的输入，而篇章的情节内容不够完整，学生们也会觉得无趣。

王衍军（网络PPT）词汇"在不同上下文、不同语境中的重现。词汇通过这种反复识别，巩固定型后进入读者的汉语心理词典，语法及文化知识等也在这种反复识别中熟练起来，形成系统。如果没有足够的阅读量，词的再认就达不到自动化的程度。词的再认耗费了大量的注意力，必然导致不能有效地进行更高层次上的阅读加工。这不仅是读得慢的原因，也是理解差的原因。没有足够的阅读量，就突不破阅读认知的瓶颈。"王衍军（网络PPT）"汉语还有自身独特的韵律节奏，光靠讲解很难领悟，必须反复朗读，直至烂熟。汉语语感的培养，仅靠汉语知识的讲解和操练是远远不够的，必须反复诵读汉语中优美的篇章，把体现汉语特点的典型表达方式铭记于心。"

世界儿童阅读专家经过近百年的试验和统计，特别是中国的小学语文一线的老师经过大量的实验数据说明，儿童在中级阅读学习阶段，以童话和儿童小说为主的阅读素材最具有吸引力。中国特级教师孙双金老师在《谈谈如何重构小学语文教学体系》中，指出了诵读经典诗歌，童话和小说，是儿童语言学习的认知心理规律。薛瑞萍老师更细化了语言学习的方法："不求深、不求快、不求早、不求多，从容有序、不徐不疾；缓坡上型，六年一贯。课程化是节奏也是治疗。固定的时间做固定的事。课程化给于儿童阅读以时间的保证，场力的振荡。如此进行的儿童阅读，不仅使汉字的精神，也使孩子的身体长得健康。"

三、分级目标阅读能力的分级

1. 阅读能力初级训练

《高效海外中文-识字系列》第三册，第四册，是阅读能力的初级训练，重点是由识字过程，口语化语言，转换成书面语的过渡，学生要学会辨别句子中的字词，发音等，由老师和家长的朗读，学生能进行跟读和不丢失的能力训练。这个级别的训练，应用《读经式阅读训练法》进行。

2. 阅读能力中级训练

《高效海外中文-识字系列》第五册，第六册，是阅读能力的中级训练，重点是学会辨别字词，并加深和扩展常用词5000个的数量学习和理解。并感悟句子重点字词的意思和轻重音读法，感悟和模仿朗读中的停顿，熟悉分词断句的过程和方法。这个级别的训练，应用《六读评书式阅读训练法》进行。

3. 阅读能力高级训练

《高效海外中文-阅读系列》，在句子理解，段落和篇章理解，综合概括等能力上进行分级训练。

四、训练方法

1. 操作方法和规程

老师和家长在每一读的过程中，基本上要和学生进行互动，这样既可以让学生进行模仿式的语言有效输入，又产生了亲子阅读效果。每天的内容不在多，不在快，在于知道训练目的和常规化。语言学习的金律：感悟、模仿、尝试、积累、运用。

第一读：听读，老师或家长读，学生用荧光比划出不认识的字词。(感悟过程)时间：5~8分钟。

第二读：跟读，老师或家长读一个句子，学生跟读，学生并标上不熟悉字词的拼音。这个阶段老师可以请学生标注关键字词的重音，和句子中需要停顿的地方。（语法停顿和呼吸停顿）（模仿过程）第二读是最重要也是最花时间的，老师和家长要调动学生的积极性，参与找字词，找读音等方法对不认识的字词标注拼音。这些所谓的生字，也许以前已经在识字韵文中学过，这样就会进行再刺激，恢复记忆的速度也快的多。时间：20~40分钟。

第三读：学生自己读，老师或家长帮助关键的字词的发音，语调，在第三读的时候，学生们可以感悟到了字词的意思，有意的尝试字词的轻重来表达句子的意图。（尝试过程）时间：8分钟左右。

第四读： 学生再次朗读，老师和家长把分词断句的地方明确出来。学生读过之后，家长或老师在个别句子，进行范读，明确一般的朗读句子，和人物对话的句子声调和语调不同，学生可以模仿个别的句进行评书式诵读，不求全部，但求学生能掌握三到四个重点字词和分词断句的地方。（积累过程）时间：7分钟左右。

第五读： 老师或家长进行再示范，并在不同的句子朗读上，语调不同，进行评书式的诵读，学生试着用评书的风格，读不同角色用不同的音调。（运用过程）时间：老师或家长：5分钟，学生：7分钟。

第六读： 学生用评书的风格，再读一次，并录音发给亲友和老师。（成功喜悦）时间：6分钟。

2. 训练时间安排总时间：两年的时间完成。

第一读和第二读，第一天。第三读，第二天。第四读，第三天。第五读和第六读在综合训练的周里面，或者在适合的时间，比如晚饭后等。从《高效海外中文-识字系列》第五册、第六册，到中学部的《高效海外中文-阅读系列》，阅读训练安排设计为每个单元为三周。第1，2周学新课，第3周是综合复习课。

3. 阅读材料的内容和量量化的目标

每年：5万字，总计：两年，10万字。每篇800字。每篇读6遍以上。
100，000字*65%双音词/5000常用双音词=13遍的重复。

通过两年10万字的书面语的中级辅助阅读训练，对书面语中的词汇进行有语境和故事情节中进行辨识，朗读，感悟和理解，可以重复平均达10次以上。为学生进入高级阅读训练打下一个坚实的词汇基础。

五、结束语：

我们通过对中级阅读能力的教学目标确定，量化阅读的数量和训练方法，以期达到学生能够在这个阶段内建立自主阅读所需要的5000个常用词和分词断句，理解句子的基本能力，也期待着沈国威教授与专家们建立和出版适合海外汉语学习的，具备"语词的纵深配置"的《树形结构词汇表》，帮助海外学生尽快地建立汉语词汇系统。

六、后记：

本训练法根据2014年~2015年度《高效海外中文-识字系列》第五册的教学过程中，一直不断的对学生的各个阶段进行观察和分析，课堂情绪、参与度和掌握度是重点的考量因素，一切教学设计是要达到阶段的教学目标。学生课堂产生厌倦时候，就是操作的方法需要改进的时候。在一年多的教学摸索和试验中，参与辅助阅读训练的同学在课堂的配合相当的不错，突出地方在于参与度非常高，即要求朗读的欲望强烈。2015年暑假期间，在总结的基础之上，进行了细化设计，王宇涵在家中进行了六个故事的《六读法》操作时间统计，并观察孩子是否厌倦或者喜欢，以确认每一步的必要性和针对性。在读到第六个故事的第三读的时候，已经有非常强烈的语调与停顿的意识了，这就是我们期望的效果。

第十八章 最大化的有效性语言输入

-天津市跃进里小学语文课课堂教学剖析

一、引言

1、教学系统的简述。

众所周知，教学体系是一个比较复杂的系统，从教学目标的制定、教材、教师的选择，到招生、毕业、安全等等。如此大的系统，实际上可以划分为两大系统，一是管理系统，二是教学系统。有关学校的管理系统的思考，笔者已经另文拙墨。那么教学系统究竟包含什么部分呢？

在《对外汉语教学概论》、《中小学语言教学概论》、《言语教学论》、《语言测试理论及汉语测试研究》等语言教学专著中，均提到了教学系统的几个重要组成部分，其中涉及最多的是：教育系统中的"总体及大纲设计"、"教材设计与研究"、"教学设计及实施"和"语言测试"四大部分，辅助的另两个系统为"教师培训"和"教学科研"子系统。

在教学总体设计和大纲已经确定后，教学部分一直是各个学校所抓的重点。国内外中小学很多事实证明，一个学校拥有一支优秀的教师队伍和一套切实可行的教学方法，对于提高学生的学习成绩至关重要。

2、两个疑惑。

身为涉及多年海外中文学校的管理并进行深层次研究和探讨海外华裔儿童的汉语教育的我，近来一直有两个疑惑，一是到底专业的中文老师和业余的中文老师有什么区别？二是由原哈维中文学校校长、原美国中文学校协会会长韩清源博士的一番话所勾起："国内的老师一堂课下来汗流浃背、手舞足蹈地在教室教学"。是这样吗？那么中国的小学教学，特别是语文教学和改革现在究竟是什么样子？

虽然一直在读有关语言教学的书籍，并且中国语文教学的改革与争论也一直不断，但是像快速识字、语感教学法等一些新的理念在国内是如何实施的？公立学校与私立学校为什么有区别？这次的机会给我补上了这一课。

利用出差休息的一点时间，我有幸拜访了天津市跃进里小学和北京市北大附属实验学校。在跃进里小学，我与李校长，教导主任及老师们，在教师培训、语言测试、教学方法等方面进行了比较细致的探讨与对比；在北大附属实验学校，由董琦校长陪同，与该校的两个教务长进行了交流，并聆听了董琦校长关于"大经典教学体系"的阐述，其教学的一些理念和做法，有些类似于珠海容闳学校陈青校长的作法，即用"快速识字"与"国学"加大语言输入量来提高学生的语言能力和行为能力。

在两个学校的拜访中,给我留下最深刻印象、收获最大的是课堂教学这一部分。在跃进里小学李校长和教导主任的陪同下,分别对二年级张殿瑞老师的识字课和五年级田桂娟老师的阅读课进行了两堂全程 40 分钟的聆听。四个字来描述我进入教室及走出教室的感觉:"震撼"与"精彩"!

二、听课实记

9 月 12 日早晨 8 点多,当我来到跃进里小学的时候,对校区内的宁静与美丽相对于外部居民区的人群忙碌的纷乱和嘈杂感到惊讶。学校有安全门卫严格把守,不太大的校园里突显干净整齐。通往教学楼的路上,墙壁上文人墨客的字帖,充分显示了该校的中华文化底蕴。

1、听第一堂课。

张殿瑞老师的二年级的识字课,在第二节课开始。老师美丽大方,同学活波可爱。二年级同学们小小的年纪,个个精神劲十足,雪白的衬衣佩戴鲜艳的红领巾,在班长的口号下开始了"同学们好!","老师也好!"师生问候语之后的课程。二年级的识字课文是第九课《欢庆》。该课为第二课时。

天津市跃进里小学二年级语文课
地点:天津市跃进里小学校园
时间:2010 年 9 月 12 日
老师:张殿瑞
第九课:欢庆(第二课时)
听课人:王鹏
学生数量:27 人,其中男生:14 人

时间	内容	时间(分钟)		要素
		学生	老师	
8:55	开始:老师致欢迎词,学生,老师问候语。		2	
8:57	读课文:带汉语拼音		1	
	生字:欢庆,旗帜,奏乐,十三亿,奉献,乐曲,洁白			
	学生齐读一次;每个学生领读,大家跟读。	1		朗读/跟读训练
	字词一起学习。			
8:59	老师讲解多音字:乐曲,欢乐。		1	
9:00	学生读课文	2		
9:02	学生互相背课文。	1		诵读训练
9:03	老师朗读,请学生闭上眼睛		1	目标语言示范/听读训练
9:04	老师讲解课文,提问式:田野,枫林,蓝天,大海。		1	生字在课文中
	学生描述第一段的感觉,之后老师用图片加课文	1		

时间	内容			方法
	叠加显示:			
	"田野献上金黄色的果实"	1		情景教学法（习得式）
	请每个学生用不同的句子和前几课进行句子再现	1		重复率教学法
	学生记起第一课的内容。	1		遗忘率理论修正法
9：11	老师讲解第二句：提问：学生背记一首古诗	1	1	联想教学法
9：13	老师讲蓝天：显示图片加音乐		0.5	
	老师提问：鸽子如何说?两个学生回答			
	老师进行必要的句子补充。	0.5		训练过程：纠正。
9：14	老师讲：大海，请三个学生朗读。	1	1	朗读训练
9：16	一起唱"祝你生日快乐"	1		
9：17	请一个学生试背整个诗，90%的学生能背出。	1		诵读训练
9：18	请一个学生帮另一个学生修改这个学生的句子。	1		训练过程：纠正。
9：19	老师讲解"十一"，大屏幕显示1949年10月1日新中国成立照片		1	
9：20	老师朗读"国庆的来历"，学生看投影字。		1	目标语言示范/听读训练
9：21	老师讲解并放国庆图片加音乐。老师进行诵读。		2	目标语言示范/听读训练
9：23	老师提问看完图片和聆听后的感觉。	1	1	
9：23	老师用蓝色的字显示课文中的生字。			
9：25	男生齐读课文一遍，女生齐读一遍（女生不如男生读的齐）	1		群体心理教学法/朗读训练
9：26	男生和女生互提两个最佳的朗读者，到前面给全班朗读。	3		群体心理教学法/朗读训练
9：29	老师给学生放"今天是你的生日"歌曲，（计算机没有放出来），		1	
	请学生看歌词。			
9：30	全体学生与老师一起朗读课文，老师与学生轮换朗读。	1	1	朗读训练
	老师把"祖国，妈妈的生日"写在黑板上。			
9：32	练习：括号里填上合适的词。学生一起填词。	5		
9：35	结束	24.5	15.5	

教学统计		
1	• 学生占用课堂时间：24.5，占有率：61.25% • 老师占用课堂时间：15.5，占有率：38.75%	语言的教学应该是"精讲多练"原则。
2	老师学生交互次数：32次，平均交换时间为：1.25分钟。	交换次数与学生的课堂兴奋点的高低成正比。

3	• 朗读训练时间：听读：跟读：朗读：诵读：比例为：6：2：7：2，总计：17分钟 • 朗读训练百分比：35%：12%：41%：12% • 朗读训练占总课时：42.5%。	语感教学法的训练步骤为"四读法"。 二年级的词汇量在 800~1000字，因而可能跟读，即模仿的次数少了。需要比较其他的老师？

2、听第二堂课。

  田桂娟老师的五年级阅读课，老师神采奕奕、笑容可掬的样子使学生和很多与我一起听课的老师们非常舒服、愉悦轻松。田老师一开始，请24个学生轮流朗读全课的24段，学生们标准的、优美的和抑扬顿挫的朗读水平令我"震撼"。80%的学生能有如此几乎相同高水平的语感，便可知老师在朗诵训练中所掌握的特别训练技能了。课堂快结尾时，在田老师的引导下，在30多分钟的阅读、朗读、重点句子突出之后，伴随着音乐，学生们的情感进入到了课文中的最高潮。部分学生禁不住自己情感的奔放，泪水流下。此授课技术是我听课史上见到的最"精彩"的一幕。

天津市跃进里小学五年级语文课
地点：天津市跃进里小学校园
时间：2010 年 9 月 12 日
老师：田桂娟
第十七课：地震中的父与子（第二课时）
听课人：王鹏
学生数量：30 人。

时间	内容	时间(分钟)		要素
		学生	老师	
10：12	开始：老师致欢迎词，学生，老师问候语。		1	
10：13	24个学生顺序朗读课文的24个段落。	5		朗读训练。整篇阅读。
10：18	请学生讲评那一个学生朗读的最好	0.5	0.5	激励行为。群体心理教学法
10：19	老师提问：这是一场怎样的地震？	1	1	
	不同的学生回答：30万和4分钟，那个昔日……一片废墟。			
10：21	老师朗读		1	听读训练/目标语言
10：22	学生一起读：字词：废墟，爆炸，瓦砾，颤抖。	1		生字学习
10：23	请不同的学生描述课文内容：时间，起因，结果。	1		
	老师对不同的同学进行表扬，提出不足，及要注意的地方。		1	训练模式。重复，纠正。
10：25	老师讲解：父亲与儿子是怎样的人：		0.5	阅读训练：提问
	学生快速阅读，	0.5		

时间	内容			备注
	学生回答：了不起-〉父亲，儿子。			
10：26	老师请学生进行默读11~16段，鼓励学生边读边画，圈出课中的哪些句子告诉我们"这是位了不起的父亲"计算机放投影。	2		阅读训练：找重点句
10：28	学生朗读："他挖了8小时，……'爸爸，是你吗？'"	1.5		阅读训练：重点句重复/朗读训练
	老师问题：为什么是了不起的父亲：		1.5	
	学生回答：三个句子，描写了父亲。			
10：31	老师将5~11自然段投到大屏幕上。一个学生进行朗读。	1.5	0.5	朗读训练
10：33	老师问：多少人劝阻父亲？学生回答。	0.5	0.5	
10：34	老师问：父亲是如何回答的。		1	
	老师请三个学生分别扮演角色，一个学生扮演父亲角色进行对话朗读。	2		朗读训练
10：37	老师讲如何读：老师扮演三个劝阻人，所以学生扮演父亲练习课文中的对话朗读。	1.5	1.5	听/跟读训练
10：40	老师提问学生：	1	1	
10：42	女生齐读12自然段（男生思考如何感动）	1		朗读训练
10：43	老师不停在问：从父亲"挖"字里面看到了什么？		0.5	
	三个学生回答。	0.5		
10：44	全体学生齐读12自然段	1.5	0.5	朗读训练
	男生读的越来越慢，女生读的越来越快。			阅读训练。感觉
	老师分别请不同的女生和男生回答为什么。同学有自己的理由			
10：46	请学生再一次的齐读12自然段	1		朗读训练/训练模式：重复
10：47	老师问：36小时后父亲是什么样子了？		0.5	
	同学们齐读第13自然段	0.5		朗读训练
10：48	老师用5.12大地震照片与音乐来播放给学生。		1	
	老师在讲解照片的内容。			
	老师在朗读。			听读训练
	老师讲什么是体现了父爱和母爱。			
	在音乐的继续下，部分同学开始流泪。			
10：49	老师讲：不要流泪，请同学把你的感受写出来(小练笔)。	4		
	音乐在继续。			
10：53	请三个同学读自己写的感受。	1.5	0.5	

	第三个同学用不同的话来描述。			
10：55	老师用不同的语言讲什么是父爱。			
	结束	29	14	

教学统计		
1	• 学生占用课堂时间：29，占有率：67% • 老师占用课堂时间：14，占有率：33%	语言的教学应该是"精讲多练"的原则。
2	老师学生交互次数：37次，平均交换时间为：1.16分钟。	交换次数与学生的课堂兴奋点的高低成正比。
3	• 朗读训练时间：听读：跟读：朗读：诵读：比例为：2.5：3.5：11.25：0，总计：17.25 • 朗读百分比：14%：20%：65%：0 • 朗读训练占总课时：40.1%。	语感教学法的训练步骤："四读法"， 听读和跟读的过程在高年级还是需要，训练模式在朗读训练在高年级中仍然需要听读和跟读的过程。

三、课堂教学的理论剖析

课堂实录只能记录老师们和学生们的课堂活动，却无法在这么短的篇幅里去描述老师们每一句的教学语言、语态、神态、气质和情感。正是老师们在经过设计过的教学方法和导语实施后，加上老师在课堂上的个人魅力，使学生能进入课文的情景，带入情感的世界。

无论是专业老师还是业余老师，在课堂上无论是有意识，还是无意识的教学行为，都能产生不同的教学效果。教学过程的研究内容就是研究什么样的教学行为，产生什么样的效果。凡是学生语言成绩好的班级，老师的教学行为一定是遵循了某种规律。这些规律就是教学理论。

张和生教授在《对外汉语教师素质与教师培训研究》（2006）一书中推荐了11种课堂意识。这些课堂教学的方法和教学模式最终都体现在课堂的教学实践中。总结为九个重要方面：

1、教师课堂语言：课堂语言的标准、精炼、优美及艺术化。

这是语感论中教学的第一步，建立标准，进行聆听的最佳过程。老师在讲台上，靠什么吸引学生，不是靠教材，而是"娓娓动听"的话语加上"眉飞色舞"的神态。只有这样的力量才能对学生具有绝对的吸引力。

母语既然可以习得，为什么还要进学校？庄文中教授在《中小学语言教学概论》中给出答案：在学校里可以学到的是"规范、简明、优美"的语言能力。老师在课堂上的语言水平，是课堂教学中的第一要素。标准的、精炼的、动听优美的话语，是语言学习者的第一目标语言。如果说教案，学生都是一样的，而教学效果不同，在绝大情况下是教师的课堂语言的效果不同，所产生的对学生语言输入的效果就会极大的不同。

2、课堂对学生的组织到位：符合组织行为学、儿童心理学和管理学。

课堂的管理是老师能力的体现。一个班风是由老师从第一次课开始一点点训练出来的。同时在课堂上能调动学生进行不同学习方式，是需要运用组织行为学原理，动态的建立个人、小组、大部及全班的活动结构和行为。这种不同的结构，能随时调动学生的精神状态和团队的责任意识。符合儿童群体心理学，加之设定目标，进行教学和测量调整的随机管理。老师的能力，在课堂管理上具有十分显著的作用。在千变万化的课堂教学进行中，学生的水平、精神状态、情绪随时会发生变化。能否及时地掌握（信息采样），判断出来（正确评估与测量），做出正确的决策（产生新的工作标准和方法），来完成目标的实现，是体现能力的实际方面。当然，不单是老师，任何人在任何岗位上都一样。这就是能力，是一种心理行为。

3、"语感中心说"在课堂中的展示：讲语言，用语言，还是讲语言知识？"把课堂还给学生"响彻多年的口号确认了这个争论。学生的互动能力强，师生占用课堂时间比例合理，符合语感教学方式，"i+1"语言输入理论。

语文的教育就是语言、文化的教育。而小学的语文教育任务是语文教育第一阶段的实施地，语文第一教育阶段是识字与写字，加上初级阅读和初级写作。而这和海外汉语教育的目标是一致的。语言能力就是语感的建立。王尚文老师的《语感论》总结了多年的语感教学方法和内容，而语感就是对语言感悟的能力。语感能力是可以通过训练来完成的。语感中心说就是让学生在实践中去感悟语言，从实践的过程中去体会语言的使用，而不是学习语言的"为什么"。我们从两个课堂的实录统计可以看出，教师的占用课堂的时间已经在40%以下。

教师的时间用于组织学生来进行语言活动，同时在学生原有的水平（i）上加入一定量的新内容（1），这就是著名的"i+1"语言输入理论。老师和学生的互动来源于老师对学生水平的掌握，所以老师所加入的新的学习量不能太大，也不能太小。

4、计算机多媒体对课程的影响力：课件的作用明显，最后的音乐将课程推向高潮。

多媒体对教学的影响是非常显著的，图画、声音、音乐在课堂上能再现学习的实景，使学生仿佛身临其境，这是比较理想的教学辅助步骤。多媒体的课程辅助材料，就是语文教学中的"课件"。这种立体的效果，与语感教学理念相吻合。我们可以想象，在田老师的因势利导的导语之后，有一部分同学在这种背景下，竟然到了休息的时间还在不停地流泪。这还用怀疑语言的输入在40分钟内没有完成吗？

5、训练模式：示范、重复、对比、调整。

训练一词在运动员和军队中经常见到，通常指使训练者学习知识和技能，并实际演练。在教学系统里，训练方式的好坏同样也是整个班级学习过程是否成功的重要因素。

一个班级学生的技能和素质，都是靠训练来完成的，比如班级的纪律、学生的学习方法等等，正如洪镇涛老师在《积累、语感、语感训练》一文中（《中小学语文教学》2004.1）所指出的那样，语言训练包括两个方面，实践和分析。实践的过程实际上是重复和调整的过程，而分析的过程是示范和对比的过程。

学生的很多活动都是需要老师进行很好的训练，我们看到两个课程均有很好的训练实证。师生互动效果理想，完美平滑，同时又在互动过程中学生学到了新知识，增强了语言能力，这不是一日之功。这是老师长期训练的结果。李海林教授在"语文教学设计论"一章（《言语教学论》，2006）中指出"在这里，最关键的地方是教师与学生双方外部行为的'互参性'，即双方的外部行为对对方行为及心理活动的作用。在教学互动中，教师与学生的行为两条线不是平行的，而是缠绕在一起的"。

6、激励过程：能够极大地用适时、适量、适度的语言激发学生的热情，符合心理学和儿童群体心理学。

任何人，无论是成人还是孩童，在兴奋状态下的工作和学习效率是倍增的。在课堂上，让学生经常处于兴奋状态，可使学生积极地参与到教学互动中。这是典型的心理行为与群体行为学所发生的作用。

学生是主体，老师是主导的教学模式，除了教学语言与教学活动设计之外，**课堂激励语言**是调动学生行为的主要用语，也可使师生关系更加和谐。

7、朗读和阅读的理论在课堂中的完美体现（语感教学法的长期实践的结果）。

识字的主要目的在于阅读，但是阅读的能力究竟靠什么呢？张凯在《语言测试理论及汉语测试研究》一书中讲到，阅读水平来自三个方面：语言知识、背景知识和阅读技巧。而语言知识是非常重要的，也是阅读能力第一要素。在王尚文老师的《语感论》、李海林老师的《言语教学论》及《中小学语言教学概论》等多部教学专著中，专门论述了一个观点，就是朗读是培养语感的最好途径，而语感是语言能力的内涵。

朗读不仅能够使学生的语感完善，而且提高了学生的其他学习能力。在田老师的班，经过粗略统计，凡是朗读好的学生，其它的学习成绩也好。因而，我们来看一下朗读的要求是什么："必须深入理解作品，必须具有真情实感，必须形成具体的内心视象，必须掌握朗读技巧，文体不同，要求不同1）、记叙型：记叙语言--自然朴素；描写语言--生动形象。2）、解说型：质朴无华，庄重自然。3）、议论型：态度明朗，感情含蓄，语气肯定，重音坚实。4）、诗歌：韵律和谐，激情澎湃。5）、散文、小说：独特的构思，深远的意境，鲜活的形象"。这是典型的图式理论在朗读中的表现形式。

摘抄网上非常流行的一段文字："**朗读是提高"理解能力"的最基本方法。**因为当一个人可以流利地朗读一个句子的时候，即意味着说他正在完成对这个句子的"拆解"与"重组"的过程——这是个复杂的系统工程，信息通过眼睛输入，经过大脑识别、理解、处理之后又运用口腔的种种器官形成正确的声音，而后又通过耳朵反馈回大脑；而与此同时，大脑在一刻不停闲进行各种处理过程：句子成分都有哪些、哪几个字词构成什么样的成分、这些成分各自是什么意思、成分之间的关系究竟是什么、这些成分组合起来又构成怎样的含义，等等。反过来也一样，如果阅读者面对一个语法正确、逻辑严谨的句子竟然不能够把它流利地朗读出来，就说明阅读者"拆解"有误或者"重组"有误。重新把句子结构与成分意义以及它们之间的关系都搞清楚之后，句意也就自然明朗了，读起来自然就"顺"了；而后再把句子多读几遍——其实就是"通过重复练习理解过程、巩固理解能力"了。"

这些足以说明朗读在培养语感和建立语言的隐性知识过程中的重要性了。

8、学生语言能力的探究：隐性语言系统的课堂显示（语感-习得-隐性语言系统的形成理论）。

从朗读、阅读、重点句意的理解、复述文意，到小练笔的表白，无不体现出语感的形成和隐性语言系统的建立。

隐性知识是迈克尔·波兰尼（MichaelPolanyi）1958年在哲学领域提出的概念。隐性知识是指"只可意会，不可言传"的知识，即隐性知识相对主观，且依附于人的大脑或技能，它通常通过行动表现出来。詹青龙老师在《信息技术教师培训：理论与应用》（2009）一书中特别介绍了野中郁次郎提出的著名的SECI模型，即隐性和显性知识的转化形式。

从知识管理层面上看，语言的隐性知识最初的建立由观察、模仿、亲身体验及师徒传授来完成。之后再完成隐性与显性知识的螺旋式上升的转化与建立。这个过程与我推荐的朗读训练"四读法"相吻合。而我们的很多学校正是缺少了"听读（聆听、范读）和跟读（模仿）"的重要过程，学生无法在这个初级阶段建立语感和语言的隐性知识，使学生无法生成高级阶段"朗读和诵读"的能力。

从学生的朗读水平可以看出学生的语感存在，实际上是学生们已经建立了中文的"隐性语言系统"，是学生们语言的隐性知识在课堂中的显化。

9、家长的培训构成。

家长沟通与家长培训是两个不同的涵义。学龄期的儿童学习一部分是要由家长来进行辅助完成的。而与家长的沟通与对家长的培训，是专业老师的技能所在。设计家长对学生的工作量和任务，是老师的教学重要内容之一，同时可以体现老师在建设班风上的杰作了。

三、结论与思考

1、结论：

理论分析的目的是通过教学模式和方法来看课堂教学过程中追求有效语言最大化的输入问题。语言输入输出理论在教学系统里已经成为一个重要的支撑理论。语言的输出来源于目标语言输入的量和质。我们看到的几乎所有影响课堂教学的因素都同时在影响着对学生的语言输入。李海林教授（《言语教学论》，2006）和周建教授（《对外汉语语感教学探索》，2006）在他们的专著中都论述了现代语言学习的理论观点：语言能力的提高首先依赖于大量的语言输入。

我们所做的一切研究，就是分析在课堂的有效时间里，每一分一秒对学生进行有效的语言输入。

2、深度挖掘：

一是老师的成长过程：

不能说田老师是课堂教学的天才，但她的班级在历年考试中却是一直在学校和全区名列前茅的。因而不得不讲田老师是大家公认的非常优秀的，不可多得的老师，是小学语文教学师资中一颗夺目耀眼的璀璨明珠。教育界应该对优秀的老师花力量来进行研究，之后推广。

二是学生的习得教学法，语感教学，隐性语言系统建立的机制。

语言使用的过程，是语言隐性知识显化的过程，按照习得的方式，建立语感教学法，使学生产生语言能力，需要更多的理论和实验来发现隐性语言系统建立的机制，这种机制对第一语言和第二语言的学习都是非常重要的。

三是不同学校的总体设计不同产生的效果也不同。

我们看到的是中国公立学校体制下，在同样的教学大纲下的教学现象和成绩。但是，如果我们要走访中国很多的民办学校，看同样的学生年级的语言能力，就可以知道除了课堂教学之外对教学进度的影响。至少我们看到美国的私立学校的教学质量比公立学校要好，我们要追问，到底好在哪？

海外中文学校教师的资质标准与培训机制。现在是个空白。已有的中国国侨办和汉办《海外中文教师资格标准》。

第五篇 统计工具与教学测试

第十九章 中文统计工具使用举例

《阅读系列》第一册第 11 课阅读 33 字词分析统计

运用中文文本计算工具（见参考文献），可以非常容易的计算出课文的字、词的重复率以及在各个字、词表中的排序，这种统计对于教程内容选取进行量化分析有着非常精确的指导意义。对于一线老师，可以用来找出在本课中重复率最高的字、词进行学习，复习和确定重点训练掌握内容。

这里我们使用的是美国中田纳西州立大学笪俊教授开发的一个中文文本计算平台，使用这个统计工具，可以统计出 3500 字以下的文本，单字和双、三字组的总数，出现频率，在不同字词表中的排序位置。

https://lingua.mtsu.edu/chinese-computing/

我们用阅读系列第一册第 11 课阅读第 33 课文作为统计样本示范。

一、字的统计

1. 文章的字总数、字频统计

CharacterProfile

Table1 总计	
文本汉字出现总次数：	735
文本单字总数：	323
文本单字复现率：	2.28 次/字

2. 文本单字在各个字表中的字频统计

Table2 文本单字在笪骏现代汉语单字频率中的排行分布										
频率排行[1]	<=250	251-500	501-750	751-1000	1001-1250	1251-1500	1501-2000	2001-2500	2501-3000	>3000
字数	124	63	38	32	18	10	16	10	6	6
百分比[2]	38%	20%	12%	10%	6%	3%	5%	3%	2%	2%

[1] 频率排行：<=250 表示排行在前 250 的汉字；251-500 表示排行在第 251 到第 500 位的汉字。以此类推。

Table2 文本单字在笪骏现代汉语单字频率中的排行分布									
频率排行[1]	<=250	251-500	501-750	751-1000	1001-1250	1251-1500	1501-2000	2001-2500	2501-3000	>3000

[2]百分比=在该频段排行范围的文本单字数/文本单字总数。

3. 文本单字在 HSK 词表中的字频统计

Table3 文本单字在 HSK 词表中的出现率					
	甲级	乙级	丙级	丁级	词表外
字数	194	78	22	18	11
百分比[1]	60%	24%	7%	6%	3%

[1]百分比=在 HSK 该级别出现的文本单字数/文本单字总数。

4. 文本单字在 HSK 词表中的

Table4 文本单字在《现代汉语常用字表》中的分布			
	第一级	第二级	字表外
单字	310	9	4
百分比[1]	96%	3%	1%

[1]百分比=在《现代汉语常用字表》该级别出现的文本单字数/文本单字总数。

5. 单字在各个字表中的详细信息

Table5 详细信息										
序号	单字	频率	笪骏字频排行表	HSK 单字	现代汉语常用字表	安雄1440字	张学涛500基本字	三字经	千字文	百家姓
覆盖率				97%	99%	86%	39%	45%	58%	22%
1	的	27	1	1	1	✓			✓	
2	山	13	259	1	1	✓	✓	✓		✓
3	中	13	14	1	1	✓		✓	✓	
4	建	12	244	1	1	✓		✓	✓	
5	北	11	315	1	1	✓	✓	✓		
6	是	11	3	1	1	✓	✓		✓	

Table5 详细信息

序号	单字	频率	笪骏字频排行表	HSK单字	现代汉语常用字表	安雄1440字	张学涛500基本字	三字经	千字文	百家姓
覆盖率				97%	99%	86%	39%	45%	58%	22%
7	宫	11	982	3	1	✓		✓	✓	✓
8	区	11	265	2	1	✓	✓			
9	地	10	21	1	1	✓		✓	✓	
10	园	8	988	1	1	✓			✓	
11	成	8	59	1	1	✓	✓	✓	✓	✓
12	筑	8	1130	2	1	✓				
13	国	8	20	1	1	✓		✓	✓	✓
14	代	7	174	1	1	✓	✓	✓		
15	古	7	509	2	1	✓		✓	✓	✓
16	帝	7	612		1	✓	✓	✓	✓	
17	与	7	108		1	✓	✓	✓	✓	
18	面	6	74	1	1	✓	✓		✓	
19	皇	6	759	2	1	✓				
20	庄	6	1024	2	1	✓				
21	湖	6	918	1	1	✓				
22	之	6	44	1	1	✓	✓	✓	✓	
23	分	5	79	1	1	✓	✓	✓	✓	
24	和	5	19	1	1	✓				✓
25	形	5	269	2	1	✓			✓	
26	结	5	236	1	1	✓				
27	暑	5	2743	2	1				✓	
28	避	5	991	2	1	✓				
29	方	5	60	1	1	✓	✓			
30	林	5	364	2	1	✓	✓		✓	✓
31	现	5	70	1	1	✓				
32	了	5	5	1	1	✓	✓			

Table5 详细信息

序号	单字	频率	笪骏字频排行表	HSK 单字	现代汉语常用字表	安雄1440字	张学涛500基本字	三字经	千字文	百家姓
覆盖率				97%	99%	86%	39%	45%	58%	22%
33	在	5	6	1	1	✓	✓	✓	✓	
34	清	5	335	1	1	✓				
35	为	5	18	1	1	✓				
36	占	5	737	1	1	✓				
37	平	4	215	1	1	✓		✓	✓	✓
38	在	4	8	1	1	✓			✓	
39	式	4	303	2	1	✓				
40	约	4	424	2	1	✓		✓	✓	
41	构	4	511	2	1	✓				
42	朝	4	593	1	1				✓	
43	殿	4	1555	3	1				✓	
44	泊	4	2043	4	1					
45	凤	4	348	1	1	✓	✓			
46	美	4	151	2	1	✓			✓	
47	于	4	40	2	1	✓	✓	✓	✓	
48	南	4	307	1	1	✓			✓	
49	大	4	17	1	1	✓	✓	✓	✓	
50	部	4	84	1	1	✓				
51	多	4	61	1	1	✓			✓	
52	其	4	85	1	1	✓	✓	✓	✓	
53	岛	3	798	2	1	✓				
54	艺	3	786	1	1	✓		✓	✓	
55	技	3	422	1	1	✓				
56	高	3	134	1	1	✓				✓
57	木	3	694	2	1			✓	✓	✓
58	苑	3	2853	3						

Table5 详细信息

序号	单字	频率	笪骏字频排行表	HSK 单字	现代汉语常用字表	安雄 1440 字	张学涛 500 基本字	三字经	千字文	百家姓
覆盖率				97%	99%	86%	39%	45%	58%	22%
59	王	3	299	2	1	✓	✓	✓	✓	✓
60	东	3	194	1	1	✓	✓	✓	✓	✓
61	二	3	2	1	1	✓				
62	上	3	16	1	1	✓	✓	✓	✓	
63	万	3	322	1	1	✓		✓	✓	✓
64	它	3	107	1	1	✓	✓			
65	河	3	574	1	1	✓		✓	✓	
66	年	3	45	1	1	✓		✓	✓	✓
67	丕	3	4	1	1	✓	✓			
68	政	3	150	1	1	✓		✓	✓	
69	行	3	53	1	1	✓	✓		✓	
70	内	3	175	1	1	✓	✓		✓	
71	理	3	89	1	1	✓			✓	
72	学	3	66	1	1	✓		✓	✓	
73	原	3	193	1	1	✓			✓	
74	德	3	256	2	1	✓		✓	✓	
75	承	3	639	2	1	✓			✓	
76	这	3	11	1	1	✓	✓			
77	典	3	1044	1	1	✓	✓	✓	✓	
78	四	3	226	1	1	✓	✓	✓	✓	
79	文	3	148	1	1	✓	✓	✓	✓	✓
80	峦	3	3789		2					
81	造	3	354	2	1	✓		✓	✓	
82	家	2	56	1	1	✓		✓	✓	✓
83	小	2	83	1	1	✓	✓	✓	✓	
84	公	2	115	1	1	✓	✓	✓	✓	

Table5 详细信息

序号	单字	频率	笪骏字频排行表	HSK单字	现代汉语常用字表	安雄1440字	张学涛500基本字	三字经	千字文	百家姓
覆盖率				97%	99%	86%	39%	45%	58%	22%
85	顷	2	2724	3	1					
86	观	2	334	1	1	✓			✓	
87	企	2	12	1	1	✓				
88	积	2	728	2	1	✓			✓	
89	还	2	80	1	1	✓				
90	里	2	50	1	1	✓	✓			✓
91	乡	2	922	2	1	✓				
92	合	2	171	1	1	✓	✓	✓	✓	
93	用	2	51	1	1	✓			✓	
94	寺	2	1892	4	1	✓				
95	运	2	345	1	1	✓		✓	✓	
96	等	2	158	1	1	✓				
97	及	2	198	2	1	✓				
98	庙	2	1889	2	1				✓	
99	仅	2	494	2	1	✓				
100	化	2	178	1	1	✓	✓			
101	统	2	264	2	1		✓			
102	缩	2	1304	2	1	✓				
103	影	2	390	1	1	✓				
104	碧	2	2165	4	1					
105	完	2	301	1	1	✓				
106	松	2	895	2	1	✓			✓	✓
107	作	2	49	1	1	✓		✓		
108	壑	2	3880							
109	下	2	42	1	1	✓	✓	✓	✓	
110	架	2	846	2	1	✓				

Table5 详细信息

序号	单字	频率	笪骏字频排行表	HSK 单字	现代汉语常用字表	安雄1440字	张学涛500基本字	三字经	千字文	百家姓
覆盖率				97%	99%	86%	39%	45%	58%	22%
111	超	2	754	2	1	✓			✓	
112	起	2	75	1	1	✓		✓	✓	
113	米	2	575	1	1	✓	✓			✓
114	实	2	100	1	1	✓			✓	
115	并	2	141	2	1	✓				
116	组	2	358	1	1	✓			✓	
117	泉	2	1641	4	1					
118	然	2	55	1	1	✓	✓			
119	自	2	43	1	1	✓	✓	✓		
120	茵	2	2765		2					
121	格	2	325	2	1	✓				
122	水	2	202	1	1	✓	✓	✓	✓	
123	草	2	789	1	1	✓				
124	最	2	139	1	1	✓				
125	光	2	290	2	1	✓				
126	江	2	577	1	1	✓				✓
127	色	2	304	1	1	✓				
128	西	2	167	1	1	✓				✓
129	素	2	661	2	1	✓			✓	
130	位	2	182	1	1	✓		✓	✓	
131	热	2	606	1	1	✓			✓	
132	名	2	203	1	1	✓	✓	✓		
133	又	2	126	1	1	✓	✓			
134	处	2	206	1	1	✓	✓	✓		
135	系	2	216	1	1	✓				
136	正	2	129	1	1	✓	✓	✓	✓	✓

Table5 详细信息

序号	单字	频率	笪骏字频排行表	HSK 单字	现代汉语常用字表	安雄 1440 字	张学涛 500 基本字	三字经	千字文	百家姓
覆盖率				97%	99%	86%	39%	45%	58%	22%
137	熙	2	2485		2					
138	康	2	900	1	1	✓			✓	✓
139	体	2	149	1	1	✓				
140	发	2	47	1	1	✓	✓	✓	✓	
141	茫	2	1951	4	1					
142	人	2	7	1	1	✓	✓	✓	✓	✓
143	势	2	506	2	1	✓				
144	片	2	455	1	1	✓	✓			
145	整	1	416	1	1	✓				
146	貌	1	1595	2	1				✓	
147	层	1	699	1	1	✓				
148	明	1	121	1	1	✓		✓	✓	✓
149	西	1	133	1	1	✓				
150	称	1	449	2	1	✓			✓	
151	私	1	1023	2	1	✓				
152	次	1	183	1	1	✓			✓	
153	缀	1	3002	4	2					
154	坦	1	1017	3	1	✓				
155	垫	1	586	1	1	✓		✓	✓	
156	庆	1	1269	2	1	✓			✓	
157	阁	1	1682	4	1					
158	崖	1	971	2	1	✓				
159	洲	1	701	4	1	✓				
160	点	1	128	1	1	✓				
161	间	1	135	1	1	✓	✓			
162	鱼	1	852	1	1	✓	✓	✓	✓	✓

Table5 详细信息

序号	单字	频率	笪骏字频排行表	HSK 单字	现代汉语常用字表	安雄 1440 字	张学涛 500 基本字	三字经	千字文	百家姓
覆盖率				97%	99%	86%	39%	45%	58%	22%
163	注	1	492	1	1	✓		✓		
164	落	1	496	2	1	✓			✓	
165	使	1	119	1	1	✓				
166	富	1	733	1	1	✓			✓	✓
167	能	1	35	1	1	✓	✓	✓		✓
168	荡	1	1424	4	1					
169	漾	1	3697		2					
170	度	1	184	1	1	✓	✓			
171	传	1	332	2	1			✓	✓	
172	功	1	452	2	1	✓			✓	
173	错	1	638	1	1	✓				
174	听	1	285	1	1	✓			✓	
175	范	1	705	2	1					✓
176	游	1	695	1	1	✓		✓	✓	
177	息	1	428	1	1	✓				
178	乐	1	619	1	1	✓				
179	娱	1	2493	3	1					
180	堂	1	980	1	1	✓			✓	
181	活	1	219	1	1	✓				
182	埭	1	6970							
183	马	1	276	1	1	✓	✓	✓		✓
184	即	1	293	2	1	✓	✓		✓	
185	融	1	1225	4	1			✓		✓
186	斋	1	2404		2					
187	特	1	173	1	1	✓			✓	
188	鹳	1	2624		2					

						Table5 详细信息				
序号	单字	频率	笪骏字频排行表	HSK 单字	现代汉语常用字表	安雄1440字	张学涛500基本字	三字经	千字文	百家姓
覆盖率				97%	99%	86%	39%	45%	58%	22%
189	鱼	1	736	1	1	✓	✓	✓		
190	试	1	643	1	1	✓				
191	薯	1	777	2	1	✓		✓		
192	括	1	850	2	1	✓				
193	州	1	721	4	1	✓	✓	✓	✓	
194	脚	1	790	1	1	✓				
195	开	1	94	1	1		✓			
196	包	1	454	1	1	✓	✓			✓
197	树	1	697	1	1	✓				
198	阔	1	1675	2	1					
199	屿	1	2636	3	1					
200	将	1	132	1	1	✓	✓		✓	
201	纵	1	1236	3	1					
202	沟	1	1610	3	1					
203	由	1	136	2	1	✓	✓	✓		
204	横	1	1330	3	1	✓			✓	
205	居	1	678	2	1	✓			✓	✓
206	生	1	34	1	1	✓	✓	✓		✓
207	众	1	510	2	1	✓		✓		
208	伏	1	1389	4	1				✓	✓
209	五	1	279	1	1	✓	✓	✓	✓	✓
210	同	1	69	1	1		✓	✓	✓	
211	茂	1	2309	4	1			✓	✓	
212	割	1	1665	2	1	✓				
213	盛	1	1142	3	1	✓			✓	✓
214	波	1	664	3	1	✓		✓		

Table5 详细信息

序号	单字	频率	笪骏字频排行表	HSK 单字	现代汉语常用字表	安雄1440字	张学涛500基本字	三字经	千字文	百家姓
覆盖率				97%	99%	86%	39%	45%	58%	22%
215	全	1	124	1	1	✓	✓	✓		✓
216	域	1	847	3	1	✓				
217	楼	1	876	1	1	✓			✓	
218	展	1	275	1	1	✓	✓			
219	本	1	92	1	1	✓		✓	✓	
220	取	1	323	1	1	✓	✓	✓	✓	
221	吸	1	924	2	1	✓				
222	收	1	351	1	1	✓			✓	
223	塞	1	1080	3	1	✓	✓			
224	调	1	400	1	1	✓				
225	趣	1	1065	2	1	✓				
226	淡	1	1293	2	1					
227	朴	1	2092	2	1					
228	雅	1	1139	4	1			✓	✓	
229	村	1	712	1	1	✓				
230	野	1	845	2	1				✓	
231	存	1	384	2	1	✓	✓		✓	
232	当	1	71	1	1		✓	✓	✓	
233	景	1	814	2	1	✓			✓	
234	宜	1	1290	1	1	✓		✓	✓	
235	优	1	774	2	1	✓			✓	
236	直	1	255	1	1	✓	✓		✓	
237	达	1	289	2	1	✓			✓	
238	候	1	341	1	1	✓				
239	气	1	217	1	1	✓	✓			
240	巡	1	1544	4	1					

Table5 详细信息

序号	单字	频率	笪骏字频排行表	HSK单字	现代汉语常用字表	安雄1440字	张学涛500基本字	三字经	千字文	百家姓
覆盖率				97%	99%	86%	39%	45%	58%	22%
241	途	1	1085	2	1	✓			✓	
242	良	1	835	2	1	✓	✓	✓	✓	✓
243	好	1	82	1	1	✓			✓	
244	以	1	23	1	1	✓	✓	✓	✓	
245	比	1	199	1	1	✓	✓		✓	
246	务	1	245	1	1	✓	✓			
247	天	1	78	1	1	✓	✓	✓	✓	
248	场	1	249	1	1	✓	✓			
249	所	1	54	1	1	✓				
250	始	1	381	1	1	✓		✓	✓	
251	夏	1	1126	1	1	✓		✓	✓	✓
252	心	1	90	1	1	✓	✓	✓	✓	
253	离	1	418	1	1	✓	✓		✓	✓
254	或	1	160	1	1	✓	✓			
255	省	1	666	1	1	✓			✓	
256	市	1	254	1	1	✓	✓			
257	历	1	480	1	1	✓	✓	✓	✓	
258	经	1	62	1	1	✓		✓	✓	✓
259	紫	1	1646	2	1				✓	
260	京	1	566	2	1	✓	✓		✓	
261	禁	1	986	2	1	✓				
262	城	1	413	1	1	✓			✓	
263	相	1	152	1	1	✓	✓	✓	✓	✓
264	时	1	25	1	1	✓	✓	✓	✓	✓
265	耗	1	1730	3	1					
266	三	1	125	1	1	✓	✓	✓	✓	

Table5 详细信息

序号	单字	频率	笪骏字频排行表	HSK 单字	现代汉语常用字表	安雄1440字	张学涛500基本字	三字经	千字文	百家姓
覆盖率				97%	99%	86%	39%	45%	58%	22%
267	雍	1	3327							✓
268	乾	1	1999		2					
269	隆	1	1400	4	1					✓
270	祥	1	1674	4	1			✓		
271	满	1	436	1	1	✓		✓	✓	✓
272	饰	1	1604	3	1					
273	装	1	467	1	1	✓				
274	佛	1	771	2	1	✓				
275	教	1	191	1	1	✓		✓		
276	像	1	294	1	1	✓				
277	加	1	166	1	1	✓				✓
278	族	1	549	1	1	✓		✓		
279	汉	1	711	1	1	✓			✓	
280	石	1	414	2	1	✓	✓	✓	✓	
281	少	1	233	1	1	✓	✓	✓	✓	
282	数	1	231	1	1	✓		✓	✓	
283	民	1	113	1	1	✓	✓	✓	✓	
284	史	1	456	1	1	✓	✓	✓	✓	
285	奇	1	503	2	1	✓	✓	✓		
286	纯	1	1125	3	1	✓				
287	单	1	389	1	1	✓	✓	✓		✓
288	而	1	36	1	1	✓	✓	✓	✓	
289	把	1	110	1	1	✓				
290	哲	1	1117	2	1	✓				
291	材	1	952	2	1	✓				
292	都	1	68	1	1	✓		✓	✓	✓

Table5 详细信息

序号	单字	频率	笪骏字频排行表	HSK单字	现代汉语常用字表	安雄1440字	张学涛500基本字	三字经	千字文	百家姓
覆盖率				97%	99%	86%	39%	45%	58%	22%
293	周	1	490	1	1	✓	✓	✓	✓	✓
294	围	1	576	1	1	✓				
295	论	1	205	1	1	✓		✓	✓	
296	们	1	13	1	1	✓				
297	砖	1	2355	3	1					
298	她	1	91	1	1	✓				
299	控	1	780	2	1	✓				
300	外	1	131	1	1	✓		✓	✓	
301	蒙	1	1039	3	1			✓	✓	✓
302	各	1	209	1	1	✓	✓			
303	选	1	499	2	1	✓				
304	关	1	127	1	1	✓	✓			✓
305	视	1	438	1	1	✓				
306	门	1	185	1	1	✓	✓		✓	✓
307	户	1	801	1	1					
308	可	1	30	1	1	✓	✓	✓	✓	
309	俯	1	2261	3	1				✓	
310	定	1	77	1	1	✓	✓			
311	界	1	288	1	1	✓				
312	留	1	554	1	1	✓				
313	后	1	48	1	1	✓	✓	✓	✓	✓
314	珍	1	1314	3	1			✓		
315	贵	1	873	1	1	✓	✓	✓		
316	杰	1	1129	4	1					
317	具	1	391	2	1	✓	✓	✓		
318	别	1	222	1	1	✓		✓		✓

Table5 详细信息

序号	单字	频率	笪骏字频排行表	HSK单字	现代汉语常用字表	安雄1440字	张学涛500基本字	三字经	千字文	百家姓
覆盖率				97%	99%	86%	39%	45%	58%	22%
319	墙	1	1212	1	1	✓			✓	
320	规	1	321	2	1	✓			✓	
321	模	1	689	2	1	✓				
322	壮	1	1432	3	1	✓		✓		
323	涵	1	2330		2					
覆盖率				97%	99%	86%	39%	45%	58%	22%
序号	单字	频率	笪骏字频排行表	HSK单字	现代汉语常用字表	安雄1440字	张学涛500基本字	三字经	千字文	百家姓

二、词的统计

1.词的总数、单个数量和频率

N-gramProfile

Table1 总计

文本N-gram出现总次数：	327
文本单个N-gram共计：	241(其中：双字组:241;三字组:0;四字组:0)
文本中N-gram复现率：	1.36次/个

2.文本N-gram在HSK词表中的显现率

Table2 文本N-gram在HSK词表中的显现率

	甲级	乙级	丙级	丁级	词表外
N-gram数	14	48	21	22	136
百分比	6%	20%	9%	9%	56%

3. 文本 N-gram 在笪骏双字组频率列表中的排行分布

Table3 文本 N-gram 在笪骏双字组频率列表中的排行分布

频率范围	<=500	501-1000	1001-1500	1501-2000	2001-2500	2501-3000	3001-4000	4001-5000	5001-7000	>7000	Outside
N-gram数	32	18	12	8	9	12	12	10	14	18	96
百分比	13%	7%	5%	3%	4%	5%	5%	4%	6%	7%	40%

4. 文本 N-gram 在北语 85 年词频表排行分布

Table4 文本 N-gram 在北语 85 年词频表排行分布

频率范围	<=500	501-1000	1001-1500	1501-2000	2001-2500	2501-3000	3001-4000	4001-5000	5001-7000	>7000	Outside
N-gram数	19	21	13	14	8	6	7	3	10	15	125
百分比	8%	9%	5%	6%	3%	2%	3%	1%	4%	6%	52%

5. 双音词在各个词表章的详细信息

Table5 详细信息

序号	N-gram	频率	HSK 词表	笪骏双字组频率表排行	北语 85 年词频表排行
显现率			44%	60%	48%
1	建筑	8	2	591	1947
2	中国	8		8	
3	山庄	6			
4	避暑	5			
5	皇帝	5	2	835	711
6	古代	5	2	1477	345
7	园林	4	3	5282	830
8	湖泊	4		2500	3302
9	结构	3	2	477	788

Table5 详细信息

序号	N-gram	频率	HSK 词表	笪骏双字组频率表排行	北语 85 年词频表排行
显现率			44%	60%	48%
10	形式	3	2	415	549
11	山峦	3			2132
12	承德	3			
13	技艺	3		9250	8999
14	占地	3			
15	约占	3			
16	宫殿	3	3	5877	3562
17	成为	3	2	121	181
18	公顷	2	3		8675
19	北面	2	2	7095	2962
20	面积	2	2	1803	2380
21	宫苑	2			
22	江南	2		3083	
23	西北	2	2	2056	772
24	风光	2	4	6153	5311
25	帝王	2		7268	
26	这里	2	1	108	43
27	地势	2	3		2259
28	地方	2	2	68	505
29	王宫	2			
30	自然	2	2	105	1555
31	超技	2			
32	平原	2	2	3988	535
33	运用	2	2	1310	1253
34	寺庙	2			
35	文化	2	1	236	137
36	缩影	2			

Table5 详细信息

序号	N-gram	频率	HSK 词表	笪骏双字组频率表排行	北语 85 年词频表排行
显现率			44%	60%	48%
37	结合	2	2	864	461
38	高超	2	4		
39	木架	2			
40	实现	2	1	456	
41	完美	2		3957	3822
42	体系	2	2	1140	1488
43	处理	2	2	371	1448
44	康熙	2		7117	
45	行宫	2			
46	热河	2			
47	位于	2	3	2127	6802
48	北部	2	2	2951	7865
49	生活	1	1	59	52
50	庆典	1			
51	起居	1		9977	5019
52	平方	1	2	2580	1979
53	中的	1			
54	方米	1		4487	
55	组成	1	3	707	
56	包括	1	2	272	1515
57	组建	1		5103	
58	四组	1			
59	两大	1			
60	并称	1			
61	东宫	1			
62	使其	1		2904	
63	其成	1			

Table5 详细信息

序号	N-gram	频率	HSK 词表	笪骏双字组频率表排行	北语85年词频表排行
显现率			44%	60%	48%
64	其中	1	2	195	509
65	融注	1			
66	传统	1	2	666	894
67	能上	1			
68	高度	1	2	1220	787
69	内涵	1		9047	
70	文学	1	1	524	621
71	美学	1			7434
72	哲学	1	2	610	2751
73	多方	1		3778	
74	方面	1	1	49	212
75	统一	1	2	528	562
76	功能	1	3	811	3465
77	娱乐	1	3	3700	7684
78	地形	1	3	4212	1805
79	南岸	1			
80	平坦	1	4	9840	1416
81	举行	1	2	873	434
82	朝政	1			
83	之作	1			
84	区位	1			
85	部分	1	1	91	344
86	听政	1			
87	建造	1	3	2450	4305
88	大部	1		959	7188
89	四大	1		4093	
90	典范	1			8349

Table5 详细信息

序号	N-gram	频率	HSK 词表	笪骏双字组频率表排行	北语 85 年词频表排行
显现率			44%	60%	48%
91	茂盛	1	4		
92	多山	1			
93	多水	1			
94	东南	1	2	1920	1806
95	草原	1	2	2134	595
96	茫茫	1	4	6672	1123
97	林木	1			5808
98	茵茵	1			
99	树园	1			
100	碧草	1			
101	草茵	1			12472
102	一片	1		599	
103	是二	1		11	
104	起伏	1	4	6684	
105	之四	1			
106	沟壑	1			
107	楼堂	1			
108	众多	1	4	2832	7054
109	纵横	1	4	6574	5194
110	分之	1		907	906
111	五分	1		4671	
112	其间	1	4	5807	5497
113	整个	1	2	318	241
114	点缀	1	4		3055
115	区域	1	3	1575	2131
116	层次	1	4	2703	1969
117	不同	1	1	100	226

Table5 详细信息

序号	N-gram	频率	HSK 词表	笪骏双字组频率表排行	北语 85 年词频表排行
显现率			44%	60%	48%
118	分明	1	3	2903	877
119	碧波	1			
120	波荡	1			
121	错落	1			8245
122	地貌	1			
123	岛屿	1	3	4995	1558
124	小岛	1		7236	
125	湖面	1			
126	大小	1	2	1389	1029
127	分割	1	3	4503	8517
128	荡漾	1			2434
129	富有	1	3	2662	2888
130	著名	1	2	1230	722
131	湖区	1			8863
132	开阔	1	4	9220	2978
133	脚下	1		3758	
134	山脚	1	4		1007
135	面的	1			
136	清泉	1			
137	北角	1			
138	东北	1	2	1561	1263
139	特色	1	4	2890	5569
140	周围	1	1	1154	216
141	最大	1		471	
142	大的	1			
143	现存	1		5549	
144	当年	1	2	1570	5742

Table5 详细信息

序号	N-gram	频率	HSK 词表	笪骏双字组频率表排行	北语 85 年词频表排行
显现率			44%	60%	48%
145	山水	1	4	9070	2088
146	取自	1			
147	格调	1			
148	之本	1			
149	塞北	1			
150	吸收	1	2	2628	922
151	本色	1			
152	途中	1		3656	2737
153	王朝	1		3246	3827
154	直达	1	3		
155	发祥	1			
156	满清	1			
157	北方	1	2	2020	1593
158	优美	1	2	6396	2299
159	片地	1			
160	发现	1	1	78	75
161	方地	1			
162	宜人	1			
163	风景	1	2	4183	1072
164	气候	1	2	2558	500
165	良好	1	2	1617	5439
166	野趣	1			
167	村野	1			
168	夏天	1	1	3649	409
169	清代	1		5697	
170	中心	1	2	241	1027
171	政务	1		9030	7033

Table5 详细信息

序号	N-gram	频率	HSK 词表	笪骏双字组频率表排行	北语 85 年词频表排行
显现率			44%	60%	48%
172	又名	1			
173	河北	1		3595	
174	场所	1	4	2998	3897
175	相比	1	4	1696	
176	禁城	1			
177	北京	1		252	
178	山村	1			
179	淡雅	1			8301
180	素淡	1			
181	朴素	1	2	9423	1162
182	建成	1		3058	
183	清朝	1		7777	
184	历经	1			
185	建于	1			
186	始建	1			
187	三代	1		7678	
188	耗时	1			
189	乾隆	1		9441	
190	雍正	1			
191	家乡	1	2	4233	666
192	等中	1			
193	造像	1			
194	佛教	1	3	2501	
195	最高	1		719	
196	史上	1		1404	
197	成了	1		155	
198	构成	1	4	1111	1615

Table5 详细信息

序号	N-gram	频率	HSK 词表	笪骏双字组频率表排行	北语85年词频表排行
显现率			44%	60%	48%
199	少数	1	2	1282	1392
200	民族	1	1	283	168
201	装饰	1	3	4144	1895
202	加之	1			
203	奇观	1			5498
204	素材	1			
205	仅是	1		1150	
206	不仅	1	2	370	692
207	仅仅	1	2	822	1223
208	是把	1			
209	而是	1		320	2254
210	单纯	1	3	3137	1803
211	都不	1		333	
212	不论	1	2	1488	954
213	它们	1	1	61	60
214	还是	1	1	58	70
215	砖石	1			
216	建行	1			
217	形成	1	2	349	720
218	在这	1		41	
219	选定	1	4	8136	
220	规模	1	2	784	1543
221	墙内	1			
222	于是	1	2	172	154
223	俯视	1			8574
224	还可	1		1512	
225	门户	1		7786	4339

Table5 详细信息

序号	N-gram	频率	HSK 词表	笪骏双字组频率表排行	北语85年词频表排行
显现率			44%	60%	48%
226	关内	1			
227	各部	1		2272	
228	蒙古	1		2488	
229	壮观	1	4		4479
230	展现	1	4	6283	2857
231	杰作	1	4		
232	贵的	1		2006	
233	构建	1			
234	珍贵	1	3	5343	1536
235	一格	1			
236	皇家	1		5461	
237	家园	1		9170	
238	留下	1		783	
239	下了	1		675	
240	后人	1			
241	古典	1	3	4437	

三、统计分析

1.单字的总数，单个出现和覆盖率。

单字出现总数为：735， 单字数量为：323.

单字在 HSK 字表的覆盖率为 97%，在现代汉语常用字表中的覆盖率为 99%。

2.单字重复 2 次以上的为 144 个，三次以上的为 81 个。

3. 单字在笪俊字表位置:3000 排序之内的为 317 个。在 1600 排序之内的为 288 个。

4. 双字组词单个出现为：241 个。占单个出现字的百分比为：241 词/323 单字 =75%。

由此可以看出，在高级阶段的议论题材的阅读文本中，双音词的理解和学习是学生们的中级突破的重点。如果没有在中级阶段进行双音词的 5000 词的突破，后面的阅读将是非常艰难的教学历程。

5. 双音词在词汇表的排序。

  在笪俊词表中：5000 排序之内的为： 113 个词。

  在北语词表中： 5000 排序之内的为：91 个词。

从文章用词在字表中的位置和出现的频率，我们可以看出，双音词在文本中的比例非常大，而且在本阅读文章中重复频率不高，在词表中的位置也比较宽泛。这就是说少量的阅读材料并无法完成识词的学习效果。虽然我们推荐六读法，但是这只是对学生产生短期记忆。通过课后的作业，可以将本课的词汇反复训练，但如果没有后续的其他文章作为不同场景的词汇再现，本课出现的双音词会很快的被遗忘。这也是<u>中级瓶颈出现的原因所在</u>。

第二十章《高效海外中文-识字系列》第六册教学诊断测试分析

一、 教学诊断测试项目设计与分数统计

测试项目	学生名字	W	H	T	R	Y.K	Y.H
	学生成绩	103.4	90.1	83.2	84.5		73
	满分						
听音识字	20	20	20	17	15		12
背诵课文	20	18	6.6	20	20		20
字词，短语连接	20	17.9	20	11.2	15.5		6
拼音：看字注音	10	9	7.5	6	4		3
拼音：字词连接	10	10	10	10	8		6
阅读：字词填空	5	5	5	5	5		5
阅读：字词连接	5	5	5	5	5		5
阅读：理解问答	5	0	5	0	5		5
阅读：句子排序	5	5	5	5	5		5
句子类型表达方式	10	10	6	4	2		6
朗读段落	10	3.5	0	0	0		0

二、测试目的

　　本测试没有针对性复习，目的是教学测试和诊断测试相结合。基本上所有的项目都在前后搭配平衡，时间和识字韵文的难度进行平衡。附加题作为辅助阅读能力测验，朗读锻炼基本上是读过的，如果读过六遍，应该大部分认识，如果超过 20 个字不认识，就判定为 0 分。这个和韵文识字没有关联。

三、测试结果分析

1. 听音识字：

这个练习的目的是看学生对音的辨别能力和识字能力，总体上表现不错。这个是我们教学最重要的目的之一。

2. 背诵课文：

这个练习的目的，是识字阶段进行背诵是语言输入，强化记忆的重要手段之一。不少同学在这个项目上表现不错，说明我们每一篇课文的短期记忆训练是有效果的。

3. 字词短语连接：

这个训练，既有背诵课文效果的检查，又有识字训练和短语连接的训练，如果短期韵文识字和复习效果不好，即使没有背诵效率，根据字词的意思，也应该连接正确。

这个部分在于部分同学对复习课的训练不够，遗忘率没有克服。

4. 拼音：

4.1. 看字注音：
这个部分训练是看字后是否知道它的读音，难度最大的一个环节。这个学期比上个学期有进步，但还是在于是否有<u>进行作业的足够完整的复习课训练</u>。

4.2. 字词连接：
这个部分学生表现不错，基本上是有读音能力，但是不一定准确，有拼音的时候，进行辨别对应，说明很多学过的字词，能模糊记住。

这说明字词的学习，需要7~20遍不同语境和句子中出现才能熟练掌握。我们的辅助阅读训练在中级阶段不可跳跃，也是突破瓶颈的重要方法。

5. 阅读：1）字词填空。2）字词连接。3）理解问答。4）句子排序

这个部分一直不错，基本上可以认为，我们的作业训练效果，学生进行字词辨别，查找是没有问题的了，对于阅读理解问答，个别同学对对应的关键句子阅读不够，理解上有一些逻辑上的偏差。

6. 附加题

句子类型表达方式：

这个部分主要是训练学生对于句子层面上理解，难度一直比较大，我们参考英文和国内中学语文对句子类型判断进行训练。找关键字词和对短语（意群）的辨别是主要训练目的，这个训练还将是一个长期的内容，中级和高级阶段都需要这个方面的训练，只有把关键字词和短语辨别出来，阅读的速度，理解能力才能过关，也是写作的基本基础。

大部分同学表现都还不错，对句子内的字词猜测能力有明显的效果。

7. 朗读段落：

这个部分主要看学生们是否进行足够的阅读重复训练，如果按照《六读评书式阅读训练法》进行，每一读都能够进行针对的训练，遍数够的话，对故事中的字词认识，应该不成问题，短期记忆和复习训练是非常有效的。

突破中级的常用5000词的训练，就在这个阶段进行。

五、结束语：

　　学生们的表现都非常棒，即使我们的学生因为各种原因，有的学生没有完全按照作业的时间和内容进行训练，但基本上的语言能力都能看出来。

　　我们的作业训练，每一个环节都是有针对的汉语学习的不同的阶段目的。

1) 　一定要安排时间完成作业，就会更有效。
2) 　一定要进行复习课的朗读和排字卡的训练，家长进行复习课的朗读，字词的读识工作就很重要了。
3) 　请家长安排学生中文的学习时间，每天半个小时，或多一点，特别是在临睡前进行阅读的六读训练，非常有效。按照目前我们知道的全美国儿童学习的效果，没有中级的阅读数量的朗读，精读，汉语字词，句子是无法过关的。

六、阅读量的定量分析：

　　按照专家的统计，中极水平为常用字为 2500 个，常用词为 5000~7000 个。需要 6~20 遍不同的语境和句子中出现，这样的阅读量为：

（6~20 遍）X5000（常用词）/0.4（词在文章中出现率） =75,000~250,846 字 （总阅读量）

（6~20 遍）X5000（常用词）/0.65（词在文章中出现率）=46,153~153,846 字 （总阅读量）

　　按照这样的阶段进行阅读量设计，在识字系列辅助阅读中的第三、四、五、六册总阅读量为近 20 多万字，在四年内完成 20 万字精读阅读量，是解决中级瓶颈的唯一途径。

　　我们和家长一起为学生加油！

附录

附录1　入门阶段：识字系列第39~42课及综合练习的设计样本

第39课 蚂蚁
(家庭作业)

星期一

一、电脑光盘"朗读"课文
1. 听第39课《蚂蚁》韵文2次，跟读，朗读各2次。
2. 复习第38课《啄木鸟》，听韵文1次，跟读1次，朗读1次。

二、电脑光盘"练习"
1. 听音识字：身爱黑洞奋家雨推
2. 背诵课文：看课文填字
3. 电脑光盘句中填字词（选正确的词填上）：挖推搬

三、字卡拼字练习
1. 把第39课《蚂蚁》韵文每一句课文剪下来打乱后按课文顺序排出来。
2. 复习第38课《啄木鸟》，字卡打乱后，再按课文顺序排出来，并找出词组：
　身子　芝麻　团结　勤奋　巨大　沙土　地洞　搬家　森林　医生
　专治　树木　挥动　锋利　手术　防治　虫害　本领

四、书写练习，边看电脑光盘边"书写"
1. 先看电脑光盘"写字"(笔划)顺序一次
2. 伸出你的小手指和电脑光盘"写字"一起写
3. 按其"写字"顺序写在下面田字格里

五、视图阅读 1

建议选网上的《汉语图画书》，或自行购买汉语图画书进行阅读1～5页。

~~~~~~

请记录练习时间：分钟请记录今天的完成码：_____

星期二

一、电脑光盘"朗读"课文
  1. 听第39课《蚂蚁》韵文2次，跟读，朗读各2次。
  2. 复习第36课《果园里》，听韵文1次，跟读1次，朗读1次。

二、电脑光盘"练习"
  1. 背诵课文：看课文填字
  2. 看图识字：
芝麻灯笼雨地洞蚂蚁身

三、字卡拼字练习
    复习第36课《果园里》，字卡打乱后，再按课文顺序排出来，并找出词组：

果园 香味 苹果 桃子 灯笼 李子 板凳 腰酸 屁股

四、接句练习
1. 举头望明月＿＿＿＿＿＿＿＿＿＿＿＿＿＿＿
2. 白毛浮绿水＿＿＿＿＿＿＿＿＿＿＿＿＿＿＿
3. 牧童骑黄牛＿＿＿＿＿＿＿＿＿＿＿＿＿＿＿
4. 本是同根生＿＿＿＿＿＿＿＿＿＿＿＿＿＿＿
5. 春风又绿江南岸＿＿＿＿＿＿＿＿＿＿＿＿＿

五、熟读下面的韵母，我还能抄写这些韵母

ai ei ui ao ou iu

_____

六、读一读词语，给带有下划线的字找出韵母

táo zi guǒ yuán xiāng wèi dēng long bǎn dèng lǐ zi

<u>桃</u>子 果<u>园</u> <u>香</u>味 <u>灯</u>笼 <u>板</u>凳 李子

七、给生字选择正确的读音（用√表示）

春（chūn cūn）绿（lù lǜ）水(shuǐ suǐ)生（sēng shēng）

八、聆听阅读：聆听光盘或由家长读一篇儿童故事

~~~~~~

请记录练习时间：分钟请记录今天的完成码：＿＿＿＿＿＿＿

星期三

一、电脑光盘"朗读"课文
1. 听第39课《蚂蚁》韵文2次，跟读，朗读各2次。
2. 复习第28课《小学生》，听韵文1次，跟读1次，朗读1次。

二、电脑光盘"练习"

1. 听音识字：身爱黑洞奋家雨推
2. 背诵课文：看课文填字
3. 词组游戏：黑团勤巨能洞换

三、字卡拼字练习
1. 找出第 39 课《蚂蚁》字卡中的词组找出来。
2. 复习第 28 课《小学生》，字卡打乱后，再按课文顺序排出来，并找出词组：
   学生 休息 精神 旺盛 学校 朗读 课文 作业 迅速 端正
   语文 算术 成绩 体育 绘画 父母 期待 辜负 老师 教导

四、我来学拼音
1. 熟读下面的声母，抄写这些声母。

      j   q   x   zh   ch   sh   r   y   w

---

2. 读一读词语，给带有下划线的字找出声母。

xuéshēng　jīngshén　wàngshèng　lǎngdú　zuòyè

<u>学生</u>精<u>神</u>旺<u>盛</u><u>朗</u>读作<u>业</u>

五、给带有下划线的生字选择正确的读音

端<u>正</u>（zèng zhèng）<u>期</u>待(qī pī)算<u>术</u>（shù sù）

六、书写练习，边看电脑光盘边"书写"
1. 先看电脑光盘"写字"（笔划）顺序一次
2. 伸出你的小手指和电脑光盘"写字"一起写
3. 按其"写字"顺序写在下面田字格里

七、练习读词组

蚂蚁 一颗 芝麻 黑天 团结 勤奋 巨大 沙土 地洞 搬家
相逢 能力 推土 奋力

~~~~~~

请记录练习时间：分钟请记录今天的完成码：＿＿＿＿＿＿

星期四

一、电脑光盘"朗读"课文
1. 听第 39 课《蚂蚁》韵文 2 次，跟读，朗读各 2 次。
2. 复习第 32 课《官仓鼠》和第 16 课《望庐山瀑布》，听韵文 1 次，跟读 1 次，朗读 1 次。

二、电脑光盘"练习"
1. 背诵课文
2. 看图识字：芝麻灯笼雨地洞蚂蚁身
3. 电脑光盘句中填字词（选正确的词填上）：挖推搬
4. 词组游戏：黑团勤巨能洞换

三、字卡拼字练习

1. 把第39课《蚂蚁》韵文字卡打乱后，按课文顺序排出来。
2. 复习第32课《官仓鼠》和第16课《望庐山瀑布》，字卡打乱后，再按课文顺序排出来，并找出词组：

    官仓 老鼠 开仓 健儿 百姓 谁遣 日照 香炉 紫烟 遥看
    瀑布 飞流 直下 银河

四、熟读下面的韵母，抄写下面的韵母。

ai ei ui ao ou iu ie üe er

_____

五、拼读下面的句子，画出你认识的韵母。

báicài méihuā wūguī xiǎohóu píqiú yòushǒu wōniú lǎoshī jiǔcài chídào
白菜 梅花 乌龟 小猴 皮球 右手 蜗牛 老师 韭菜 迟到

yāohuā dàqiáo hēisè kāichē lóuxià huógāi huílái liǔshù jiāoshū zuìhòu gāisǐ
腰花 大桥 黑色 开车 楼下 活该 回来 柳树 教书 最后 该死

zhālíba   wéishùmiáo   yīkēǎiláiyīkēgāo   xiǎoyánggāo   kuàikuàiguòláichīqīngcǎo
扎篱笆，围树苗，一棵矮来一棵高。小羊羔，快快过来吃青草。

shēnchuānyāróngǎo   pāizhexiǎoshǒuxiào   yóuyǒngjiànérbúpàlěng   hǎiōubiānfēibiānjiàohǎo
身穿鸭绒袄，拍着小手笑。游泳健儿不怕冷，海鸥边飞边叫好

五、视图阅读 2

建议选网上的《汉语图画书》，或自行购买汉语图画书进行阅读1～5页。

~~~~~~

请记录练习时间：分钟请记录今天的完成码：_____

<div style="text-align:center">星期五</div>

一、字卡拼字练习

把第 39 课《蚂蚁》，第 38 课《啄木鸟》，第 36 课《果园里》，第 32 课《官仓鼠》，第 28 课《小学生》，第 16 课《望庐山瀑布》字卡的字卡打乱后，按课文顺序排出来。

二、孩子表演背诵课文，家长欣赏

三、看《喜羊羊和灰太郎》动画片 网上观看

四、想一想：如对本课有问题，请家长帮助孩子写下来。

_____

_____

家长评、小朋友涂：加油！ ☺ 很好！ ☆ 真棒！ 👍

请记录练习时间：分钟总完成码：_____

1. 学生是否按要求完成了家庭作业（请打 √）：是_____ 否_____

2. 认读字词掌握情况（请打 √）：都会_____ 会一些_____ 不会_____

3. 本周是否给孩子读书了（请打 √）：读了_____ 没读_____

家长反馈意见：_____

家长签名：_____ 日期：_____

字卡：
第 39 课《蚂蚁》

身	子	像	颗	黑
芝	麻	团	结	勤
奋	力	巨	大	能
推	沙	土	挖	地
洞	每	逢	雨	前
爱	搬	家		

第 40 课 小池 杨万里

(家庭作业)
星期一

一、电脑光盘"朗读"课文
1. 听第 40 课《小池》韵文 2 次,跟读,朗读各 2 次。
2. 复习第 39 课《蚂蚁》,听韵文 1 次,跟读 1 次,朗读 1 次。

二、电脑光盘"练习"
1. 听音识字:
   万 蜻 眼 小 流 头 尖 水
2. 背诵课文:看课文填字
3. 电脑光盘句中填字词(选正确的词填上):
   蜻 情 晴

三、字卡拼字练习
1. 把第 40 课《小池》韵文每一句课文剪下来打乱后按课文顺序排出来。
2. 复习第 39 课《蚂蚁》,字卡打乱后按课文顺序排出来,并找出词组:
   泉眼 无声 树阴 晴柔 蜻蜓 身子 芝麻 团结 勤奋 巨大
   沙土 地洞 搬家

四、书写练习,边看电脑光盘边"书写"
1. 先看电脑光盘"写字"(笔划)顺序一次
2. 伸出你的小手指和电脑光盘"写字"一起写
3. 按其"写字"顺序写在下面田字格里

五、视图阅读1

建议选网上的《汉语图画书》，或自行购买汉语图画书进行阅读1~5页。

~~~~~~

请记录练习时间：分钟请记录今天的完成码：_____

星期二

一、电脑光盘"朗读"课文
1. 听第40课《小池》韵文2次，跟读，朗读各2次。
2. 复习第37课《蜘蛛网》，听韵文1次，跟读1次，朗读1次。

二、电脑光盘"练习"
1. 背诵课文：看课文填字
2. 看图识字：
树池蜻蜓泉水晴荷叶

三、字卡拼字练习
　　复习第37课《蜘蛛网》，字卡打乱后，再按课文顺序排出来，并找出词组：

　　蜘蛛　屋檐　秋千　颤颤　悠悠　唉哟　摔跤　朝天

四、熟读下面的韵母抄写这些韵母

ie üe er

_____

五、读下面的词语，给带有下划线的字找出韵母，并把它圈出来

zhīzhū wūyán qiūqiān chànyou shuāijiāo cháotiān

<u>蜘蛛</u> 屋<u>檐</u> 秋<u>千</u> <u>颤</u>悠 摔<u>跤</u> <u>朝</u>天

六、给下面的生字选出正确的读音

树（sù shù）晴（qíng jíng）泉（quán xuán）水（suǐ shuǐ）

七、接句练习

1. 飞流直下三千尺_____

2. 咬定青山不放松_____

3. 朝辞白帝彩云间_____

4. 有约不来过夜半_____

5. 枯藤老树昏鸦_____

八、聆听阅读：聆听光盘或由家长读一篇儿童故事

~~~~~~

请记录练习时间：分钟请记录今天的完成码：_____

星期三

一、电脑光盘"朗读"课文

1. 听第 40 课《小池》韵文 2 次，跟读，朗读各 2 次。
2. 复习第 29 课《江雪》，听韵文 1 次，跟读 1 次，朗读 1 次。

二、电脑光盘"练习"

1. 听音识字：
   万 蜻 眼 小 流 头 尖 水
2. 背诵课文：看课文填字
3. 词组游戏

泉眼 惜 晴 荷 露

三、字卡拼字练习

1. 找出第 40 课《小池》字卡中的词组来。
2. 复习第 29 课《江雪》，字卡打乱后，再按课文顺序排出来，并找出词组：
   千山 万径 孤舟 笠翁 独钓 江雪

四、熟读下面的声母，抄写这些声母

g w s l d j

___

五、读一读词语，给带有下划线的字找出声母

qiān shān wàn jìng gū zhōu suō lì wēng dú diào jiāng xuě

千山 万径 孤舟 蓑笠翁 独钓 江雪

六、给下面的字选择正确的读音

万（wàn uàn） 眼（yǎn iǎn） 惜（xī qī） 露（lù òu）

七、书写练习，边看电脑光盘边"书写"

1. 先看电脑光盘"写字"(笔划)顺序一次
2. 伸出你的小手指和电脑光盘"写字"一起写

3. 按其"写字"顺序写在下面田字格里

五、练习读词组

  蜻蜓 泉水 虫眼 爱惜 阴天 晴天 柔道 荷花 才能 露水
  牛角 才气

~~~~~~

请记录练习时间： 分钟 请记录今天的完成码：_____

星期四

一、电脑光盘"朗读"课文
 1. 听第40课《小池》韵文2次，跟读，朗读各2次。
 2. 复习第33课《蜜蜂》和第17课《酸枣刺》，听韵文1次，跟读1次，
  朗读1次。

二、电脑光盘"练习"
 1. 背诵课文
 2. 看图识字：树池蜻蜓泉水晴荷叶

3. 电脑光盘句中填字词（选正确的词填上）：蜻 情 晴
4. 词组游戏：泉眼 惜晴 荷露

三、字卡拼字练习

1. 把第40课《小池》韵文每个字剪下来，字卡打乱后，再按课文顺序排出来。
2. 复习第33课《蜜蜂》和第17课《酸枣刺》，字卡打乱后，再按课文顺序排出来，并找出词组：

酸枣 敌人 侵略 黄河 壮丁 前线 不怕 牺牲 青年 打败
日寇 汉奸 蜜蜂 金衣 花篮 采蜜 翩翩 花丛 上下 花篮
千辛 万苦 甘心 情愿 集体

四、熟读下面的韵母，抄写这些韵母

ie üe er

五、拼读下面的句子，画出你认识的韵母

shàngxué ěrbiān ěrjī xiězì qiézi quēdiǎn xuěhuā lüèduó nüèdài xǐquè érqiě
上学 耳边 耳机 写字 茄子 缺点 雪花 掠夺 虐待 喜鹊 而且

zhōngqiūyè yuèérmíng māmājiǎnggùshì háiérjìngjìngtīng
中秋夜，月儿明，妈妈讲故事，孩儿静静听。

六、视图阅读2

建议选网上的《汉语图画书》，或自行购买汉语图画书进行阅读1～5页。

~~~~~~

请记录练习时间： 分钟 请记录今天的完成码：_____

星期五

一、字卡拼字练习

把第 40 课《小池》，第 39 课《蚂蚁》，第 37 课《蜘蛛网》，第 33 课《蜜蜂》，第 29 课《江雪》，第 17 课《酸枣刺》字卡打乱后，按课文顺序排出来。

二、孩子表演背诵课文，家长欣赏
三、看《喜羊羊和灰太郎》动画片
  网上观看

四、想一想：如对本课有问题，请家长帮助孩子写下来。

_____

_____

家长评、小朋友涂：加油！ ☺ 很好！ ☆ 真棒！ 👍

请记录练习时间：分钟总完成码：_____

1. 学生是否按要求完成了家庭作业（请打√）：是_____否_____

2. 认读字词掌握情况（请打√）：都会_____会一些_____不会_____

3. 本周是否给孩子读书了（请打√）：读了_____没读_____

家长反馈意见：_____

家长签名：_____ 日期：_____

字卡：
第 40 课《小池》

泉	眼	无	声	惜
细	流	树	阴	照
水	爱	晴	柔	小
河	才	露	尖	尖
角	早	有	蜻	蜓
立	上	头		

第 41 课 壁虎
(家庭作业)

星期一

一、电脑光盘"朗读"课文
1. 听第 41 课《壁虎》韵文 2 次，跟读，朗读各 2 次。
2. 复习第 40 课《小池》，听韵文 1 次，跟读 1 次，朗读 1 次。

二、电脑光盘"练习"
1. 听音识字：
   攀 尾 英 要 平 肚 老 能
2. 背诵课文：看课文填字
3. 电脑光盘句中填字词（选正确的词填上）：在 再

三、字卡拼字练习
1. 把第 41 课《壁虎》韵文每一句课文剪下来，打乱后按课文顺序排出来。
2. 复习第 40 课《小池》，字卡打乱后，再按课文顺序排出来，并找出词组：
   攀墙 英雄 肚子 扁平 捉虫 尾巴 断了 再生 莫要 老虎
   泉眼 无声 细流 树阴 晴柔 蜻蜓

四、书写练习，边看电脑光盘边"书写"
1. 先看电脑光盘"写字"(笔划)顺序一次
2. 伸出你的小手指和电脑光盘"写字"一起写
3. 按其"写字"顺序写在下面田字格里

五、视图阅读 1
建议选网上的《汉语图画书》，或自行购买汉语图画书进行阅读 1~5 页。

~~~~~~

请记录练习时间：分钟　　请记录今天的完成码：_____

星期二

一、电脑光盘"朗读"课文
　1. 听第 41 课《壁虎》韵文 2 次，跟读，朗读各 2 次。
　2. 复习第 38 课《啄木鸟》，听韵文 1 次，跟读 1 次，朗读 1 次。

二、电脑光盘"练习"
1.背诵课文：看课文填字
2.看图识字：
壁虎 老虎 肚子 攀墙 壁虫

三、字卡拼字练习
　　复习第 38 课《啄木鸟》，字卡打乱后，再按课文顺序排出来，并找出词组：
　　森林　医生　专治　树木　挥动　锋利　手术　防治　虫害　本领

四、我会读下面的韵母，我还能抄写这些韵母

an en in un ün

_____

五、读一读词语，给带有下划线的字找出韵母

sēnlín yīshēng zhuānzhì shùmù huīdòng fēnglì

<u>森</u>林 医<u>生</u> 专治 树<u>木</u> 挥<u>动</u> 锋利

六、给下面的生字选择正确的读音

手（sǒu shǒu） 虫（chóng cóng） 害（hài hǎi） 领（líng lǐn）

七、接句练习

1. 儿童相见不相识_____
2. 千山鸟飞绝_____
3. 健儿无粮百姓饥_____
4. 黄梅时节家家雨_____
5. 夕阳西下_____

八、聆听阅读：聆听光盘或由家长读一篇儿童故事

~~~~~~

请记录练习时间：分钟　请记录今天的完成码：_____

星期三

一、电脑光盘"朗读"课文

二、听第41课《壁虎》韵文2次，跟读，朗读各2次

三、复习第30课《树叶》，听韵文1次，跟读1次，朗读1次

四、电脑光盘"练习"

1. 听音识字：
   攀尾英要平肚老能
2. 背诵课文：看课文填字
3. 词组游戏
   墙雄平巴再称

五、字卡拼字练习
1. 找出第41课《壁虎》字卡中的词组来。
2. 复习第30课《树叶》，字卡打乱后，再按课文顺序排出来，并找出词组：
   梧桐 芭蕉 蒲扇 凤凰 桑叶 撒下 蚕茧 浓密 树荫 庭院

六、我会读这些声母，抄写这些声母

p w y q d l n

___

七、读一读词语，给带有下划线的字找出声母

wútóng bājiāo púshàn fènghuáng sāngyè sǎxiǎ

梧桐 芭蕉 蒲扇 凤凰 桑叶 撒下

八、给下面的生字选择正确的读音

墙（qiáng jiàng）蚕(chán cán)浓（lóng nóng）树（shù sù）

九、书写练习，边看电脑光盘边"书写"
1. 先看电脑光盘"写字"(笔划)顺序一次
2. 伸出你的小手指和电脑光盘"写字"一起写
3. 按其"写字"顺序写在下面田字格里

十、练习读词组

　墙头墙壁　英雄　肚子　偏平　和善　捉虾　尾巴　再见　老虎

~~~~~~

请记录练习时间：　分钟　　请记录今天的完成码：_____

星期四

一、电脑光盘"朗读"课文
1. 听第41课《壁虎》韵文2次，跟读，朗读各2次。
2. 复习第34课《石灰吟》和第18课《直升飞机》，听韵文1次，跟读1次，朗读1次。

二、电脑光盘"练习"
1. 背诵本课文
2. 看图识字：壁虎 老虎 肚子 攀墙 壁虫
3. 电脑光盘句中填字词（选正确的词填上）：在 再
4. 词组游戏：墙 雄 平 巴 再 称

三、字卡拼字练习
1. 把第41课《壁虎》韵文字卡打乱后，按课文顺序排出来。

209

2. 复习第34课《石灰吟》和第18课《直升飞机》，字卡打乱后，再按课文顺序排出来，并找出词组：
头上 螺旋桨 桨片转动 震天响 翻山 越岭灵便 飞行
不用 翅膀 千锤 深山 烈火 焚烧 等闲 粉身 碎骨 不怕
清白 人间

四、熟读下面的韵母，抄写这些韵母

an en in un ün

_____

五、拼音练习，画出我认识的韵母

rìjìběn wénjùhé lúnchuán hǎijūn juǎnbǐdāo máojīn jiǎoyìn chēlún lánqiú
日记本 文具盒 轮船 海军 卷笔刀 毛巾 脚印 车轮 篮球

rénmín chūntiān jìnlái sūnnǚ qúntǐ xúnhuán géyè yúncai zūnshǒu zhǔnbèi cūnlín
人民 春天 进来 孙女 群体 循环 隔夜 云彩 遵守 准备 村林

yáokòngqì, èn yī èn, yíngpíng chūxiàn tiānānmén. sècǎi xiānyàn yīnyuè měi,
遥控器，摁一摁，荧屏出现天安门。色彩鲜艳音乐美，

xiǎopéngyǒu yuè kàn yuè kāixīn.
小朋友越看越开心。

táitóu kànkan yún, zài kàn wēndùjì, wǒ shì xiǎoxiǎo qìxiàngyuán, měitiān ànshí bào tiānqì.
抬头看看云，再看温度计，我是小小气象员，每天按时报天气。

五、视图阅读2

建议选网上的《汉语图画书》，或自行购买汉语图画书进行阅读1～5页。
~~~~~~

请记录练习时间：　　分钟　　请记录今天的完成码：_____

星期五

一、字卡拼字练习

把第 41 课《壁虎》，第 40 课《小池》，第 38 课《啄木鸟》，34 课《石灰吟》，第 30 课《树叶》，第 18 课《直升飞机》字卡打乱后，按课文顺序排出来。

二、孩子表演背诵课文，家长欣赏

三、看《喜羊羊和灰太郎》动画片

　　网上观看

四、想一想：如对本课有问题，请家长帮助孩子写下来。

_____

_____

　　家长评、小朋友涂：加油！ ☺ 很好！ ☆ 真棒！ 👍

　　请记录练习时间：分钟总完成码：_____

1. 学生是否按要求完成了家庭作业（请打√）：是_____ 否_____

2. 认读字词掌握情况（请打√）：都会_____ 会一些_____ 不会_____

3. 本周是否给孩子读书了（请打√）：读了_____ 没读_____

家长反馈意见：_____

家长签名：_____ 日期：_____

字卡：

_____

第41课《壁虎》

攀	墙	上	壁	是
英	雄	肚	子	扁
平	善	捉	虫	尾
巴	断	了	能	再
生	莫	要	把	我
称	老	虎		

第42课　晓出净慈送林子方杨万里
（家庭作业）

星期一

一、电脑光盘"朗读"课文
1. 听第42课《晓出净慈送林子方》韵文2次，跟读，朗读各2次。
2. 复习第41课《壁虎》，听韵文1次，跟读1次，朗读1次。

二、电脑光盘"练习"
1. 听音识字：
   四 日 方 叶 中 样 穷 时
2. 背诵本课课文：看课文填字
3. 电脑光盘句中填字词（选正确的词填上）：毕 碧 壁

三、字卡拼字练习
1. 把本课《晓出净慈送林子方》韵文每一句课文剪下来打乱后按课文顺序排出来。
2. 复习第41课《壁虎》，字卡打乱后，再按课文顺序排出来，并找出词组：
   毕竟　西湖　风光　四时　映日　荷花　别样　攀墙　英雄　肚子
   扁平　捉虫　尾巴　断了　再生　莫要　老虎

四、书写练习，边看电脑光盘边"书写"
1. 先看电脑光盘"写字"(笔划)顺序一次
2. 伸出你的小手指和电脑光盘"写字"一起写
3. 按其"写字"顺序写在下面田字格里

五、视图阅读1

建议选网上的《汉语图画书》，或自行购买汉语图画书进行阅读1～5页。

~~~~~~

请记录练习时间：　　分钟　　请记录今天的完成码：_____

星期二

一、电脑光盘"朗读"课文
 1. 听第42课《晓出净慈送林子方》韵文2次，跟读，朗读各2次。
 2. 复习第39课《蚂蚁》，听韵文1次，跟读1次，朗读1次。

二、电脑光盘"练习"
 1. 背诵本课课文：看课文填字
 2. 看图识字：晓壁荷花西湖四荷叶

字卡拼字练习

　　复习第39课《蚂蚁》，字卡打乱后，再按课文顺序排出来，并找出词组：

　　身子　芝麻　团结　勤奋　巨大　沙土　地洞　雨前　搬家

四、接句练习

1. 千锤万击出深山＿＿＿＿＿＿
2. 小荷才露尖尖角＿＿＿＿＿＿
3. 粉身碎骨浑不怕＿＿＿＿＿＿
4. 泉眼无声惜细流＿＿＿＿＿＿

五、熟读下面的韵母，抄写这些韵母

an en in un ün ang eng ing ong

＿＿＿＿＿＿＿＿＿＿＿＿＿＿＿＿＿＿＿＿＿＿＿＿＿＿＿

六、读一读词语，给带有下划线的生字找出韵母

shēnzi zhīmá tuánjié qínfèn jùdà shātǔ

身子　芝麻　团结　勤奋　巨大　沙土

七、给下面的生字选择正确的读音

晓（xiǎo xǎo）　流（niú liú）　碎（shuì suì）

八、聆听阅读：聆听光盘或由家长读一篇儿童故事

~~~~~~

请记录练习时间：分钟　请记录今天的完成码：＿＿＿＿＿＿

星期三

一、电脑光盘"朗读"课文

1. 听第42课《晓出净慈送林子方》韵文2次。跟读，朗读各2次。
2. 复习第31课《淘气狗》，听韵文1次，跟读1次，朗读1次。

二、电脑光盘"练习"

1. 听音识字：
   四 日 方 叶 中 样 穷 时
2. 背诵本课课文：看课文填字
3. 词组游戏：
   扬 毕 湖 接 莲 穷 碧

三、字卡拼字练习

1. 把第 42 课《晓出净慈送林子方》字卡中的词组找出来。
2. 复习第 31 课《淘气狗》，字卡打乱后，再按课文顺序排出来，并找出词组：
   淘气 奇怪 寒冬 腊月 井台 旷野 冰凉 死去 活来 爹爹 婆婆
   哥哥 姐姐 只有 竖拇指 英勇 不赖

四、熟读这些韵母，抄写这些韵母

ao ou iu ie üe er

五、读一读词语，给带有下划线的生字找出韵母

táoqì qíguài jǐngtái zhǐyou yingyong

<u>淘</u>气 奇<u>怪</u> 井<u>台</u> 只<u>有</u> 英<u>勇</u>

六、给下面的生字选择正确的读音

扬（yáng iáng） 湖（hú gǔ） 碧（dì bì）

七、书写练习，边看电脑光盘边"书写"

1. 先看电脑光盘"写字"（笔划）顺序一次
2. 伸出你的小手指和电脑光盘"写字"一起写
3. 按其"写字"顺序写在下面田字格里

八、练习读词组
    毕竟 湖水 接口 莲花 穷人 碧波 映照 西湖 风光 映红
    干与 毕业 同时

~~~~~~

请记录练习时间：   分钟   请记录今天的完成码：_____

星期四

一、电脑光盘"朗读"课文
1. 听第42课《晓出净慈送林子方》韵文2次，跟读，朗读各2次。
2. 复习第35课《妈妈削大梨》和第19课《小螃蟹找朋友》，听韵文1次，跟读1次，朗读1次。

二、电脑光盘"练习"
4. 背诵本课课文：
5. 看图识字：晓壁荷花西湖四荷叶
6. 电脑光盘句中填字词（选正确的词填上）：毕碧壁
7. 词组游戏：扬毕湖接莲穷碧

三、字卡拼字练习

五、把第42课《晓出净慈送林子方》韵文每个字剪下来，字卡打乱后，按课文顺序排出来。

六、复习第35课《妈妈削大梨》和第19课《小螃蟹找朋友》，字卡打乱后，再按课文顺序排出来，并找出词组：

妈妈 肉嫩 鲜汁 甜爽 诱人 妹妹 焦急 狠狠 一口 门齿
螃蟹 朋友 举着 铁钳 溪边 拽紧 握手 小虾 摆头 求你
饶了 指头

四、熟读下面的韵母，抄写这些韵母

ang eng ing ong

_____

五、拼读下面的词语和句子

shānyáng lǎoyīng mìfēng guāzhōng cìwei miánǎo língxià qīngtíng dàláng
山羊　老鹰　蜜蜂　瓜中　刺猬　棉袄　零下　蜻蜓　大狼

huāshēng lóngtóu yīngyǔ zhōngwén xióngmāo jiāngjūn huángshān gāoliáng yīngxióng
花生　龙头　英语　中文　熊猫　将军　黄山　高粱　英雄

fēngzhēng bāngzhù chángchéng běijīng
风筝　帮助　长城　北京

xīngqītiān tiānqìqíng xiǎopéngyǒumenfàngfēngzhēng yǒumìfēng yǒuchánglóng hái
星期天，天气晴，小朋友们放风筝。有蜜蜂，有长龙，还
yǒu yī zhī dà lǎoyīng
有一只大老鹰。

六、视图阅读2

建议选网上的《汉语图画书》，或自行购买汉语图画书进行阅读1～5页。

~~~~~~

请记录练习时间：　　分钟　　请记录今天的完成码：_____

星期五

一、字卡拼字练习

把第 42 课《晓出净慈送林子方》，第 41 课《壁虎》，第 39 课《蚂蚁》，第 35 课《妈妈削大梨》，第 31 课《淘气狗》，第 19 课《小螃蟹找朋友》字卡打乱后，按课文顺序排出来。

二、孩子表演背诵课文，家长欣赏

三、看《喜羊羊和灰太郎》动画片

网上观看

四、想一想：如对本课有问题，请家长帮助孩子写下来。

_____

_____

家长评、小朋友涂：加油！ ☺ 很好！ ☆ 真棒！ 👍

请记录练习时间：分钟总完成码：_____

---

1. 学生是否按要求完成了家庭作业（请打√）：是_____否_____

2. 认读字词掌握情况（请打√）：都会_____会一些_____不会_____

3. 本周是否给孩子读书了（请打√）：读了_____没读_____

家长反馈意见：_____

家长签名：_____ 日期：_____

第42课《晓出净慈送林子方》

毕竟西湖六
月中风光不
与四时同接
天莲叶无穷
碧映日荷花
别样红

综合练习五 第39到42课
（家庭作业）

星期一

一、电脑光盘"朗读"课文
   听第39课《蚂蚁》韵文2次，跟读，朗读各2次。

二、复习组词
   蚂蚁 一颗 芝麻 黑天 团结 勤奋 巨大 沙土 地洞 搬家 相逢 能力 推土 奋力 山洞 挖土 能人 力气

三、字卡拼字练习
   把第39课《蚂蚁》每一句课文剪下来打乱后按课文顺序排出来。

四、视图阅读 1
建议选网上的《汉语图画书》，或自行购买汉语图画书进行阅读1~5页。

五、排句子

   1）1勇敢 2爷爷 3小狗 4夸（   ）
   2）1喜欢 2我 3李子 4吃（   ）
   3）1爱 2蚂蚁 3下雨前 4搬家（   ）

~~~~~~

请记录练习时间：   分钟   请记录今天的完成码：_____

星期二

一、电脑光盘"朗读"课文
   听第40课《小池》韵文2次，跟读，朗读各2次。

二、复习组词

蜻蜓 泉水 虫眼 爱惜 阴天 晴天 柔道 荷花 才能 露水 牛角 才气

三、字卡拼字练习

找出第40课《小池》字卡中的词组，然后把字卡打乱，再按课文顺序排出来。

四、聆听阅读：聆听光盘或由家长读一篇儿童故事

五、拼音复习

a.韵母： ai ei iu ao ou iu ie ue er an en in un ün ang eng ing ong
b.声母： b p m f d t n l g k h j q x z c s zh ch sh r y w
c.跟我读： a-an-ange-en-engi-in-ingun-ün-ueiu-ui-inan-ao-ou

~~~~~~

请记录练习时间：　　　　分钟　　　请记录今天的完成码：＿＿＿＿＿

星期三

一、电脑光盘"朗读"课文

听第41课《壁虎》韵文2次，跟读，朗读各2次。

二、复习组词

墙头 墙壁 英雄 肚子 扁平 和善 捉虾 尾巴 再见 老虎 壁虎 称帝

三、卡拼字练习

找出第41课《壁虎》字卡中的词组，然后把字卡打乱，按课文顺序排出来。

四、接句子

- 小荷才露尖尖角
- 接天莲叶无穷碧

五、看图识字

老虎____老鼠____蜻蜓____小鸟____葡萄____桃子____

蚂蚁____树叶____毛驴____小马____玩具____梨____

~~~~~~

请记录练习时间：　　　分钟　　　请记录今天的完成码：_____

星期四

一、电脑光盘"朗读"课文

听第 42 课韵文《晓出净慈送林子方》2 次，跟读，朗读各 2 次。

二、复习组词

毕竟湖水接口莲花穷人碧波映照西湖风光映红干与毕业同时接人

三、字卡拼字练习

把第 42《晓出净慈送林子方》课每个字打乱后，按课文顺序排出来。

四、视图阅读 2

建议选网上的《汉语图画书》，或自行购买汉语图画书进行阅读 1～5 页。

五、把汉语拼音声母写完全

___ p ___ d _____ h ___ xzh _____

_____ c ___ y ___

~~~~~~

请记录练习时间：　　　分钟　　　请记录今天的完成码：_____

星期五

一、字卡拼字练习

把第 39 课，40 课，41 课和 42 课字卡中的字卡打乱后，按课文次序重组一次。

二、孩子表演背诵课文，家长欣赏。

三、看《喜羊羊和灰太郎》 网上观看

四、想一想：如对本课有问题，请家长帮助孩子写下来。

_____

_____

家长评、小朋友涂：加油！ ☺ 很好！ ☆ 真棒！ 👍

请记录练习时间：分钟总完成码：_____

1. 学生是否按要求完成了家庭作业（请打√）：是_____否_____

2. 认读字词掌握情况（请打√）：都会_____会一些_____不会_____

3. 本周是否给孩子读书了（请打√）：读了_____没读_____

家长反馈意见：_____

家长签名：_____ 日期：_____

第39课《蚂蚁》

身	子	像	颗	黑
芝	麻	团	结	勤
奋	力	巨	大	能
推	沙	土	挖	地
洞	每	逢	雨	前
爱	搬	家		

第 40 课《小池》

泉	眼	无	声	惜
细	流	树	阴	照
水	爱	晴	柔	小
河	才	露	尖	尖
角	早	有	蜻	蜓
立	上	头		

第四十一课《壁虎》

攀	墙	上	壁	是
英	雄	肚	子	扁
平	善	捉	虫	尾
巴	断	了	能	再
生	莫	要	把	我
称	老	虎		

第42课《晓出净慈送林子方》

毕	竟	西	湖	六
月	中	风	光	不
与	四	时	同	接
天	莲	叶	无	穷
碧	映	日	荷	花
别	样	红		

附录 2　初级课程：识字系列第四册第 73~79 课、综合四练习样本

第 73B 课 肥猫
(家庭作业)

星期一

一、电脑光盘"朗读"课文

  1. 听本课《肥猫》韵文 2 次。跟读，朗读各 2 次

  2. 看电脑光盘"书写"，按其"笔画"顺序写在下面田字格里

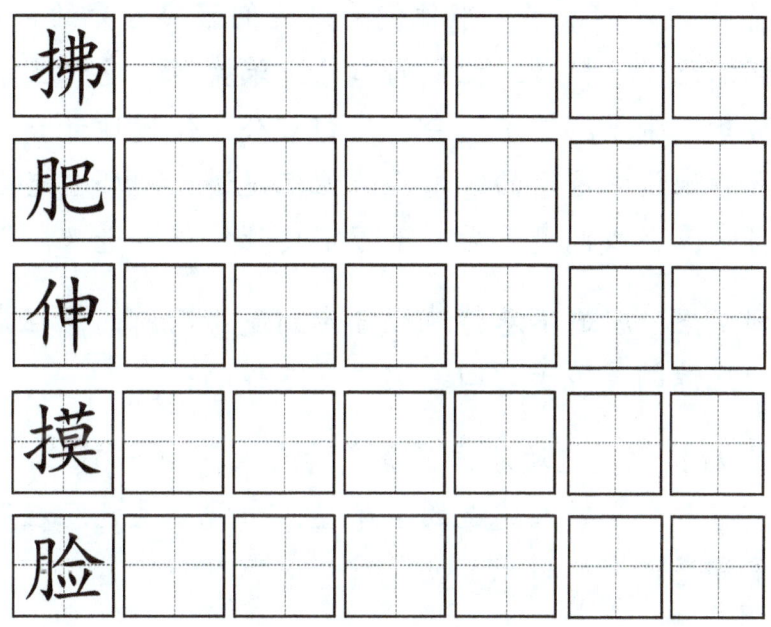

  3. 电脑光盘"练习"

    a. 听音识字

    b. 背诵本课课文，看课文填字

    c. 句中填字词，选正确的字填上

二、字卡拼字练习

  1. 把本课《肥猫》按照每一句课文剪下来，打乱后按课文顺序排出来。

  2. 家长随机朗读字词，学生从字卡中找出来，并熟读下面字词：

肥猫　黎明　暖风　吹拂　仰头　伸懒腰　揉揉　睫毛　抚摸　洗脸　厕所　撒尿　透过　窟窿　往外　眺望　晴天　市场　整齐　膝盖　短裙　紧身　辫子　秃头　礼帽　斜挎　皮革　钱兜　拄拐杖　荣耀　巧妙　吹拂　仰伸　揉　摸　撒　透　眺　走　裹　戴　挎　拄

三、大阅读（家长进行朗读，学生再次进行跟读，注意理解课文中重点的字词）

《白雪公主》（5）
格林

晚上，七个小矮人回来了，当他们看到他们**诚实**可爱的白雪公主躺在地上一动不动，就像死了一样时，他们的心马上**缩紧**了，急忙上前将她抬了起来，他们马上**剪断**了带子。过了一会儿，白雪公主慢慢地开始**呼吸**了，不久她又活了过来。听她讲完事情的经过后，他们说道："那个老太婆就是王后，下次你要当心，在我们离开后，千万不要让任何人进来。"

王后一回到家里，就**迫不急待**地径直走到魔镜面前，像**往常**一样对着镜子说话。但令她**吃惊**的是镜子的回答仍然是这样的：

"是你，王后！你是这块地方最漂亮的女人，但是在山的那一边，在那绿色的树荫下，有七个小矮人建造的小房屋，白雪公主就躲在那里，哎呀，王后！她比你更漂亮。"

知道白雪公主**仍然**活着，**恼怒**与**怨恨**使王后**浑身**血气**翻涌**，心里却**凉透**了。她不**甘心**，不能**忍受**，于是又对自己进行打扮，这次的**伪装**尽管还是一个老太婆，但却完全不同于上次。伪装好后，她带上一把有毒的**梳子**，翻山越岭来到了七个小矮人的房门前，敲着门喊道："买不买东西哟！"白雪公主在里面听到了，把门打开一条缝说道："我可不敢让别人进来了。"王后连忙说道："你只要看看我这把漂亮的梳子就行了。"说完把那把有毒的梳子递了进去。梳子看起来**的确**很漂亮，白雪公主拿过梳子，想在头上试着梳一梳，但就在梳子刚碰到她的头时，梳子上的毒力发作了，她倒在地上，失去了**知觉**。王后冷笑着说道："你早该这样躺着了。"说完就走了。

回答问题：

a. 根据课文进行填空：
（　　）可爱的白雪公主躺在地上一动不动，他们的心马上（　　）了，他们马上（　　）了带子。白雪公主慢慢地开始（　　）了，不久她又活了过来。

　　A 缩紧 B 呼吸 C 剪断 D 诚实

a. 根据课文进行正确连接

　　　　迫不急待地　　　　　　镜子的回答仍然是这样的

　　　　往常一样走到　　　　　魔镜面前

　　　　她吃惊的是对着镜子　　说话

b. 知道白雪公主还活着，王后心里怎样呢?请选择（　　）

　　A 翻山越岭 B 恼怒与怨恨 C 自己进行打扮

c. 根据故事进行句子正确排序：_____

　　A 王后把那把有毒的梳子递了进去给了白雪公主
　　B 七个小矮人马上剪断了带子，白雪公主不久又活了过来
　　C 白雪公主仍然活着，王后不甘心，不能忍受，带上有毒的梳子
　　D 白雪公主在梳子刚碰到头时，梳子上的毒力发作，失去了知觉

~~~~~~

家长评测学生阅读：
A 完全正确 B75%正确 C50%正确 D<25%正确
请记录练习时间：_____分钟　　请记录今天的完成码：_____

星期二

一、电脑光盘

    1. 听本课《肥猫》2 次。跟读，朗读各 2 次

    2. 电脑光盘"读词"

    3. 电脑光盘"练习"

        a. 背诵本课课文，看课文填字

        b. 看图识字

        c. 看拼音找字

二、字卡拼字练习

    把本课的字卡句子条**按照词组进行剪开**。打乱后进行重拼练习。

三、给下面的词语写拼音并标调

（　　　）	（　　　）	（　　　）
黎明	吹拂	伸懒腰
（　　　）	（　　　）	（　　　）
厕所	天晴了	秃头

四、聆听阅读：聆听光盘或由家长读一篇儿童故事

五、抄写大阅读经典句子

  伪装后她带上一把有毒的<u>梳子</u>，翻山越岭来到了小矮人的房门前。

请记录练习时间：_____分钟 请记录今天的完成码：_____

星期三

一、电脑光盘：

1. 听本课《肥猫》2次。跟读，朗读各2次

2. 看电脑光盘"书写"，按其"笔画"顺序写在下面田字格里

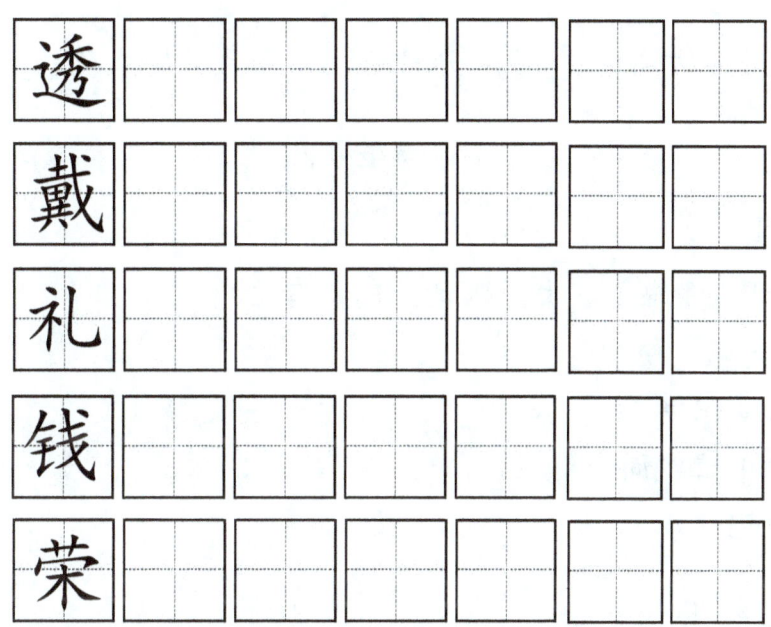

3. 电脑光盘"练习"

    a. 听音识字

    b. 背诵本课课文，看课文填字

    c. 组词游戏

    d. 看拼音找字

二、字卡拼字练习

把本课《肥猫》韵文本课字卡词组乱排序后重拼练习。

三、给下面的句子写拼音并标调

斜挎皮革小钱兜,

拄根拐杖多荣耀。

四、聆听阅读：聆听光盘或由家长读一篇儿童故事

~~~~~~

请记录练习时间：_____分钟请记录今天的完成码：_____

星期四

一、电脑光盘

  1. 听本课《肥猫》2次。跟读，朗读各2次

  2. 电脑光盘"练习"

    a. 看图识字

    b. 句中填字词

    c. 组词游戏

二、字卡拼字练习

  把本课《肥猫》韵文字卡打乱后，按课文次序重组一次。

三、大阅读（家长进行朗读，学生再次进行跟读，注意理解课文中重点的字词）

<div align="center">

《白雪公主》（6）

格林

</div>

幸运的是这天晚上，小矮人们回来得很早，当他们看见白雪公主躺在地上时，知道一定又发生了**不幸**的事情，急忙将她抱起来查看，很快就发现了那把有毒的梳子。他们将它拔了出来，不久，白雪公主**恢复**了知觉，醒了过

来。接着，她把事情发生的经过告诉了他们，七个小矮人再次**告诫**她，任何人来了都不要再开门。

此刻，王后已回到王宫，站在了魔镜前，询问着镜子，但听到的竟还是和上次相同的回答。这下，她气得浑身都**哆嗦**起来了，她无法**忍受**这样的回答，狂叫道："白雪公主一定要死，即使以我的生命**为代价**也**在所不惜**！"她悄悄地走进一间**偏僻**的房子里，**精心**制做了一个毒苹果。这苹果的外面看起来红红的，非常**诱人**，但只要吃一点就会要人的命。接着，她将自己装扮成一个农妇，翻山越岭又来到了小矮人的房舍，伸手敲了敲门。白雪公主把头从窗户里**探出**来说道："我不敢让人进来，因为小矮人们告诫我，任何人来了都不要开门。"

"就随你吧，"老农妇拿出那个毒苹果说道，"可是这苹果实在是太漂亮可爱了，我就作一个**礼物**送给你吧。"白雪公主说道："不，我可不敢要。"老农妇急了："你这傻孩子，你担心什么？难道这苹果有毒吗？来！你吃一半，我吃一半。"说完就将苹果分成了两半。其实，王后在做毒苹果时，只在苹果的一边下了毒，另一边却是好的。白雪公主看了看那苹果，很想尝一尝，因为那苹果看起来很**甜美**。她看见那农妇吃了那一半，就再也**忍不住**了，接过另一半苹果咬了一口。苹果刚一进口，她就倒在地上死去了。

回答问题：

a. 根据课文进行填空：

（　　）的是小矮人们回来早，知道一定又发生了（　　）的事情。不久，白雪公主（　　）了知觉。七个小矮人再次（　　　　）她，任何人来了都不要再开门。

　　A 幸运　　B 恢复　　C 告诫　　D 不幸

b. 根据课文进行正确连接

即使以我的生命为代价　　　　也在所不惜

悄悄地走进一间　　　　　　　一个毒苹果

精心制做了　　　　　　　　　偏僻的房子里

c. 为什么苹果非常诱人呢？　　　　请选择（　）

　　A 外面看起来红红的　　B 只要吃一点就会要人的命

d. 根据故事进行句子正确排序：_____

A 王后无法忍受同样的回答，精心制做了一个毒苹果
B 小矮人发现了有毒的梳子，再次告诫她，不要再开门
C 白雪公主看了苹果很甜美，忍不住咬了一口，她就倒在地上
D 王后将苹果分成了两半。其实苹果的一边下了毒，另一边却是好的。

~~~~~~

家长评测学生阅读：
A 完全正确　　B 75%正确　　C 50%正确　　D <25%正确

请记录练习时间：_____分钟　　请记录今天的完成码：_____

星期五

一、字卡拼字练习

把第73课《肥猫》按课文次序重组一次。

二、学生将本周的阅读故事讲给家长欣赏

三、看喜欢的中文动画片

四、聆听阅读：聆听光盘或由家长读一篇儿童故事

五、想一想：如对本课有问题，请家长帮助孩子写下来。

_____

_____

家长评、小朋友涂：加油！ ☺ 很好！ ☆ 真棒！ 👍

请记录练习时间：分钟总完成码：_____

家长是否监督孩子完成作业：是（　　）否（　　）

家长反馈意见：_____

家长签名：_____ 日期：_____

附录课堂大阅读课文：

《白雪公主》（4）
格林

那个仆人回来**复命**后，王后**以为**白雪公主已经死了，这下，她一定是全国最漂亮的女人了，她走到魔镜面前说：

"告诉我，镜子，告诉我**实话**！全国所有的女人谁最漂亮？告诉我她是谁？"

镜子回答说：

"是你，王后！你是这块地方最漂亮的女人，但是在山的那一边，在那绿色的**树荫**下，有七个小矮人建造的小房屋，白雪公主就**躲藏**在那里，哎呀，王后！她比你更漂亮。"

王后听了大吃一惊，因为她知道这面镜子是从不说假话的，一定是那仆人蒙骗了她，她决不能容忍有任何比她更漂亮的人活在这个世上。所以，她把自己**装扮**成一个卖**杂货**的老太婆，**翻山越岭**来到了那七个小矮人的住处。

她敲着门喊道："卖杂货，多好的杂货呀！"白雪公主从窗户往外看去，说道："老人家，你好！你卖的是什么啊？"她回答道："好东西，好漂亮的东西，有各种**颜色**的带子和线筒。"白雪公主暗想："这老太婆，好像并不是那种坏人，就让她进来吧。"想到这里，她跑过去打开门。

老太婆进来后说道："哎呀！看你的**胸带**多差呀，来吧，让我给你系上一根漂亮的新带子。"白雪公主做梦也没想到这会有**危险**，所以她走上前去站在了老太婆的面前。老太婆很**熟练**地将带子给她系在胸前，系着系着，突然，她**猛地**用力将带子拉紧，白雪公主便被**勒**得透不过气来，很快失去知觉倒在了地上，就像死去了一样。看到她的样子，**恶毒**的王后说道："这下你的美丽该**结束**了吧！"说完放心地走了。

第74B课 凶恶虎豹办监狱

(家庭作业)

星期一

一、电脑光盘"朗读"课文

1. 听本课《凶恶虎豹办监狱》韵文2次。跟读，朗读各2次
2. 看电脑光盘"书写"，按其"笔画"顺序写在下面田字格里

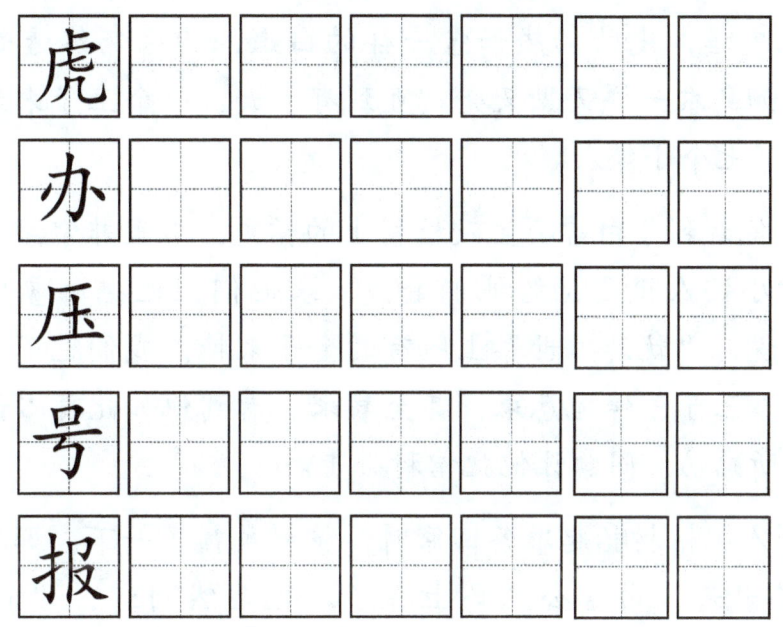

3. 电脑光盘"练习"

   a. 听音识字

   b. 背诵本课课文，看课文填字

   c. 句中填字词，选正确的字填上

二、字卡拼字练习

1. 把本课《凶恶虎豹办监狱》每一句课文剪下来，打乱后按顺序排出来。
2. 家长随机朗读字词，学生从字卡中找出来，并熟读下面字词：

   凶恶 虎豹 监狱 趁机 势力 压迫 弱小 野兽 野蛮 恶毒 心肠 拷打

   屠杀 恒河 猴子 憨厚 猩猩 举起 大旗 号召 同胞 报仇 聪慧 狐狸

假扮 狮子 小鹿 模仿 狗熊 皇后 众多 纷争 斧子 宝剑 队伍 逼迫 远近 尘埃 滚滚 呼啸 擒拿 围歼 士气 释放 囚犯 自然 奏乐 凯歌 旗帜 飘扬 办趁 压拷 打杀 举扮 模持 滚 擒 拿 歼 释放 奏 飘

三、大阅读（家长进行朗读，学生再次进行跟读，注意理解课文中重点的字词）

《白雪公主》（8）
格林

白雪公主就这样一直被**安放**在小山上，过了很久很久，她的样子看起来仍然像是在那儿安睡，皮肤仍然如雪一样的**白嫩**，脸色仍然透着血一般的**红润**，头发仍然如**乌木**一样又黑又亮。直到有一天，一个王子来到了小矮人的房子前，**拜访**了七个小矮人。

在小山上，他看到了白雪公主及棺材上的铭文，心里非常激动，一刻也不能**平静**。他对小矮人说要付给他们金钱，求他们让他把白雪公主和棺材带走。但小矮人说："就是用世界上所有的金子来换，我们也不会同意让她离我们而去的。"王子不停地**恳求**，甚至**哀求**。看到他如此**真心诚意**，他们终于被他的**虔诚**所感动，同意让他把棺材带走。

但就在他叫人把棺材抬起准备回家时，棺材被撞了一下，那块毒苹果突然从她嘴里吐了出来，白雪公主马上醒了。她**茫然**问道："我这是在哪儿呀？"王子回答说："你好端端地与我在一块儿。"接着，把发生的一切都告诉了她，最后说道："我爱你胜过爱世界上的一切，走吧！与我到我父亲的王宫去，我将娶你做我的妻子。"白雪公主同意了，并与王子一同回了家。在将一切准备好，将王宫**装饰**得**富丽堂皇**后，他们就要举行婚礼了，他们**邀请**了许多客人来参加婚礼。

回答问题：

a. 根据课文进行填空：

白雪公主就这样一直被（　　　　）在小山上。一个王子来到了小矮人的房子前（　　　）了七个小矮人。在小山上，他看到了白雪公主及棺材上的（　　　），心里非常激动，一刻也不能（　　　　）。

A 拜访　B 安放　C 铭文　D 平静

b. 根据课文进行连线：

样子看起来仍然像是　　　　又黑又亮

皮肤仍然如雪一样的　　　　在那儿安睡

脸色仍然透着血一般的　　　红润

头发仍然如乌木一样　　　　白嫩

c. 为什么小矮人同意让王子把棺材带走？请选择（　　）

A 看到王子有很多的金子和钱

B 看到他如此真心诚意，他们终于被他的虔诚所感动

d. 根据故事进行句子正确排序：_____

A 那块毒苹果突然从她嘴里吐了出来，白雪公主马上醒了

B 一个王子来到了小矮人的房子前，拜访了七个小矮人

C 白雪公主同意做王子的妻子，并与王子一同回了家

D 小矮人终于被他的虔诚所感动，同意让他把棺材带走

~~~~~~

家长评测学生阅读：

A 完全正确　　B 75%正确　　C 50%正确　　D<25%正确

请记录练习时间：_____分钟　　请记录今天的完成码：_____

星期二

一、电脑光盘

1. 听本课《凶恶虎豹办监狱》2次。跟读，朗读各2次
2. 电脑光盘"读词"
3. 电脑光盘"练习"

a. 背诵本课课文，看课文填字

b. 看图识字

c. 看拼音找字

二、字卡拼字练习

把本课的字卡句子条<u>按照词组进行剪开</u>。打乱后进行重拼练习。

三、给下面的词语写拼音并标调

（　　　）（　　　）（　　　）

聪慧　　狐狸　　逼近

（　　　）（　　　）（　　　）

呼啸　　围歼　　模仿

四、聆听阅读：聆听光盘或由家长读一篇儿童故事

五、抄写大阅读经典句子

在将一切准备好，将王宫**装饰**得**富丽堂皇**后，他们就要举行婚礼。

~~~~~~

请记录练习时间：_____分钟请记录今天的完成码：_____

星期三

一、电脑光盘：

    1. 听本课《凶恶虎豹办监狱》2次。跟读，朗读各2次

    2. 电脑光盘"练习"

        a. 听音识字

        b. 背诵本课课文，看课文填字

        c. 组词游戏

        d. 看拼音找字

    3. 看电脑光盘"书写"，按其"笔画"顺序写在下面田字格里

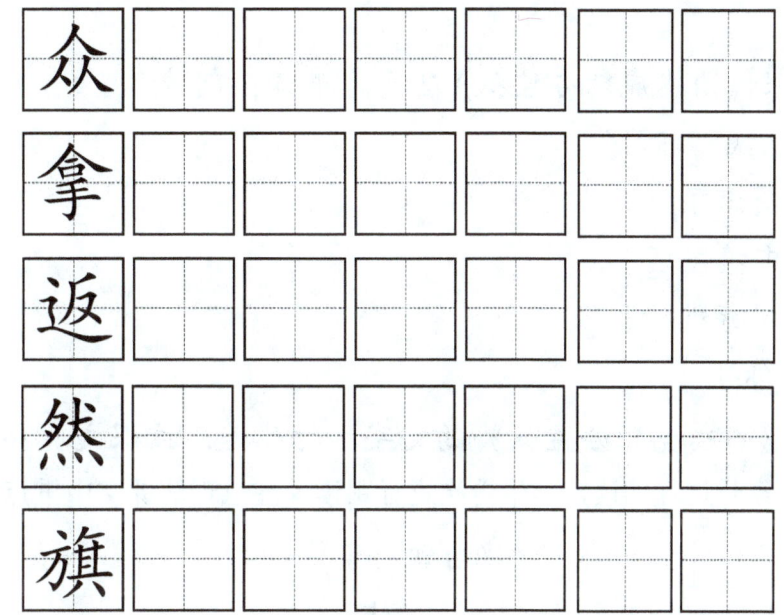

二、字卡拼字练习

    把本课《凶恶虎豹办监狱》韵文本课字卡词组乱排序后重拼练习。

三、给下面的句子写拼音并标调

    释放囚犯返自然，

高奏凯歌旗帜飘。

四、聆听阅读：聆听光盘或由家长读一篇儿童故事

~~~~~~

请记录练习时间：_____分钟请记录今天的完成码：_____

星期四

一、电脑光盘

1. 听本课《凶恶虎豹办监狱》2次。跟读，朗读各2次
2. 电脑光盘"练习"
   a. 看图识字
   b. 句中填字词
   c. 组词游戏

二、字卡拼字练习

把本课《凶恶虎豹办监狱》韵文字卡打乱后，按课文次序重组一次。

三、大阅读（家长进行朗读，学生再次进行跟读，注意理解课文中重点的字词）

《白雪公主》（9）

格林

在他们邀请的客人当中，其中就有白雪公主的继母王后，她将自己打扮得富贵**典雅**，对着魔镜说道："告诉我，镜子，告诉我实话！全国所有的女人谁最漂亮？告诉我她是谁？"

镜子回答说："是你，我想这儿是你最漂亮，但是王子的新娘比你漂亮得多。"

听到这些话，她又**勃然大怒**起来，但又**无可奈何**。**嫉妒**心与**好奇**心使她决定去看看这位新娘。当她到达举行婚礼的地方，才知道这新娘不是别人，正是她认为已经死去很久的白雪公主。看到白雪公主，她气得昏了过去，自此

便一病不起，不久就在嫉妒、**愤恨**与痛苦的自我**煎熬**中死去了。白雪公主和王子结婚后，美满的生活充满了欢乐和幸福，他们一辈子都快快乐乐地在一起。

回答问题：

a. 根据课文进行填空：

在他们（　）的客人当中，其中就有白雪公主的继母王后，她将自己（　）得富贵（　　　），对着魔镜说道："告诉我，镜子，告诉我（　　　）！"

   A 打扮　　　B 邀请　　　C 典雅　　　D 实话

b. 是什么使她决定去看看这位新娘？请选择（　　　）

   A 勃然大怒但又无可奈何　　　　　B 嫉妒心与好奇心

c. 当她到达举行婚礼的地方，发现了新娘是谁？请选择（　）

   A 小矮人　　　　B 白雪公主

d. 根据课文进行句子正确排序：_____

   A 白雪公主和王子结婚后，美满的生活充满了欢乐和幸福
   B 白雪公主的继母王后，她将自己打扮得富贵典雅
   C 嫉妒心与好奇心使她决定去看看这位新娘
   D 王后看到白雪公主便一病不起，就在痛苦的自我煎熬中死去

~~~~~~

家长评测学生阅读：
A 完全正确　　B 75%正确　　C 50%正确　　D <25%正确

请记录练习时间：_____分钟　　　请记录今天的完成码：_____

星期五

一、字卡拼字练习

把第 74 课《凶恶虎豹办监狱》按课文次序重组一次。

二、学生将本周的阅读故事讲给家长欣赏

三、看喜欢的中文动画片

四、聆听阅读：聆听光盘或由家长读一篇儿童故事

五、想一想：如对本课有问题，请家长帮助孩子写下来。

_____

_____

家长评、小朋友涂：加油！ ☺ 很好！ ☆ 真棒！ 👍

请记录练习时间：分钟总完成码：_____

家长是否监督孩子完成作业：是（ ）否（ ）

家长反馈意见：_____

家长签名：_____ 日期：_____

附录课堂大阅读课文：

《白雪公主》（7）
格林

王后一见，脸上露出了**快意**的**狞笑**，说道："这次再没有人能救你的命了！"她回到王宫，来到魔镜前，问道："告诉我，镜子，告诉我**实话**！全国所有的女人谁最漂亮？告诉我她是谁？"

镜子回答道："是你，王后！你就是全国最漂亮的女人。"

听到这句话，王后的**嫉妒**心才安定下来，感到十分**愉快**和幸福。

夜幕降临时，小矮人都回到了家里，他们发现白雪公主躺在地上，嘴里没有了呼吸。他们不相信她真的死了，将她抱了起来，给她梳头发，用酒和水为她洗脸，但一切都是**徒劳**的，因为小姑娘看来已真的死了。他们极为伤心地将她放在棺木上，七个小矮人坐在旁边守着。他们**悲痛欲绝**，整整守了三天三夜。最后他们绝望了，准备将她入土掩埋，但看到白雪公主的脸色红润**依旧**，**栩栩如生**，他们说："我们不能把她埋在阴冷黑暗的地下。"所以，他们做了一口从外面也能看见她的玻璃棺材把她放了进去，棺材上用金子嵌着白雪公主的名字及铭文。

小矮人们将棺材安放在一座小山上面，由一个小矮人永远坐在旁边看守。天空中飞来不少鸟儿，首先是一只猫头鹰，接着是一只渡鸦，最后飞来的是一只鸽子，它们都来为白雪公主的死而痛哭。

第76课 人长靓丽夸为俊
（家庭作业）

星期一

一、电脑光盘"朗读"课文

1. 复习听第75课《丝线缝补衫和衣》韵文1次，跟读1次，朗读1次
2. 听本课《人长靓丽夸为俊》韵文2次。跟读，朗读各2次
3. 看电脑光盘"书写"，按其"笔画"顺序写在下面田字格里

4. 电脑光盘"练习"
   a. 听音识字
   b. 背诵本课课文，看课文填字
   c. 句中填字词，选正确的字填上

二、字卡拼字练习

1. 把本课《人长靓丽夸为俊》每一句课文剪下来，打乱后按顺序排出来
2. 复习第75课《丝线缝补衫和衣》拼字练习
3. 家长随机朗读字词，学生从字卡中找出来，并熟读下面字词：
   丝线 缝补 衫衣 钢铁 锯子 刀刃 锋利 山峦 陡峭 称为 山峰 蜜蜂 嗡嗡叫 昆虫 靓丽 自夸 俊美 飞驰 驰骋 快马 骏马 五岳 高耸 耸立 岳父 严峻 工程 完毕 完成 竣工 缝 补 锯 称 夸 叫 称

三、小阅读（家长进行朗读，学生再次进行跟读，注意理解课文中重点的字词）

1. 阅读第273课《对屋柱说话》

几百年前，奥国压迫瑞士的时候，有一个瑞士的孩子，**偶然**走过奥国的**兵营**，听得里面正在计议**攻打**那孩子住的**城池**。他想跑回去报告，忽然营里窜出一个奥兵，将他捉住。

奥兵见他年纪很小，不忍杀他，便叫他立一个**誓**，永远不把听得的话，告诉别人。那孩子在**强权胁迫**下面，只得答应了。

孩子逃出了奥国的兵营，他想我如果把这事告诉别人，自然是失了信；可是如果不宣布，我的家乡便要被奥兵**糟蹋**了。

他想了一会，急忙到市政厅去。这时，市政委员正在开会，他便对屋柱说："屋柱呀，奥兵快要打来了。我们赶紧**预备**吧！因为我立过誓，不告诉别人，所以只好对你下个**警告**。"市政委员得了这个消息，立刻去调了一队兵，预先**防御**。

回答问题：

a. 根据课文进行填空：

有一个瑞士的孩子，（　　　）走过奥国的（　　　　），听得里面正在计议（　　　）那孩子住的（　　　）。

　　A 攻打　B 兵营　C 城池　D 偶然

b. 他立一个誓的意思是？请选择（　　　　）

　　A 他听到的话可以告诉任何人　B 永远不把听得的话，告诉别人

c. 根据课文进行正确连线：

　　如果把这事告诉别人　　　　家乡便要被奥兵糟蹋了

　　如果不宣布　　　　　　　　自然是失了信

d. 根据课文进行正确句子排序：＿＿＿＿＿＿

　　A 他急忙到市政厅对屋柱说："屋柱呀，奥兵快要打来了"
　　B 有一个瑞士的孩子，听得计议攻打那的城池

C 市政委员得了这个消息，立刻去调了一队兵，预先防御。

D 那孩子在强权胁迫下面，只得答应不告诉别人。

2. 阅读第274课《蜂房助战》

西历一千七百八十一年的五月里，正是美国宣布独立，和英国交战剧烈的时候。英国兵开到了美国，每天只是东抢西劫；一般无辜的居民，时时刻刻受着无限的恐怖。

有一天，一队英国的骑兵，开到佛及尼亚地方，想抢劫那个村庄上的粮食和牲口。正在动手的时候，忽见前面有一队民军。他们立刻上马，加鞭冲锋，要给民军一个迎头痛击。

村庄上有一个十五岁的孩子，名叫杰克。他晓得了这件事，便悄悄地到农场上，取了十几个蜂房，守候在门口。等到英兵经过的时候，他把蜂房抛在路上。顿时，成千累万的蜜蜂，发狂似的四下飞散，混杂在骑兵队中，向着人马乱刺，搅得英兵的秩序大乱。结果四百多个英兵，都被民军捉住。

回答问题：

a. 根据课文进行填空：

西历一千七百八十一年的五月里，正是美国宣布（　　　），和英国交战（　　　）的时候。一般（　　　）的居民，时时刻刻受着无限的（　　　）。

　　A 剧烈　　　B 独立　　　C 恐怖　　　D 无辜

b. 根据课文进行正确连线：

　　　英国的骑兵抢劫　　　　迎头痛击

　　　加鞭冲锋要给民军　　　粮食和牲

c. 搅得英兵的秩序大乱是因为：请选择（　　　　）
   A 成千累万的蜜蜂向着人马乱刺
   B 英国兵每天只是东抢西劫

d. 根据课文进行句子正确排序：＿＿＿＿＿＿＿＿＿＿＿＿＿＿＿＿
   A 一队英国的骑兵到佛及尼亚想抢劫村庄
   B 英兵的秩序大乱，结果四百多个英兵都被民军捉住
   C 英国兵开到了美国，每天只是东抢西劫
   D 杰克悄悄地到农场上取了蜂房，把蜂房抛在路上

~~~~~~

家长评测学生阅读：

A 完全正确　　　　B 75%正确　　　　C 50%正确　　　　D<25%正确

请记录练习时间：＿＿＿＿＿分钟 请记录今天的完成码：＿＿＿＿＿

星期二

一、电脑光盘

1. 复习听第73课《肥猫》1次，跟读1次，朗读1次
2. 听本课《人长靓丽夸为俊》2次。跟读，朗读各2次
3. 电脑光盘"读词"
4. 电脑光盘"练习"
   a. 背诵本课课文，看课文填字
   b. 看图识字
   c. 看拼音找字

二、字卡拼字练习

1. 把本课的字卡句子条**按照词组进行剪开**。打乱后进行重拼练习。
2. 复习第73课《肥猫》拼字练习。
3. 家长随机朗读字词，学生从字卡中找出来，并熟读下面字词：

   肥猫 黎明 暖风 吹拂 仰头 伸懒腰 揉揉 睫毛 抚摸 洗脸 厕所 撒尿
   透过 窟窿 往外 眺望 晴天 市场 整齐 膝盖 短裙 紧身 辫子 秃头

礼帽 斜挎 皮革 钱兜 拄拐杖 荣耀 巧妙 吹拂 仰伸揉 摸 撒 透 眺 走 裹 戴 挎 拄

三、给下面的词语写拼音并标调

（　　　）（　　　）（　　　）

靓丽　　俊美　　驰骋

（　　　）（　　　）（　　　）

骏马　　险峻　　竣工

四、聆听阅读：聆听光盘或由家长读一篇儿童故事

五、抄写小阅读经典句子

如果把事告诉别人，自然是失信；如果不宣布，家乡要被<u>糟蹋</u>了。

~~~~~~

请记录练习时间：_____分钟　请记录今天的完成码：_____

星期三

一、电脑光盘：

1. 复习听第65课《玩球》，朗读1次，跟读1次，朗读1次

2. 听本课《人长靓丽夸为俊》2次，跟读，朗读各2次

3. 电脑光盘"练习"

    a. 听音识字

    b. 背诵本课课文，看课文填字

    c. 组词游戏。

4. 看拼音找字看电脑光盘"书写"，按其"笔画"顺序写在下面田字格里

二、字卡拼字练习

1. 把本课《人长靓丽夸为俊》韵文本课字卡词组乱排序后重拼练习。

2. 复习第65课《玩球》拼字练习。

3. 家长随机朗读字词，学生从字卡中找出来，并熟读下面字词：

圆溜 欢蹦乱跳 不停 拍打 炎热 夏天 游泳 水球 冬季 滑冰 溜冰 你攻我守 技艺 艺术 竞技 竞赛 场地 传球 足球 排球 乒乓球 羽毛球 冰球 优秀 蹦跳 休 传 踢 拍 抛 滑 碰 攻 守 争

三、给下面的句子写拼音并标调

....
....
....

    人长靓丽夸为俊
....
....
....

驰骋快马叫做骏

四、聆听阅读：聆听光盘或由家长读一篇儿童故事

~~~~~~

请记录练习时间：_____分钟请记录今天的完成码：_____

星期四

一、电脑光盘

1. 复习听第69课《长征》，53课《连环闹》，朗读1次，跟读1次
2. 听本课《人长靓丽夸为俊》，朗读韵文2次。跟读，朗读各2次
3. 电脑光盘"练习"
   a. 看图识字
   b. 句中填字词
   c. 组词游戏

二、字卡拼字练习

1. 把本课《人长靓丽夸为俊》韵文字卡打乱后，按课文次序重组一次。
2. 复习第69课《长征》，第53课《连环闹》拼字练习
3. 家长随机朗读字词，学生从字卡中找出来，并熟读下面字词：

连环 栅栏 猕猴 吵闹 睡醒 吵醒 鸿雁 鹭鸶 笑声 惊叫 叫喊 鹭鸶
单腿 慌忙 羊羔 吓人 马驹 踢踏 引来 老狼 大家 拼命 逃跑 跑车
长征 沿着 井冈山 延安 路途 艰难 挡住 追兵 堵截 将士 浴血 勇敢
激战 乌云 驱散 得到 胜利 陕北 晴空 灿烂 闹翻 笑 吵 叫 跳 慌
吓 踢 跑 引 逃 沿 到 挡 追 破 堵 截 战 驱散。

三、小阅读（家长进行朗读，学生再次进行跟读，注意理解课文中重点的字词）

1. 阅读第275课《嘉贤给献圣的信》

献圣表兄：

我校**预定**在下星期日——十一月二十八日——开**游艺**会。这一次的游艺会，**注重**表演平日学习的**成绩**，全校各级都要加入，所以节目有三十多种。我们一级，决定表演"晏子使楚"和"完璧归赵"的故事。在晏子使楚的故事中，我扮一个晏婴。可是晏婴是很有**辩才**的，像我这样不会说话的人，**登场**的时候，**恐怕**要惹人笑呢！

附**赠**入场券两张，请你查收。到了开会的那一天，我望你和静珍表妹一同来校参观，并请**指教**。

弟嘉贤上十一月二十日。

回答问题：

  a. 根据课文进行填空：

 我校（　　　）在下星期日—十一月二十八日—开（　　　　）会。这一次的游艺会，（　　　　）表演平日学习的（　　　　），全校各级都要加入。

    A 注重　　B 预定　　C 游艺　　D 成绩

  b. 谁扮一个晏婴？请选择（　）

    A 献圣　　B 嘉贤

  c. 为什么恐怕要惹人笑呢：请选择（　　　　）

    A 不会说话的人登场　　B 很有辩才的，能说呢。

  d. "并请指教的"意思是？请选择（　　　　）

    A 指点教导　　　B 指划

2. 阅读第276课《献圣复嘉贤的信》

嘉贤表弟：

你寄给我的信和入场券，已在昨天接到了。谢谢！

下星期日，我准定和静妹前来参观游艺会。在两个月以前，我听你演讲"嫦娥奔月"的故事，不但**语调**流利，并且**态度**也很**活泼**。这次扮演晏婴，可以**发挥**你的天才，把晏婴的**性格**、**身分**，完全表演出来。前天我校开校务会议，议决在云南起义纪念日——十二月二十五日——开**恩亲**会。同时，**展览**成绩，表演学艺。我级**拟**表演**适合**时令的历史故事"蔡锷"。自昨天起，在课后开始**练习**。但是，登场的人物，还没有**推定**。到了我们开会的那一天，我也要请你来参观，指教。

献圣十一月二十一日。

回答问题：

a. 根据课文进行正确连线：

   不但语调   活泼

   并且态度   流利

b. 根据课文进行填空：

这次扮演晏婴，可以（ ）你的天才，把晏婴的（ ）、身分，完全表演出来。

  A 性格   B 发挥

c. 开恩亲会都有什么内容，请写出序号：_____

  A 展览成绩 B 表演学艺 C 来参观指教

d. "登场的人物，还没有推定"是指：请选择（ ）

  A 不知道谁演"蔡锷" B 不知道谁来开会

四、语言训练点：

在小阅读，中文报纸或字典，或在光盘中读词中找到你知道的2组反义词。写在下面。比如："**活泼**"——"**呆板**"

~~~~~~

家长评测学生阅读：

A 完全正确　　　　B 75%正确　　　　C 50%正确　　　　D<25%正确

请记录练习时间：_____分钟　　　请记录今天的完成码：_____

星期五

一、字卡拼字练习

把第76课《人长靓丽夸为俊》，75课《丝线缝补衫和衣》，73课《肥猫》，65课《玩球》，69课《长征》，第3课《连环闹》字卡打乱后，按课文次序重组一次。

二、学生将本周的阅读故事讲给家长欣赏

三、看喜欢的中文动画片

四、聆听阅读：聆听光盘或由家长读一篇儿童故事

五、想一想：如对本课有问题，请家长帮助孩子写下来。

_____

_____

家长评、小朋友涂：加油！很好！真棒！

请记录练习时间：分钟总完成码：_____

家长是否监督孩子完成作业：是（ ）否（ ）

家长反馈意见：_____

家长签名：_____ 日期：_____

附录课堂小阅读课文：

第272课 木兰代父从军

古时候，有一个**勇敢**的女子，名叫**木兰**。有一年，国王要**征兵**去打仗；木兰的父亲，也在被征之列。木兰想父亲已经**衰老**，不能上战场去打仗。她就扮做男子，代替父亲，跨马**执戟**，加入出征的军队。

军队开到了北方的边界，抵抗敌兵。过了十二年，才把敌兵打退，得胜回来。可是领兵的将官，同伍的军人，谁也没有觉察木兰是个女子。

国王见木兰立了**功劳**，就**赏**她许多**财物**，她不受；**封**她做官，她也不要。国王说："你要什么东西呢？"木兰说："我离家已久，很想念爹娘。如能**赐**一匹骆驼，送我回家，就感谢不尽了。"国王随即赐他一匹骆驼，派几个兵，送她回家。

木兰到了家里，脱去战袍，穿上女装，**恢复**她的本来面目。送她回家的兵士瞧见了，很诧异，说道："我们和她同在军队里过了十二年，竟没有**觉察**他是个女子。"

第76课《人长靓丽夸为俊》

人	长	靓	丽	夸
为	俊	驰	骋	快
马	叫	做	骏	五
岳	才	耸	称	为
峻	工	程	完	毕
才	是	竣		

第53课《连环闹》

翻	栅	栏	的	猕
猴	咯	咯	笑	吵
醒	了	鸿	雁	鸣
鸣	叫	惊	得	鹭
鸶	单	腿	跳	慌
得	羊	羔	咩	咩

闹	吓	得	小	马
驹	踢	踏	踢	踏
跑	引	来	了	老
狼	大	家	拼	命
逃				

第 77 课 顺水漂

(家庭作业)

星期一

一、电脑光盘"朗读"课文

1. 复习听第 76 课《人长靓丽夸为俊》1 次，跟读 1 次，朗读 1 次
2. 听本课《顺水漂》韵文 2 次。跟读，朗读各 2 次
3. 看电脑光盘"书写"，按其"笔画"顺序写在下面田字格里

4. 电脑光盘"练习"

   a. 听音识字
   b. 背诵本课课文，看课文填字
   c. 句中填字词，选正确的字填上

二、字卡拼字练习

1. 把本课《顺水漂》按照每一句课文剪下来，打乱后按课文顺序排出来。
2. 复习第 76 课《人长靓丽夸为俊》拼字练习。
3. 家长随机朗读字词，学生从字卡中找出来，并熟读下面字词：

   靓丽 自夸 俊美 飞驰 驰骋 快马 骏马 五岳 高耸 耸立 岳父 严峻

   工程 完毕 完成 竣工 漂 飘 瞥 瞟 睡

三、小阅读（家长进行朗读，学生再次进行跟读，注意理解课文中重点的字词）

1. 阅读第278课《瓦特利用水汽》

壶公公**不息**的发着**泡沫**，**水汽**掀开他的帽子，**陆续**飞跳出来，普哆普哆的叫着。

瓦特诧异的问道："水汽，你怎么这样性急的**冲撞**？"

水汽回答道："我热得**不可耐**啊。所以要用力**挣扎**。"

瓦特道："你的力倒不小，壶公公的帽子，几乎要被你掀起来。"

水汽道："是的，我的力**隐藏**在些微的水里，一经烧煮，蒸发起来，便要冲撞了。"

瓦特**沉思**了一回，说："水汽！你这样**无目的**的冲撞，太无意思，我想利用你的力，做成**蒸汽机关**，去转动机器，你愿意吗？"

水汽听了很**快活**，回答道："愿意，愿意。"

从此，水汽就在瓦特造的蒸汽机关里做工。后来，斯梯芬孙把这机关装在火车的前面拖车，福尔敦把机关装进船肚里行船。坐船、乘车的人，得到许多**便利**，都**感谢**水汽的本领高强，瓦特等的**善于利用**。

回答问题：

a. 根据课文进行填空：

壶公公不息的发着（　　），水汽（　　）他的帽子，（　　）飞跳出来，普哆普哆的叫着。

　　A 掀开　　　B 陆续　　　C 泡沫

b. 根据课文进行正确连线：

水汽这样性急的　　　　不可耐

水汽热得　　　　　　　挣扎

要用力冲撞

c. 水经过什么变为水气（蒸汽）了？请选择（　　）

　　A 烧煮　　　B 隐藏　　　C 冲撞

d. 根据课文进行正确句子排序：＿＿＿＿＿＿＿

  A 经烧煮，蒸发起来

  B 把这机关装在火车的前面拖车，装进船肚里行船

  C 力隐藏在些微的水里

  D 瓦特利用这个力，做成蒸汽机关，去转动机器

2. 阅读第279课《我的名字叫电》

  我的名字叫电，住在空中，本来是很自由自在的。在许多年前，被一位少年叫做**富兰克林**的，从天空中**引导**我下来，便和人们相识。

  人们很知道我的性情：我喜欢躲在铜片、铁片、**金属**的**细丝**和**湿**空气中，**流连**不去，像竹片、木片和**橡皮**、**玻璃**等，我一见了，就要避开。

  我的身体，附在别的东西上，便能够发光、发热、发大力，替人们做工。人们也**投我所好**，把我在机器中**摩擦**出来，通到各种东西上。

  计算我自从到人间以来，做了许多大事，像**电话**、**电灯**、**电扇**、**电灶**、**电车**等，都是我的**成绩**。

  我的同伴，也有在空中打架的。打架时候，往往发出强烈的光，和隆隆的声。小朋友恐怕他们跌到地下来，都吓得**掩耳逃走**。其实只要在屋子上装只"**避电针**"，让地面的**同伴**跑到针头上，同他们和解，就没有**危险**了。

回答问题：

 a. 根据课文进行填空：

  我的名字叫电，住在空中，本来是很（　　）的。在许多年前，被一位（　　）叫做富兰克林的，从天空中（　　）我下来，便和人们（　　）。

  A 少年　　B 相识　　C 自由自在　　D 引导

 b. 根据课文进行正确连线：

我的性情	便能够发光、发热、发大力
我的身体	像电话、电灯、电扇、电灶、电车等都是
我的成绩	喜欢躲在铜片、铁片、金属的细丝和湿空气中

c. 人们如何产生电？请选择（　　）

　　A 像竹片、木片和橡皮、玻璃等，我一见了，就要避开。

　　B 在机器中摩擦出来

d. 根据课文进行正确句子排序：＿＿＿＿＿＿＿＿

　　A 其实只要在屋子上装只"避电针"

　　B 同伴在空中往往发出强烈的光，和隆隆的声

　　C 让地面的同伴跑到针头上，同他们和解，就没有危险了

　　D 小朋友恐怕他们跌到地下来，都吓得掩耳逃走

~~~~~~

家长评测学生阅读：

A 完全正确　　B 75%正确　　C 50%正确　　D＜25%正确

请记录练习时间：＿＿＿＿＿＿分钟　请记录今天的完成码：＿＿＿＿＿＿

星期二

一、电脑光盘

1. 复习听第74课《凶恶虎豹办监狱》朗读1次，跟读1次，朗读1次

2. 听本课《顺水漂》2次。跟读，朗读各2次

3. 电脑光盘"读词"

4. 电脑光盘"练习"

　　a. 背诵本课课文，看课文填字

　　b. 看图识字

　　c. 看拼音找字

二、字卡拼字练习

1. 把本课的字卡句子条<u>按照词组进行剪开</u>。打乱后进行重拼练习。

2. 复习第74课《凶恶虎豹办监狱》拼字练习。

3. 家长随机朗读字词，学生从字卡中找出来，并熟读下面字词：

凶恶　虎豹　监狱　趁机　势力　压迫　弱小　野兽　野蛮　恶毒　心肠　拷打
屠杀　恒河　猴子　憨厚　猩猩　举起　大旗　号召　同胞　报仇　聪慧　狐狸
假扮　狮子　小鹿　模仿　狗熊　皇后　众多　纷争　斧子　宝剑　队伍　逼迫
远近　尘埃　滚滚　呼啸　擒拿　围歼　士气　释放　囚犯　自然　奏乐　凯歌
旗帜　飘扬　压　拷打　杀　举扮　模持　滚　擒拿　歼　释放　飘

三、给下面的词语写拼音并标调

（　　　）（　　　）（　　　）（　　　）
　　顺水　　漂随　　风飘　　目光

（　　　）（　　　）（　　　）
　　瞟见　　蠢猪　　酣睡

四、聆听阅读：聆听光盘或由家长读一篇儿童故事

五、抄写小阅读经典句子

坐船、乘车的人，得到许多**便利**，都**感谢**水汽的本领高强。

请记录练习时间：＿＿＿＿分钟　请记录今天的完成码：＿＿＿＿＿

星期三

一、电脑光盘：

1. 复习听第66课《登月》1次，跟读1次，朗读1次。
2. 听本课《顺水漂》2次。跟读，朗读各2次
3. 看电脑光盘"书写"，按其"笔画"顺序写在下面田字格里

4. 电脑光盘"练习"
   a. 听音识字
   b. 背诵本课课文，看课文填字
   c. 组词游戏
   d. 看拼音找字

二、字卡拼字练习

1. 把本课《顺水漂》韵文本课字卡词组乱排序后重拼练习。
2. 复习第66课《登月》拼字练习。
3. 家长随机朗读字词，学生从字卡中找出来，并熟读下面字词：

   折叠 折断 飞碟 一艘船 匆忙 追赶 蓝天 宇宙 无限 星辰 星光 生辰

   月宫 迷宫 嫦娥 邀请 游玩 探险 折 追 邀 请 游 玩 探

三、给下面的句子写拼音并标调

目光一瞥那是瞟，
....
....
....

蠢猪憨睡猛长膘。

四、聆听阅读：聆听光盘或由家长读一篇儿童故事

~~~~~~

请记录练习时间：_____分钟 请记录今天的完成码：_____

星期四

一、电脑光盘

1. 复习听第70课《江河》，54课《扎彩花》1次，跟读1次，朗读1次。
2. 听本课《顺水漂》2次。跟读，朗读各2次
3. 电脑光盘"练习"
   a. 看图识字
   b. 句中填字词
   c. 组词游戏。

二、字卡拼字练习

1. 把本课《顺水漂》字卡打乱后，按课文次序重组一次。
2. 复习第70课《江河》，54课《扎彩花》拼字练习
3. 家长随机朗读字词，学生从字卡中找出来，并熟读下面字词：

彩花 喜鹊 下蛋 剪刀 碰到 山坡 玫瑰 阿姨 白纸 茉莉 杜鹃 胸前
扎花 瓶子 香港 归来 回归 欣慰 献给 紫荆花 插花 伶仃洋 渺茫
底下 艰难 测量 澜沧江 滔滔 浑水 黄色 汇入 汇合 大海 舟舰 舰艇

穿梭　飞渡　渡船　慌忙　洛阳　天津　济南　浙江　扎佩　插　归　赠　献　汇　穿　飞　渡

三、小阅读（家长进行朗读，学生再次进行跟读，注意理解课文中重点的字词）

1. 阅读第280课《我飞上天空》

我飞上天空，**俯瞰**着**长城**驰骋。从东面的**山海关**起飞，到西面的**嘉峪关**停顿。在五千四百里的行程中，只见那**巍然矗立**的高墙，**竖立着像一座广阔**的**屏风**，是我国伟大的**工程**，是我国建国古远的**象征**。

我飞上天空，俯瞰着**运河**驰骋。北面的**通州**起飞，到南面的**杭州停顿**。在二千五百里的行程中，见那**肥沃**的**平原**中间，**衣带**般铺一幅**狭长**的**素缯**。我国伟大的工程，是我国开化古远的象征。

回答问题：

a. 根据课文进行填空：

我飞上天空，（　　）着（　　）驰骋，俯瞰着（　　　）驰骋。

　　A 长城　　　B 运河　　　C 俯瞰

b. 根据课文进行正确连线：

长城五千四百里　　　从东面的山海关起飞，到西面的嘉峪关停顿

运河二千五百里　　　北面的通州起飞，到南面的杭州停顿

c. 根据课文进行填空

那巍然（　）的高墙，竖立着像一座（　）的屏风。

那（　）的平原中间，衣带般铺一幅（　）的素缯。

　　A 矗立　　B 肥沃　　C 广阔　　D 狭长

d. 根据课文进行正确句子排序：＿＿＿＿＿＿

　　A 北面的通州起飞，到南面的杭州停顿

　　B 从东面的山海关起飞，到西面的嘉峪关停顿。

e. 跟爸爸妈妈一起，在网上找到中国地图，并找到长城、运河、山海关、嘉峪关、通州、杭州，并画在这个下面，写上地名：

2. 阅读第281课《小旅行家能力强》

小旅行家能力强，不坐船儿与车辆，不带**行李**与**干粮**。
越过阴山、北岭与南岭，渡过**长江**、**黄河**又**粤江**。
走上东北三省，沿着**蒙古**到**新疆**；**徘徊**昆仑山下，既过**青海**又**西藏**。
片刻**踏遍**全中国，小旅行家能力强。

回答问题：

　　a．根据课文进行填空：

小旅行家能力强，不坐（　　　），不带（　　　）。

　　　　　A 行李与干粮　　　　B 船儿与车辆

　　b．根据课文进行正确连线：

　　　　　越过　　　　长江、黄河又粤江

　　　　　渡过　　　　阴山、北岭与南岭

　　c．为什么小旅行家能力强？请选择（　　）

　　　　　A 只在一个地方呆着　　B 片刻踏遍全中国

　　d．在网上查中国地图，找出"长江、黄河、东北三省、蒙古、新疆、昆仑山、青海、和西藏"，画一张地图，把地名写在图上。

四、语言训练点：

在小阅读，找出5～6个不同的"标点符号"，写在下面的田字格中：

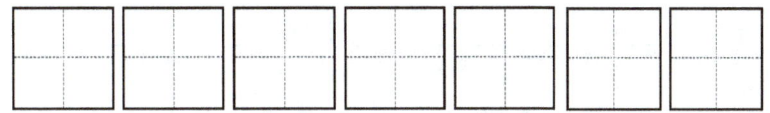

家长评测学生阅读：
A 完全正确　　B 75%正确　　C 50%正确　　D<25%正确

请记录练习时间：＿＿＿＿＿分钟　请记录今天的完成码：＿＿＿＿＿

星期五

一、字卡拼字练习

把第77课《顺水漂》，76课《人长靓丽夸为俊》，74课《凶恶虎豹办监狱》，66课《登月》，70课《江河》，54课《扎彩花》字卡打乱后，按课文次序重组一次。

二、学生将本周的阅读故事讲给家长欣赏

三、看喜欢的中文动画片

四、聆听阅读：聆听光盘或由家长读一篇儿童故事

五、想一想：如对本课有问题，请家长帮助孩子写下来。

_____

_____

家长评、小朋友涂：加油！☺ 很好！☆ 真棒！👍

请记录练习时间：分钟总完成码：＿＿＿＿＿＿

家长是否监督孩子完成作业：是（　）否（　）

家长反馈意见：＿＿＿＿＿＿＿＿＿＿＿＿＿＿＿＿

家长签名：＿＿＿＿＿＿＿＿　日期：＿＿＿＿＿＿＿＿

附录课堂小阅读课文：

第 277 课 不要骄傲

江里的轮船，遇到了帆船，很骄傲的说："小帆船，你一天走的**路程**，我只消两三点钟就赶到了，你瞧，我**冲风破浪**，多么快呀！"

岸上的火车听见了，说道："小轮船，你不要骄傲，你一天走的路程，我只消两三点钟就赶到了。你瞧，我像快马似的**奔跑**，你哪里比得上我！"

空间的飞机听见了，说道："小火车，你也不要骄傲。你一天走的路程，我也只消两三点钟就赶到了。你瞧，我**腾云驾雾**，**顷刻**千里，比你要快多少倍哩！"

一只送信的鸽子听见了，很**谦和**的说："诸位，快不要骄傲。你们因为走的**路径**不同，才有**快慢**的分别。但是，你们都要有人**管理**了机器，才能够行动，怎能及得我这样**自由**飞行呢！"

第77课《顺水漂》

顺	水	漂	随	风
飘	目	光	一	瞥
那	是	瞟	蠢	猪
憨	睡	猛	长	膘

第54课《扎彩花》

喜	鹊	下	蛋	叫

喳	喳	剪	刀	相
碰	响	嚓	嚓	坡
上	玫	瑰	红	艳
艳	俺	和	阿	姨
扎	纸	花	扎	朵
茉	莉	胸	前	佩

扎	束	杜	鹃	瓶
里	插	香	港	回
归	多	欣	慰	赠
献	一	批	紫	荆
花				

第79课 住宅公寓宴会厅

(家庭作业)

星期一

一、电脑光盘"朗读"课文

1. 复习听第78课《无暇终日忙》韵文1次，跟读1次，朗读1次
2. 听本课《住宅公寓宴会厅》韵文2次。跟读，朗读各2次
3. 看电脑光盘"书写"，按其"笔画"顺序写在下面田字格里

4. 电脑光盘"练习"

   a. 听音识字

   b. 背诵本课课文，看课文填字

   c. 句中填字词，选正确的字填上

二、字卡拼字练习

1. 把本课《住宅公寓宴会厅》每一句课文剪下来，打乱后按顺序排出来。
2. 复习第78课《无暇终日忙》拼字练习。
3. 家长随机朗读字词，学生从字卡中找出来，并熟读下面字词：

无暇 终点 荧光 璧玉 微笑 晶莹 水晶 一般 明亮 比喻 由于 口述
愉快 悦耳 存在 住宅 公寓 宴会 客厅 教室 容量 屋顶 宾馆 宿舍
走廊 省府 门户 悬挂 巨大 屏风 忙明 述 存 容 走 挂

三、小阅读（家长进行朗读，学生再次进行跟读，注意理解课文中重点的字词）

1. 阅读第288课《一二八纪念日复朋友的信》

季霞同学：

你去年给我的信，我早就想**复**你了。因为我等待着一个纪念日的来临，所以**挨**到今天。今天是一个**悲壮**的纪念日，你知道吗？当东三省落在敌人手里的那年，上海的民众，就**抵制**仇货，以促敌人的觉悟。那知敌人**蛮不讲理**，从**翌年**的今天开始，运用**铁甲车**、飞机、大炮、步枪等**厉害**的军火，轰炸我**闸北**的工业区域。**幸亏**我们驻守的十九路军奋勇抵抗，使敌人手忙脚乱，终于不曾达到**占据**目的。

我中华**民族**自卫的精神，也给全世界人类都**佩服**了。在这回奋斗中，我的爸爸同朋友**艰难**创造的工厂虽然全部葬入敌人的炮火中，但是爸爸说："敌人的炮火炸得毁我们的身体、产业；炸不毁我们的精神！"我听了这句话，兴奋极了。现在我趁着今天的纪念，复信给你，祝你在黑暗中**挣扎**成功！

弟晏溪峰上

一月二十八日

回答问题：

    a. 根据课文进行正确连线：

        悲壮的   蛮不讲理

        敌人   纪念日

    b. 根据课文进行填空：

当东三省（　）敌人手里的那年，上海的民众，就（　）仇货，以促敌人的（　）。

A 觉悟　　　B 落在　　　C 抵制

c. "爸爸同朋友艰难创造的工厂虽然全部葬入敌人的炮火中"的意思是？请选择（　）

A 敌人的炮火炸毁我们的身体、产业

B 敌人的炮火炸毁我们的精神

d. 厉害的军火都包括什么？请选择：_____

A 铁甲车　　B 石头　　C 飞机　　D 大炮　　E 步枪

2. 阅读第289课《专心的诗人》

英国的诗人**白郎宁**，天天坐在书室中，专心读书，**吟诗**，从来不顾问家里的事。

有一次，白郎宁在附近的图画**展览**会中，**担任**招待员。参观的宾客很多，白郎宁招待介绍，送往迎来，十分忙碌。

到了午时，走进一个妇人，他又上前去**殷勤**招待，并且指着壁上**陈列**的作品说："夫人，请批评！"那个妇人很诧异，连忙说："不敢！我是**主人**家里雇用的**烧饭婆**，哪里会知道**绘画**的好坏。此刻，是奉了主母的命，特来请主人回去用午饭哩！"白郎宁听了那妇人的话，自己也**不觉**好笑起来。

回答问题：

a. 根据课文进行正确连线：

天天　　　　　　坐在书室中

专心　　　　　　家里的事

从来不顾问　　　读书，吟诗

b. 根据课文进行填空：

白郎宁在附近的图画（　）会中，（　）招待员。参观的宾客很多，白郎宁（　　）介绍，送往迎来，十分（　　）。

A 担任　　B 展览　　C 招待　　D 忙碌

c. "壁上陈列的作品"指的是：请选择（　　）

   A 绘画 B 午饭

  d. 根据课文进行正确句子排序：_____

   A 那个妇人连忙说："不敢！我是主人家里雇用的烧饭婆"

   B 到了午时，走进一个妇人，他又上前去殷勤招待

   C 白郎宁听了那妇人的话，自己也不觉好笑起来

   D 是奉了主母的命，特来请主人回去用午饭哩

~~~~~~

家长评测学生阅读：

A 完全正确 B 75%正确 C 50%正确 D<25%正确

请记录练习时间：_____分钟请记录今天的完成码：_____

星期二

一、电脑光盘

1. 复习听第76课《人长靓丽夸为俊》1次，跟读1次，朗读1次
2. 听本课《住宅公寓宴会厅》2次。跟读，朗读各2次
3. 电脑光盘"读词"
4. 电脑光盘"练习"

  a. 背诵本课课文，看课文填字

  b. 看图识字

  c. 看拼音找字

二、字卡拼字练习

1. 把本课的字卡句子条**按照词组进行剪开**。打乱后进行重拼练习。
2. 复习第76课《人长靓丽夸为俊》拼字练习。
3. 家长随机朗读字词，学生从字卡中找出来，并熟读下面字词：

 靓丽 自夸 俊美 飞驰 驰骋 快马 骏马 五岳 高耸 耸立 岳父 严峻

 工程 完毕 完成 竣工 夸 叫 称

三、给下面的词语写拼音并标调

（　　　　）（　　　　）（　　　　）
　　住宅　　　公寓　　　宾馆

（　　　　）（　　　　）（　　　　）
　　宿舍　　　走廊　　　门户

四、聆听阅读：聆听光盘或由家长读一篇儿童故事

五、抄写小阅读经典句子

中华**民**族的精神，全世界人类都**佩服**，炮火炸不毁我们的精神。

～～～～～～～～～～～～～～～～～～～～～～～～～～～～～～

请记录练习时间：＿＿＿＿＿＿分钟　请记录今天的完成码：＿＿＿＿＿＿

星期三

一、电脑光盘：

1. 复习听第68课《洪灾》1次，跟读1次，朗读1次。
2. 听本课《住宅公寓宴会厅》2次。跟读，朗读各2次
3. 看电脑光盘"书写"，按其"笔画"顺序写在下面田字格里

4. 电脑光盘"练习"
   a. 听音识字
   b. 背诵本课课文，看课文填字
   c. 组词游戏
   d. 看拼音找字

二、字卡拼字练习

1. 把本课《住宅公寓宴会厅》韵文字卡词组乱排序后重拼练习。
2. 复习第68课《洪灾》拼字练习
3. 家长随机朗读字词，学生从字卡中找出来，并熟读下面字词：

   崩裂 洪水 暴风 骤雨 天地 降落 大堤 决定 桥梁 塌方 房屋 倾覆

   浪涛 山丘 岗位 禾苗 淹没 千里 沃野 汪洋 伐木 毁林 受到 惩罚

   灾荒 火灾 泛滥 遭殃 涨降 决塌 倾漫 淹成 伐 毁 泛 遭

三、给下面的句子写拼音并标调

   _____
   _____
   _____

   住宅公寓宴会厅，
   _____
   _____
   _____

   居室容人必有顶。

四、聆听阅读：聆听光盘或由家长读一篇儿童故事

~~~~~~

请记录练习时间：_____分钟请记录今天的完成码：_____

星期四

一、电脑光盘

1. 复习听第 72 课《巍峨岷山迷雾漫》，56 课《骆驼》1 次，跟读 1 次，朗读 1 次。
2. 听本课《住宅公寓宴会厅》2 次。跟读，朗读各 2 次
3. 电脑光盘"练习"
   a. 看图识字
   b. 句中填字词
   c. 组词游戏

二、字卡拼字练习

1. 把本课《住宅公寓宴会厅》字卡打乱后，按课文次序重组一次。
2. 复习第 72 课《巍峨岷山迷雾漫》，56 课《骆驼》拼字练习
3. 家长随机朗读字词，学生从字卡中找出来，并熟读下面字词：

三、小阅读（家长进行朗读，学生再次进行跟读，注意理解课文中重点的字词）

1. 阅读第 290 课《还债》

彭祥**欠**王馥一个**银元**，王馥欠孟良一个银元。孟良也欠彭祥一个银元。有一天，三个人遇见了，互相**讨还**各人欠的债。他们争闹了一会，大家没有钱还债，便到公安局里去解决。**警长**问明了**原委**，便说："你们各人都欠着债，大家不必还，就算清楚了罢！"

三个人都不肯答应，依然各**辩**各的理由。警长晓得三个都是**糊涂**人，没法可以**理喻**。便掏出一个银圆，交给彭祥，叫他还给王馥；又叫王馥还给孟良；再叫孟良还给彭祥；未了，彭祥仍把那个银元，还给警长。这样，他们所欠的债，便完全还清了。

回答问题：

a. "互相讨还各人欠的债"意思是？请选择（　　　）

A 一块银元 B 他们争闹

b. 根据课文进行正确连线：

大家没有钱　　　　　原委

到公安局里去　　　　还债

警长问明了　　　　　解决

c. 为什么"没法可以理喻"？请选择（　　　）

A 三个都是糊涂人 B 三个人都不肯答应

d. 根据课文进行正确句子排序：_____

A 他们争闹了一会，大家没有钱还债，便到公安局里去解决

B 警长晓得三个都是糊涂人，没法可以理喻

C 彭祥仍把那个银元，还给警长。他们所欠的债，便完全还清了

D 彭祥欠王馥，王馥欠孟良，孟良也欠彭祥一个银元

2. 阅读第291课《互助债》

少年画师**郭怀芸**，独自出外**旅行**。到了一座山下，觉得**风景**很好，便借宿在樵夫的家里，练习**写生**画。

住了几天，郭怀芸忽然害了重病。他虽然写信回去，叫家里的人出来。但是距离很远，一时不容易寄到。幸亏樵夫**尽心竭力**的看护他，一面**料理**医药，一面好言**安慰**，他的病才得**痊愈**。

不久，郭怀芸家里得了信，便派人来接他回去。临走的时候，他拿十块钱**酬谢**樵夫说："承你照顾，十分感激。这十块钱，请你收了吧！"樵夫再三推辞说："你没有向我**借**债，为什么要给我金钱？你**负**的是互助债，将来你如果遇到**落难**的人，能够好好的照顾他，这便是你**还清**了互助债。"

回答问题：

a. 根据课文进行填空：

少年画师郭怀芸，独自出外（　　）。到了一座山下，觉得（　　）很好，便（　　）在樵夫的家里，练习（　　）。

　　A 风景　　B 借宿　　C 旅行　　D 写生

b. 根据课文进行正确连线：

尽心竭力的　　　　　医药

料理　　　　　　　　痊愈

好言　　　　　　　　安慰

病才得　　　　　　　看护他

c. "他拿十块钱酬谢樵夫"是因为：请选择（　　）

　　A 向樵夫借债　　　B 十分感激

d. 根据课文进行正确句子排序：_____

　　A 将来你如果遇到落难的人，能够好好的照顾他
　　B 你没有向我借债，为什么要给我金钱
　　C 你负的是互助债
　　D 这便是你还清了互助债

四、语言训练点：

在小阅读，中找出5～6个带有"的"词，写在下面的田字格中：

~~~~~~

家长评测学生阅读：

A 完全正确　　B 75%正确　　C 50%正确　　D<25%正确

请记录练习时间：_____分钟请记录今天的完成码：_____

星期五

一、字卡拼字练习

　　把第79课《住宅公寓宴会厅》，78课《无暇终日忙》，76课《人长靓丽夸为俊》，72课《巍峨岷山迷雾漫》，68课《洪灾》，56课《骆驼》字卡打乱后，按课文次序重组一次。

二、学生将本周的阅读故事讲给家长欣赏

三、看喜欢的中文动画片

四、聆听阅读：聆听光盘或由家长读一篇儿童故事

五、想一想：如对本课有问题，请家长帮助孩子写下来。

_____

_____

家长评、小朋友涂：加油！ ☺ 很好！ ☆ 真棒！ 👍

请记录练习时间：分钟总完成码：_____

```
家长是否监督孩子完成作业：是（ ）否（ ）

家长反馈意见：_____

家长签名：_____ 日期：_____
```

附录课堂小阅读课文：

第287课 苍松和红梅

白雪飞，泉水冻，山上的树木，叶落枝空。只有几株苍松，枝干挺立叶**青葱**，却不怕雪飞水冻。好像几个老公公，精神**饱满**体力充。

　　浓霜打，北风吹，园里的花草，**凋残憔悴**。只有几株**红梅**，枝干纵横花**芳菲**。却不怕霜打风吹。好像几个小妹妹，身体**活泼姿态**美。

第79课《住宅公寓宴会厅》

住	宅	公	寓	宴
会	厅	居	室	容
人	必	有	顶	宾
馆	宿	舍	走	廊
宽	省	府	门	户
挂	巨	屏		

第56课《骆驼》

一	匹	骆	驼	志
气	大	苍	茫	沙
漠	运	盐	巴	忍
渴	耐	饿	抗	疲
倦	勇	敢	顽	强
不	自	夸		

综合练习/阅读 4

(家庭作业)

星期一

一、电脑光盘"朗读"课文

复习听第 77 课韵文 2 次，跟读 2 次，朗读 2 次。

二、字卡拼字练习

1. 复习第 77 课字卡拼字练习。
2. 根据家长读音，找出词组：

顺从　漂流　随便　飘扬　目光　那里　蠢人　猛烈　一瞥　瞟一瞟　　小猪

憨态　睡觉　凶猛　长瞟　漂　飘　瞥　瞟　睡

三、大阅读（家长进行朗读，学生再次进行跟读，注意理解课文中重点的字词）

《驼背的故事》（5）

由于犹太医生的**自首**，法官便**吩咐**掌刑官："放掉总管，绞犹太人**偿命**好了。"

掌刑官又将绞绳套在犹太医生脖子上，刚要动手开绞，那个裁缝又突然挤开人群，奔到绞刑架下，对掌刑官说：

"别绞他，杀人的不是他，而是我。是这样的：昨天清晨我出门散完步，午后回家的时候，碰到这个**喝得醉醺醺**的驼背。他**敲**着小鼓，**哼**着小曲。我当时**邀**他到我家，用煎鱼**招待**他。我妻子拿了块鱼肉请吃，塞在他嘴里，他一咽便鲠死了。我妻子和我把他抱到犹太医生家里，他的女仆来开门，我对她说：'告诉你的主人，请他快下来，给我们的孩子看病。'当时，我给了她一枚四分之一的金币。她上楼去通知主人的时候，我把驼背放在楼梯上，然后带着老婆悄悄溜走。医生下楼踢在他身上，便认为是自己杀死的。"

"这是事实吧？"他问犹太医生。

"对，真是这样。"医生回答。

"放掉犹太人吧，"裁缝望着法官，"让我来偿命好了。"

"这真是一个可以记录下来当**史料**的怪事。"法官听了裁缝的自首，感到非常惊讶。随即吩咐掌刑官："放掉犹太人，根据裁缝的自首，绞他好了。"

掌刑官一边把绞绳套在裁缝脖子上，一边说道："**麻烦**极了！一会儿要绞那个一会儿要绞这个，结果，谁也死不了！"

那个驼背，本是供皇帝逗笑**取乐**的一个**侏儒**，随时随地**侍奉**皇帝。他喝醉酒，溜出王宫后，一连两天也不见回宫。皇帝便吩咐打听他的下落。侍臣出去打听了情况，回宫禀报国王：

"启禀主上，驼背已死了，尸体被人送到衙门里。法官要绞死杀人犯。可非常奇怪，每当他宣布了罪状，快要行刑开绞时，总有人出来自首，承认是自己杀人，已有好几个人自首了，每人都讲了杀人的**原委**。"

回答问题：

a．根据故事进行填空：

由于犹太医生的（　　　　），法官便（　　　）掌刑官："放掉总管，绞犹太人（　　　　）好了。"

　　A 自首　　　B 偿命　　C 吩咐

b．请根据故事进行正确连线：

　　　　喝　　　　着小鼓

　　　　敲　　　　他到我家

　　　　哼　　　　着小曲

　　　　邀　　　　得醉醺醺

c．掌刑官说道："麻烦极了"　　　请选择（　　　）

　　A 是　　　B 不是

d. 根据故事进行句子排序：_____

　　A 他喝醉酒，溜出王宫后，一连两天也不见回宫

　　B 侍臣出去打听了情况，回宫禀报国王

　　C 那个驼背，本是供皇帝逗笑取乐的一个侏儒，随时随地侍奉皇帝

　　D 皇帝便吩咐打听他的下落

~~~~~~

家长评测学生阅读：

　　A 完全正确　　B 75%正确　　C 50%正确　　D <25%正确

请记录练习时间：_____分钟　请记录今天的完成码：_____

星期二

一、电脑光盘"朗读"课文

1. 复习听第78课韵文2次，跟读2次，朗读2次。
2. 复习第78课字卡拼字练习。
3. 根据家长读音，找出词组：

　　无暇　终点　荧光　璧玉　微笑　晶莹　水晶　一般　明亮　比喻　由于　口述

　　愉快　悦耳　存在　忙明　述存

二、抄写大阅读经典句子

　　他**敲**着小鼓，**哼**着小曲。我当时**邀**他到我家，用煎鱼**招待**他。

~~~~~~

请记录练习时间：_____分钟 请记录今天的完成码：_____

星期三

一、电脑光盘"朗读"课文

　　复习听第79课韵文2次，跟读2次，朗读2次。

二、字卡拼字练习

　　1. 复习第79课字卡拼字练习。
　　2. 根据家长读音，找出词组：

　　　　住宅　公寓　宴会　客厅　教室　容量　屋顶　宾馆　宿舍　走廊　省府　门户

　　　　悬挂　巨大　屏风　容　走　挂

三、抄写大阅读经典句子

　　"这真是一个可以**记录**下来当**史料**的怪事。"法官感到非常惊讶。

请记录练习时间：_____分钟请记录今天的完成码：_____

星期四

一、电脑光盘"朗读"课文

　　复习听第80课韵文2次，跟读2次，朗读2次。

二、字卡拼字练习

　　1. 复习第80课字卡拼字练习。

　　2. 根据家长读音，找出词组：

　　　认识　形象　辨别　声音　响亮　晌午　证券　卷起　润滑　蕴涵　哺养　国脯

　　　凿开　昨天　分寸　分明　衬衣　吞并　臀部　韵母　细心　区别　区分　傍晚

　　　河畔　摄影　亲切　读书　认辨　润　哺　吞　分　去　摄　读

三、大阅读（家长进行朗读，学生再次进行跟读，注意理解课文中重点的字词）

《驼背的故事》（6）

　　于是，皇帝吩咐侍卫："你快去**法场**传法官进宫，要他带全部犯人来见我。"

侍卫到法场时，掌刑官刚准备好，就要开绞裁缝了。

"且慢！"侍臣**制止**了掌刑官，向法官传达了皇帝的**旨意**，**随即**命人抬着驼背的尸体，并将裁缝、犹太医生、基督教商人和总管一齐带进宫去。法官见到皇帝，跪下去吻了地面，把事件经过一五一十报告了皇帝。皇帝听了，又惊奇又激动。

这时，一个刚进宫的**理发匠**站了出来，看了这场面。他到很奇怪。

"陛下！"理发匠说："为什么这个裁缝、基督教商人、犹太医生、穆斯林总管和死了的驼背都在这儿呢？这是怎么一回事呀？"

皇帝笑着说："来吧，把驼背昨天吃晚饭时的情形，以及基督教商人、犹太医生、总管和裁缝所谈的一切经过，全都讲给理发匠听吧。"

理发匠听了这一切，说："这可是奇事中的奇事了！"接着他**摇**着头说："让我看一看驼背吧。"于是他靠近驼背坐下，把他的头**搁**在自己的腿上，仔细打量一番，突然哈哈大笑，笑得差一点倒在地上，他说："每个人的死都是有原因的，驼背之死尤其值得**记载**呢。"

他的言行**使得**所有的人都**莫名其妙**，皇帝也一样摸不着头脑。

"陛下，以你的**恩惠**起誓，这个驼背并没有死，他还在喘气呢。"理发匠说着，从袋里拿了一个罐子出来，打开，从中取出一个眼药瓶，拿瓶中的**油质抹**在驼背脖子上，接着又**掏**出一只铁夹子，小心地把铁夹子伸进驼背的喉管，**挟**出一块**裹**着血丝、带着骨片的鱼肉。

驼背突然打了一个**喷嚏**，**一骨碌**爬了起来，他神气十足，伸手抹一抹嘴脸，说道：

"安拉是唯一的主宰，穆罕默德是他的使徒。"

皇帝和所有的人惊奇之余，全笑得死去活来。

"以安拉的名义起誓,"皇帝说,"这可真是奇事,没有比这更稀奇古怪的事了,臣民们,"他接着说:"难道你们曾见过死了又活回来的人吗?若不是这个理发匠,这驼背一定假死变成真死呢。"

"以安拉的名义起誓,"人们齐声说,"这真算得是万中仅一的奇事了。"

皇帝惊讶之余,一面吩咐宫中的人记录驼背的故事,**作为历史文献**保存;一面**赏赐**犹太医生、基督教商人和总管每人一套名贵衣服,然后让他们全都回家,裁缝、驼背和理发匠也各得到了皇帝赏给的一套名贵衣服。从那以后,裁缝在宫中做起缝纫活,按月领取**薪俸**;驼背仍然陪伴皇帝,谈笑取乐,得到了很高的俸禄;理发匠却成为皇帝的随身陪侍,替皇帝理发。

他们各得一份差事,舒适愉快地生活着。

回答问题:

a. 根据故事,进行填空:

侍臣( )了掌刑官,向法官( )了皇帝的( ),( )命人抬着驼背的尸体,并将裁缝、犹太医生、基督教商人和总管一齐带进宫去。

    A 旨意   B 制止   C 传达   D 随即

b. 根据课文进行正确连线:

    接着他摇着   自己的腿上

    把他的头挪在   一只铁夹子

    接着又掏出   一块裹着血丝、带着骨片的鱼肉

    挟出   头说

c. 理发匠的什么言行使得所有的人都莫名其妙?

请选择所有答案:＿＿＿＿＿＿＿＿＿＿

A 笑得差一点倒在地上

B 他说："每个人的死都是有原因的，驼背之死尤其值得记载呢。"

C 一个刚进宫的理发匠站了出来

d. 根据故事进行正确句子排序：＿＿＿＿＿＿＿＿

A 驼背突然打了一个喷嚏，一骨碌爬了起来

B 皇帝吩咐侍卫快去法场传法官进宫，带全部犯人来见我 C 记录驼背的故事，作为历史文献保存，赏赐每个人衣服和工作

D 把驼背昨天的情形及一切经过全都讲给理发匠听

~~~~~~

家长评测学生阅读：

A 完全正确　　　　B 75%正确　　　　C 50%正确　　　　D <25%正确

请记录练习时间：＿＿＿＿＿分钟请记录今天的完成码：＿＿＿＿＿

星期五

一、字卡拼字练习

把第77课，第78课，第79课，第80课每个字剪下来，打乱后，按课文次序重组一次。

二、孩子将《驼背的故事4~6》的故事讲给家长，可以参考周一、周四的最后一个练习

三、看喜欢的中文动画片

四、聆听阅读：聆听光盘或由家长读一篇儿童故事

五、想一想：如对本课有问题，请家长帮助孩子写下来。

_____

_____

_____

家长评、小朋友涂：加油！ ☺ 很好！ ☆ 真棒！ 👍

请记录练习时间：分钟总完成码：_____

```
家长是否监督孩子完成作业：是（ ）否（ ）

家长反馈意见：_____

家长签名：_____  日期：_____
```

附录课堂阅读练习：

《驼背的故事》（4）

次日，法官在**处决**杀人犯之前，掌**刑官宣布**了基督教商人的罪状，把他带到**绞刑架**下。当**绞绳**套上他的脖子，快行刑时，那个厨房总管却忽然赶了来。他从人群中挤进去，见基督教商人就要被绞死，便使出全身力量挤到掌刑官面前，在声说道：

"别绞他，这个人是我杀的。"

"你为什么杀人？"法官问。

"昨夜我回家时，他正从屋顶上爬下来，要偷我的东西，我一气之下，用大铁锤打中了他的胸部，打死了他。由于害怕，我背起他到大街上，把他扶靠在一家铺子门前。可是现在我想，我已经杀了一个伊斯兰教徒了，可不能再让这个基督教徒死于非命，**现在请拿我偿命**，绞死我吧。"

听了总管的自首，法官宣布基督教商人无罪，**释放**了他。"绞这个人吧。"法官指着厨房总管，吩咐掌刑官。

掌刑官按法官的命令，从基督教商人脖子上取下绞绳，套在总管脖子上，牵他到绞刑架下，准备动手开绞。这时，那个犹太医生挤开人群，叫喊着冲到绞架下，说道：

"你不能绞他，杀人的不是他，而是我。是这样的：昨天我在家中，有一男一女来求医，他们带着这个驼背，叫女仆把一个四分之一的金币给我，说是给他治病。那一男一女进入我家，让他靠着楼梯休息，两人便走了。我**摸索**着下楼去看病人，黑夜里看不清，一脚踢在了他身上，他跌倒下去，立刻摔死了。老婆和我把尸体抬到平台上，设法将它放到总管家里，因为他是我们的邻居。总管回去发现驼背在他家中，以为是**贼**，用锤把他打倒，还以为是自己打死了他。我无意间杀死了一个伊斯兰教徒，可不愿有意地害了另一个伊斯兰教徒的生命了！"

附录 3　高级课程：阅读系列第 3 册第五单元（第 9 课、第 10 课、第五综合练习）样本

第 9 课　印章与砚台

课堂阅读

阅读 25：中国印

（1）中国印（篆 Zhuàn 刻），连同书法、绘画、诗歌并称中国四大传统艺术。如果以字释意，"印"字的左半部是个"爪"字，即手，右半部是个"节"字，就是符节，也就是凭证，合起来就是手持符节，代表诚信。

（2）把中国印与甲骨文和青铜器铭文的刻制起来加以分析，是不无道理的，因为甲骨文、青铜器铭文和中国印三者之间的关系是密切的，从材料的制作、镌(Juān)刻一直到书法艺术的表现，都有着不可分割的关系。可以这样说，没有甲骨文和青铜器铭文，就没有中国印。

（3）考古证明，中国陶器产生于新石器时代早期，距今有八千多年历史，而最原始的制陶即模制法，就是在模子里置竹篾条或绳子，接着用泥涂在模子里，待半干后取出，陶坯的表面就留下清晰的篾或绳的印纹。受如此印纹的启示，先民们后来直接在陶拍上刻纹饰。陶拍原先是以拍打方式弥合泥坯裂缝的简单工具，其上雕纹饰之后，就成为中国装饰图案和中国印艺术的渊源，陶经即由此脱胎而出。

（4）因此，能在器物上戳压记号，以证明物归谁主的中国印便应运而生。殷商时代的经印就仅仅起到了这样的作用。到了西周，随着"工商食宫"为特征的商品经济的出现，玺(xǐ)印跻身于符节一类行列，才有了凭信的作用。

(5) 作为官印的一种，汉魏时期的将军印多是在军队将领临时急用时，匆匆凿刻而成的，所以人们又称之为"急就章"。东汉、三国、两晋时期，将军印在章法上五字好偏上排布，下留边际较宽，这样整个印面愈显险峻醒目。由于将军印具有直抒胸臆、凸现情趣的审美特征，所以为越来越多的印人所喜爱，尤其在印章审美取向日趋多元的今天更是如此。

(6) 在汉字书法中，篆书由于具备很强的装饰性成为印章艺术的主体至今不衰。印章艺术的体现并不限于某一书体的使用，关键在于章法、书法、刀法的高度运用能力。

 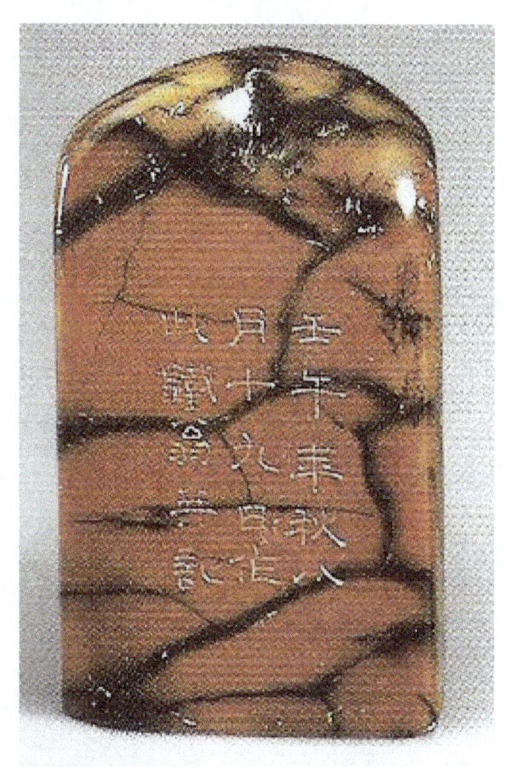

鸡血石印章　红寿山石印章

(7) 印章发展到了唐宋两代，作为<u>欣赏</u>艺术的一支<u>日益发展</u>。用以<u>收藏</u>、<u>鉴赏</u>、<u>校订</u>的专用印记开始出现。<u>闲章</u>源出古代吉语印，这些以诗文、成语、名言、俗谚入印的作品，进一步使篆刻由以往单纯的镌刻官职，名号的实用艺术，发展成为独立的具有<u>文学含义</u>的欣赏艺术、与诗文书画<u>交相辉映</u>。

课堂练习一、辨识，解释字词和句子的意思，找出某一段落中的动词或者形容词的同义词，并找出主题词。

课堂练习二、判断命题（Topic）训练：仿写两个句子，并找出句子中的短语（意群，词组）中哪个是主命题，哪些是次命题。

　　例如：

原句：能在器物上戳压记号，以证明**物归谁主**的中国印便**应运而生**。

主命题（意群）：（　　　　）（　　　　）

次命题（意群）：（　　　　）（　　　　）（　　　　）

A：器物上戳压记号

B：以证明**物归谁主**的

C：中国印

D：便**应运而生**

仿写句子：我们最新的朗读法**应运而生**了。

~~~~~~

原句1：汉魏时期的<u>将军印</u>多是在军队将领**临时**急用时，匆匆凿刻而成的。

主命题（意群）：（　　　　）（　　　　）

次命题（意群）：（　　　　）（　　　　）（　　　　）

A：汉魏时期的<u>将军印</u>多是

B：在军队将领

C：**临时**急用时

D：匆匆凿刻而成的

仿写句子：

_____

原句2：尤其在印章审美**取向**日趋多元的今天更是如此。

主命题（意群）：（　　　　）（　　　　）

次命题（意群）：（　　　　）（　　　　）（　　　　）

A：尤其在

B：印章审美**取向**

C：日趋多元的今天

D：更是如此

仿写句子：

_____

课堂练习三、判断主题句训练：根据文章第(7)段落内容，判断哪个句子是主题句，请将答案写在后面的空格里：_____

A：印章发展到了唐宋两代，作为**欣赏**艺术的一支**日益发展**

B：用以**收藏**、**鉴赏**、**校订**的专用印记开始出现

C: 闲章源出古代吉语印，这些以诗文、成语、名言、俗谚入印的作品

D: 进一步使篆刻由以往单纯的镌刻官职，名号的实用艺术，发展成为独立的具有文学含义的欣赏艺术、与诗文书画交相辉映

课堂练习四、精确、清晰识字训练：

粥 zhōu   类 lèi

继 jì   断 duàn   粪 fèn

面 miàn   缅 miǎn   腼 miǎn

1. 将下面的字写到对应拼音的括号里面

粥   类

继   断   粪

面   缅   腼

zhōu（   ）lèi（   ）

jì（   ）   duàn（   ）

fèn（　　　　）　mián（　　　　　　）　miǎn（　　　　　　　）

2. 判断字词的意思，进行正确连线

粥 zhōu　　　　①米麦煮的稀饭
类 lè　　　　　i①种类②好像

继 jì　　　　　①屎、大便
断 duàn　　　 ①连接
粪 fèn　　　　 ①物体在长度上分开②隔绝③判定④一定、绝对

面 miàn　　　　①脸面②位置③粉末④面条
缅 miǎn　　　　①害羞，不敢见生人的样子
腼 miǎn　　　　①遥远

3. 运用字词

A: 朗读字的用法

粥 zhōu 大米粥／麦片粥／八宝粥。

类 lèi 人类／鸟类／鱼类／分类／归类／类型／类似／类人猿／画虎不成反类犬。

继 jì 继续／继承／继电器／继往开来。

断 duàn 折断／拉断／剪断／断裂／断水／断电／断了联系／电话断了／诊断／推断／武断／断案／决断／断无此事

309

/断然不可。

粪 fèn 粪便/粪池/猪粪/粪肥/大粪。

面 miàn 脸面/面谈/面交/面带笑容/面红耳赤/正面/反面/外面/表面/上面/下面/白面/豆面/玉米面/胡椒面儿/牛肉面/炸酱面/方便面/阳春面。

缅 miǎn 缅怀/缅想。

腼 miǎn 腼腆

B：用正确的字进行填空

a. 人（　　　　）和动物比较，不但能够适应自然，而且能够改造自然，比如可以把米做成大米（　　　　）来喝。

粥　　　类

b. 小区要求溜狗的时候，需要把狗（　　　　）收集起来，然后才能继续溜狗。中（　　　　）溜狗的时间就是这样产生的。

继　　断　　粪

c. 亚洲的学生一般都比较（　　　　）腆，而且（　　　　）子都非常的薄。我特别（　　　　）想几年前在中国的热闹场面。

面　　缅　　腼

星期一

一、阅读 26：研山铭

（家长或辅导老师大声朗读一次，之后学生自己再朗读一次）

（1）研山在中国赏石历史上具有<u>承前启后</u>的重要地位，据载它是五代十国时期南唐著名的亡国之君<u>李后主</u>创制的，它是取其自然平底、<u>峰峦起伏</u>而又有天然<u>砚池</u>的天然奇石，作为砚台的别支，一般大不盈尺，而灵璧石、英石一类<u>质地</u>大都下墨而并不发墨，所以砚山<u>纯粹</u>是作为一种案头清供。

（2）米芾(Mǐ Fú)的<u>夫人</u>李氏为南唐后主李煜(Yù)的后世之孙，在她嫁给米芾的时候，陪送<u>嫁妆</u>便有这块灵璧研山石。晚年的米芾得到了灵璧石，<u>如获至宝</u>，这块石头的<u>形状</u>呈山形，刚好可做墨池来研墨。米芾对其<u>爱不释手</u>，他连续三天夜晚，抱着这块灵璧石才能入睡。即便是这样，米芾还是意犹未尽，这一夜，夜朗星稀，米芾挥毫泼墨，便留下千古名帖《研山铭》，也成为石痴米芾爱石颂石的千古佳作。

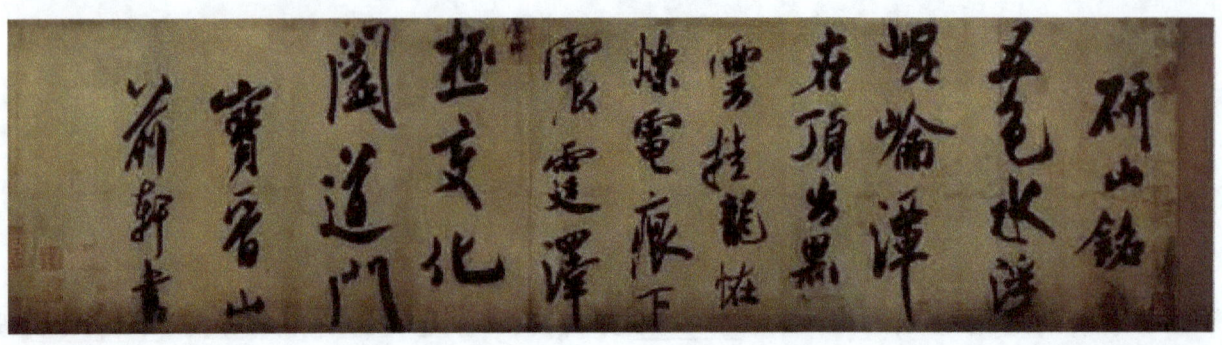

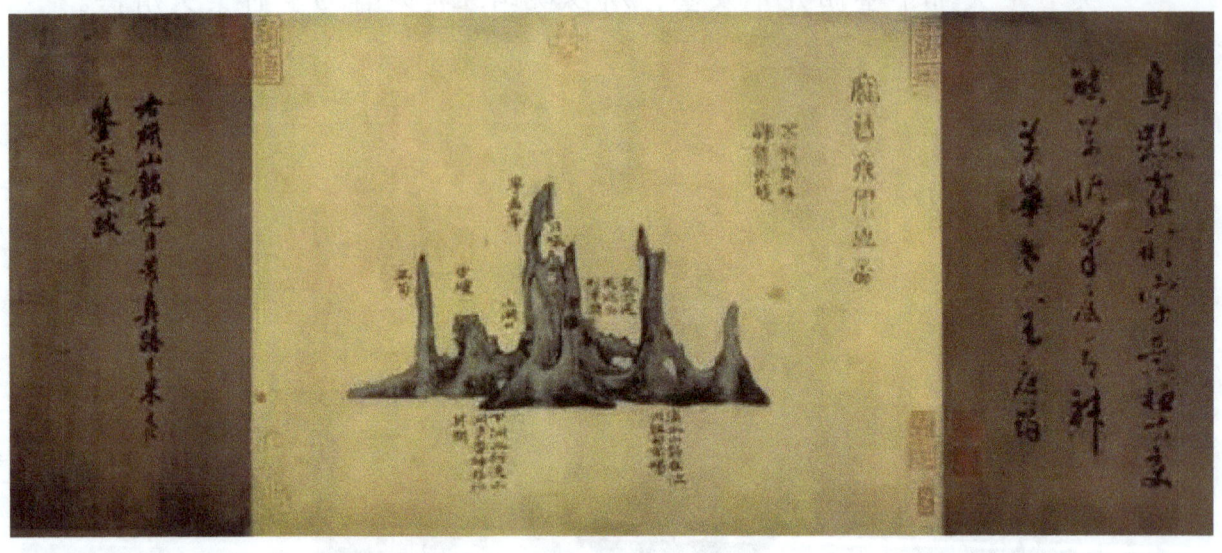

（3）一日米芾酒后与宋徽宗谈论灵璧石，一时高兴便将其妻所赠定情之宝"灵璧研山"示于宋徽宗观赏。宋徽宗观后十分激动，米芾看宋徽宗有索石之意，随装醉卖傻，趁其不注意，突然从徽宗手里夺过来，抱在怀里不放，并哈哈大笑。宋徽宗无耐只好顺口说一句："活像个颠子"这就是米颠的由来。

（4）《研山铭帖》是米芾书法精品中的代表作。此帖沉顿雄快，跌宕多姿，结字自由放达，不受前人法则的制约，抒发天趣，为米芾大字作品中罕见珍品。《研山铭》，分三部分。第一部分为米芾用南唐澄心堂纸书写的三十九字："五色水，浮昆仑。潭在定，出黑云。挂龙怪，烁点痕。极变化，阖道门。宝晋山前轩书"。第二部分为手绘研山图，篆书提款："宝晋斋研山图，不假雕饰，浑然天成"。第三部分为米芾之子米友仁等题跋(Bá)。日本前首相犬养毅题引首"鸢(Yuān)飞鱼跃，木堂老人毅"。

（5）此手卷流传有序，曾经入北宋、南宋宫廷。南宋理宗时，被右丞相贾似道收藏。递传到元代，被元代最负盛名的书画鉴藏家柯九思收藏。清代雍正年间，被书画鉴赏家、四川成都知府于腾收藏。及至近代，令人慨叹，竟流落日本。钤印有：内府书印（三次）、宣和、双龙圆印，贾似道，玉堂柯氏九思私印等二十多方。

（6）2002年年3月，中贸圣佳国际拍卖有限公司从日本征集到《研山铭》。2002年12月6日国家文物局在拍卖会上以2999万元出资收购，每字折合人民币76.9万元。拍卖结果后，《研山铭》交由北京故宫博物馆收藏。

二、回答问题

1. **同义词训练：** 根据句子内容将正确字词填入后面的空格中

研山在中国赏石历史上具有（1 承前启后 ）的重要地位，（2 据载）它是五代十国时期南唐著名的亡国之君李后主创制的，它是取其自然平底、峰峦起伏而又有天然砚池的天然奇石，作为砚台的别支，一般大不盈尺，而灵璧石、英石一类（3 质地）大都下墨而并不发墨，所以砚山纯粹是作为一种（4 案头）清供。

(1) A：看前后　B：开创后面　C：承接前面　D：承接开创　　　选择：____

(2) A：距离　　B：据点　　C：根据　　　D：史书说　　　　　选择：____

(3) A：质量　　B：地点　　C：材料性质　D：品质　　　　　　选择：____

(4) A：桌上　　B：案板　　C：木头　　　D：案件　　　　　　选择：____

2. **意群（短语）训练**：根据故事内容把字词连线成正确意群

　　　米芾得到了灵璧石　　　　　　　　　意犹未尽

　　　米芾对其　　　　　　　　　　　　千古名帖

　　　即便是这样，米芾还是　　　　　　如获至宝

　　　米芾挥毫泼墨，便留下　　　　　　爱不释手

3. **理解训练**：选择正确答案 请选择（　　　）

　　　米芾为什么装醉卖傻？

A：米芾酒后与宋徽宗谈论灵璧石

B：宋徽宗观后十分激动

C：趁其不注意，突然从徽宗手里夺过来

D：看宋徽宗有索石之意

4. **理解训练：**选择正确答案请选择（　　　　）

"五色水，浮昆仑。潭在定，出黑云。挂龙怪，烁点痕。极变化，阖道门。宝晋山前轩书"是谁写的？

A：米芾

B：米友仁

C：犬养毅

D：木堂老人

三、清晰识字与判断

免 miǎn　　勉 miǎn

挽 wǎn　　晚 wǎn　　搀 chān　　馋 chán

棉 mián　　绵 mián　　锦 jǐn

1. 将下面的字写到对应拼音的括号里面

免　　勉

挽　　晚　　搀　　馋

棉　　绵　　锦

miǎn（　　　　　　　　）　　wǎn（　　　　　　　　）

chān（　　　　　　　　）　　chán（　　　　　　　　）

mián(　　　　　　　　)　　　　jǐn(　　　　　　　　)

2. 判断字词的意思，进行正确连线

免 miǎn　　　　①除掉②避开③不要
勉 miǎn　　　　①努力②鼓励

挽 wǎn　　　　①用手扶住②混合
晚 wǎn　　　　①贪吃②羡慕
搀 chān　　　　①拉②往回拉
馋 chán　　　　①日落时分及以后②时间靠后的③迟到

棉 mián　　　　①一种丝织品②色彩华丽③精美的东西
绵 mián　　　　①蚕丝结成的团②连续不断③柔软
锦 jǐn　　　　①棉花②木棉树，落叶乔木

3. 运用字词

A:朗读字的用法

免 miǎn 免费参观/免冠照片/免去职务/免疫功能/避免接触/幸免于难/闲人免进/免开尊口/免耕法/免礼。

勉 miǎn 奋勉/勤勉/勉力/勉励/劝勉/有则改之，无则加勉。

挽 wǎn 挽弓/手挽着手/挽回/挽留/挽救/力挽狂澜。

晚 wǎn 傍晚／晚霞／晚会／夜晚/晚报/晚秋／晚年／晚节／晚稻／来晚了／火车晚点／现在努力还不晚。

搀 chān 搀扶／搀着老人过马路/搀假／搀水／搀沙子／搀石灰。

馋 chán 嘴馋／馋嘴猫／解解馋／馋涎欲滴/看人吃东西眼馋。

棉 mián 棉絮／棉布／棉纺织品／棉铃虫/木棉树

绵 mián 丝绵袄／丝绵被子/绵延／绵长／绵亘／连绵/软绵绵／缠绵／绵羊／绵薄之力。

锦 jǐn 锦缎／锦绣／织锦/锦鸡／锦上添花／锦绣河山／短篇集锦／什锦糖果。

B：用正确的字进行填空：

    a. 很多的大学为了（　　　）励好学生，从他们进入学校的第一个学期开始，就开始（　　　）学费了。

        免　　　勉

    b. 奶奶岁数大了，上下楼梯的时候需要人（　　　　）扶。在（　　　　）上我们去中国城，就手（　　　　）着手一起过马路，在一家中餐馆里面点了很多的中国菜，这才解（　　　）呢。

        搀　　　晚　　　搀　　　馋

    c. 西雅图的冬天就是细雨（　　　　　）的，一直在下个不停，但是（　　　）被却不潮湿。
　　　在Bellingham我们又划了一次大帆船，这是这次休假中的（　　　　）上添花了。

        棉　　　绵　　　锦

家长评测学生阅读：

A（完全正确）____ B（75%正确）____ C（50%正确）____ D（20%或以下正确）____

星期二

一、 请学生再读一次"阅读26《研山铭》"故事

二、**长（难）句子理解训练：** 请根据阅读26的故事，

(1) "米芾(MǐFú)的<u>夫人李氏为</u>南唐后主李煜(Yù)的后世之孙"

a. 对句子的表达方式进行选择，找出哪些句子是：议论（A），叙述（B），并选择句子的主要意思。

　　请选择（　　　　　）

b. 抄写句子中的关键词：_____

c. 这个句子的主要意思是（　　　）：

A. 米芾(MǐFú)的<u>夫人李氏</u>是南唐后主李煜(Yù)的后世之孙

B. 米芾(MǐFú)的<u>夫人李氏</u>给南唐后主李煜(Yù)做后世之孙

(2) "一时高兴便将其妻<u>所赠</u>定情之宝"灵璧研山"<u>示于</u>宋徽宗<u>观赏</u>"

a. 对句子的表达方式进行选择，找出哪些句子是：议论（A），叙述（B），并选择句子的主要意思。

请选择（　　　）

b. 抄写句子中的关键词：_____

c. 这个句子的主要意思是（　　　）：

A. 一时高兴便将其妻的定情之宝"灵璧研山"送给宋徽宗

B. 一时高兴便将其妻的定情之宝"灵璧研山"让宋徽宗观赏

（3）"第一部分为米芾用南唐澄心堂纸书写的三十九字"

a. 对句子的表达方式进行选择，找出哪些句子是：议论（A），叙述（B），并选择句子的主要意思。

a. 对句子的表达方式进行选择，找出哪些句子是：议论（A），叙述（B），并选择句子的主要意思。

请选择（　　　）

b. 抄写句子中的关键词：_____

c. 这个句子的主要意思是（　　　）：

A. 第一部分为了米芾用南唐澄心堂纸书写的三十九字

B. 第一部分就是米芾用南唐澄心堂纸书写的三十九字

(4)"递传到元代，被元代**最负盛名**的书画鉴藏家柯九思收藏。"

a. 对句子的表达方式进行选择，找出哪些句子是：议论（A），叙述（B），并选择句子的主要意思。

请选择（　　　　）

b. 抄写句子中的关键词：_____

c. 这个句子的主要意思是（　　　）：

A. 递传到元代，被元代最有名气的书画鉴藏家柯九思收藏。

B. 递传到元代，被元代的书画鉴藏家柯九思收藏最有名气。

三、建立命题树（网络）训练：根据例句里面的字、词仿写两个句子，并找出句子中的短语（意群，词组）中哪个是主命题，哪些是次命题。

原句1：在她嫁给米芾的时候，陪送嫁妆**便有**这块灵璧研山石。

主命题（意群）：（　　　　）（　　　　）

次命题（意群）：（　　　　）（　　　　）（　　　　）

A：在她嫁给米芾的时候

B：陪送**嫁妆**

C：便有这块

D：灵璧研山石

仿写句子1：

_____

原句2：千古名帖《研山铭》也成为石痴米芾爱石颂石的<u>千古佳作</u>。

主命题（意群）：（　　　　）（　　　　）

次命题（意群）：（　　　　）（　　　　）（　　　　）

A：千古名帖《研山铭》

B：也成为

C：<u>石痴</u>米芾

D：爱石颂石的<u>千古佳作</u>

仿写句子2：

_____

四、　**判断主题句训练**：根据阅读26第(5)段落内容，判断哪个句子是主题句，请将答案写在后面的空格里：_____

A：此手卷<u>流传有序</u>，曾经入北宋、南宋宫廷。

B：南宋理宗时，被右丞相贾似道收藏。

C：递传到元代，被元代最负盛名的书画鉴藏家柯九思收藏。

D：清代雍正年间，被书画鉴赏家、四川成都知府于腾收藏。

E：及至近代，令人慨叹，竟流落日本。钤印有：内府书印（三次）、宣和、双龙圆印，贾似道，玉堂柯氏九思私印等二十多方。

五、**速读训练**：根据阅读26《研山铭》情节进行正确句子排序，将句子的序号写到括号中。

（   ）2002年12月6日国家文物局在拍卖会上以2999万元出资收购，每字折合人民币76.9万元。

（   ）它是取其自然平底、峰峦起伏而又有天然砚池的天然奇石。

（   ）这一夜，夜朗星稀，米芾挥毫泼墨，便留下千古名帖《研山铭》。

（   ）钤印有：内府书印（三次）、宣和、双龙圆印，贾似道，玉堂柯氏九思私印等二十多方。

家长评测学生阅读：

A（完全正确）____ B（75%正确）____ C（50%正确）____ D（20%或以下正确）____

星期三

一、 阅读27：墨葡萄

（家长或辅导老师大声朗读一次，之后学生自己再朗读一次）

（1）明朝<u>嘉靖</u>年间，官居<u>别驾</u>的<u>雷鸣阳</u>在<u>净众寺</u>后的南山上，由下至顶建造了三座十分<u>精致</u>的山亭。史称鸣阳三亭。亭子建好后，还没有为亭子<u>题名</u>立匾。想请一位<u>博学多才</u>的名士，<u>依</u>山景转换之状，题写三座亭名，雷鸣阳想到了**会稽山阴**才子徐渭。徐渭<u>不负厚望</u>，上山观景<u>拟名</u>，劳累一天，为鸣阳三亭题写了"滴翠亭"、"怡心亭"、"观潮亭"三块<u>匾额</u>，见晚霞<u>吐彩</u>，日色已晚，就借宿在净众寺中。

（2）闲来无事，徐渭想与方丈<u>对弈</u>一局。刚踏进方丈室，迎面墙上挂着的一幅《墨葡萄图》吸引他。《墨葡萄图》水墨大<u>写意</u>，笔墨<u>酣畅</u>，布局奇特，老藤<u>错落</u>低垂，串串葡萄倒挂枝头，<u>晶莹</u>欲滴，茂叶以大块水墨点成，信笔<u>挥洒</u>，任乎性情，<u>意趣横生</u>，风格疏放，不求<u>形似</u>而得其<u>神似</u>。

（3）他仔细观赏，精心<u>揣摩</u>，觉得此图<u>神形皆备</u>，物似现今、<u>栩栩如生</u>，非高手<u>难以</u>绘就，只是如此精美之图，为何没有题字落款！徐渭感到十分<u>纳闷</u>就向方丈请教。方丈解释道：这是先朝<u>敝</u>寺祖师智渊大师<u>遗作</u>。因他一生喜爱自己栽种的野藤葡萄，又<u>擅长</u>绘画，留下此图，成为本寺历代传世之宝。至于没有题字落款，先祖师曾有<u>遗言</u>，凡能<u>看得中</u>此画的人，必是<u>饱学</u>之士，务请题字落款，<u>平庸之辈</u>，不可与之<u>涂鸦</u>，免得污了此图。因此多少年来，无人敢为此图题字落款。

（4）"噢，原来如此！"徐渭释然道。方丈又道：施主乃大明才子，贫僧早有耳闻。今日有缘光临敝寺，实在是三生有幸，恳请施主为先祖师遗图增色，题诗既为敝寺增光，亦为先祖师遗图，请施主幸勿推却。徐渭见方丈一片至诚，难以推诿，只得从命。

半生落魄已成翁，独立书斋啸晚风。

笔底明珠无处卖，闲抛闲掷野藤中。

（5）徐渭满腹文才，却似明珠复土无人识得，只落得怀才不遇，仕途失意，一生坎坷，如今年已五旬，还颠沛流离。想到这里，不由悲从中来。这悲凉凄切的诗句，徐渭从心底里发出了世道不公，壮志难酬的时代感叹！"明珠"就是指葡萄，作者借葡萄画无处卖，抒发了自己无人赏识，壮志未酬的无限感慨和年老力衰，孤苦伶仃的凄凉之情。

（6）在中国画上，文人画家往往还要题上自己做的诗，以增强画意。画上题诗，题得好，不只是锦上添花，还可以使平凡的画材成为不平凡，故云"妙款一字抵千金"。《墨葡萄图》之所以能广为传诵，很大程度上也得益于画上的题诗。

二、回答问题

1. **同义词训练：**根据句子内容将正确字词填入后面的空格中

明朝嘉靖年间，官居别驾的雷鸣阳在净众寺后的南山上，由下至顶建造了三座十分（1 精致）的山亭。史称鸣阳三亭。亭子建好后，还没有为亭子（2 题名）立匾。想请一位（3 博学）多才的名士，依山景转换之状，题写三座亭名，雷鸣阳想到了会稽山阴才子徐渭。徐渭不负厚望，上山观景拟名，（4 劳累）一天，为鸣阳三亭题写了"滴翠亭"、"怡心亭"、"观潮亭"三块匾额，见晚霞吐彩，日色已晚，就借宿在净众寺中。

(1) A：别致　　　B：精确　　　C：精化　　　D：精美　　　选择：＿＿

(2) A：写名字　　B：题目　　　C：名字　　　D：提问　　　选择：＿＿

(3) A：很多学问　B：博士　　　C：学生　　　D：赌博　　　选择：＿＿

(4) A：累计　　　B：辛苦　　　C：劳动　　　D：雷电　　　选择：＿＿

2. **意群（短语）训练**：根据故事内容把字词连线成正确意群

　　　闲来无事　　　　　　而得其神似

　　　迎面墙上　　　　　　对弈一局

　　　串串葡萄　　　　　　挂着的一幅《墨葡萄图》

　　　不求形似　　　　　　倒挂枝头

3. **理解训练**：选择正确答案请选择（　　　）

　　如此精美之图，为何没有题字落款？

A：这是先朝敝寺祖师智渊大师遗作

B：因他一生喜爱自己栽种的野藤葡萄

C：此图成为本寺历代传世之宝

D：平庸之辈，不可与之涂鸦，免得污了此图

4. **理解训练：** 选择正确答案请选择()

故云"妙款一字抵千金"里面的"一字"指的是什么？

A：匾额

B：葡萄

C：图画

D：题诗

三、清晰识字与判断

苗 miáo　　　描 miáo　　　瞄 miáo

猫 māo　　　锚 máo

民 mín　　　眠 mián

1. 将下面的字写到对应拼音的括号里面

苗　　描　　瞄
猫　　锚
民　　眠

miáo(　　　　　　)　　māo(　　　　　　　)

máo(　　　　　　　)　　mín(　　　　　　　)

mián(　　　　　　　)

2. 判断字词的意思，进行正确连线

苗 miáo　　①把视力集中在一点上

描 miáo　　①幼小的植株②某些初生的饲养动物

瞄 miáo　　①照原样写和画②重复涂抹③用文字和图形表现事物

猫 māo　　①一种哺乳动物

锚 máo　　①船停泊时沉到水底使停稳的器具

民 mín　　①睡觉②某些动物不吃不动的现象

眠 mián　　①普通百姓②人的身份③民间的④非军事的

3. 运用字词

　A：朗读字的用法

苗 miáo 麦苗／禾苗／树苗／苗圃／蒜苗／韭菜苗／鱼苗／鸡苗。

描 miáo 描摹／描图／描红簿／描眉毛／描金／描写／描绘／描述。

瞄 miáo 瞄准目标。

猫 māo 猫科动物／猫捉老鼠。

锚 máo 抛锚／起锚。

民 mín 国民 / 公民 / 居民 / 民众 / 民主 / 民生 / 汉民 / 回民 / 农民 / 选民 / 难民 / 民歌 / 民俗 / 民办 / 民居 / 民事 / 民航 / 民用 / 军转民。

眠 mián 睡眠 / 失眠 / 安眠药 / 长眠于地下 / 冬眠 / 蚕眠了。

B：用正确的字进行填空：

a. 我刚刚开始学画画就是（　　　）着照片画得。
我用望远镜（　　　）着远处的小松鼠，但松鼠很快跑到树（　　　）后面去了。

苗　　　描　　　瞄

b. 不知道为什么船的（　　　）都是在首部，而不是在后面。
很多的朋友家都养着可爱的小（　　　）。

猫　　　锚

c. "春（　　　）不觉晓"是李白的一首诗。
（　　　）间歌曲和古典音乐都是我喜欢的。

民　　　眠

家长评测学生阅读：

A（完全正确）＿＿ B（75%正确）＿＿ C（50%正确）＿＿ D（20%或以下正确）＿＿

星期四

一、请学生再读一次"阅读27《墨葡萄》"故事

二、长（难）句子理解训练：

（1）"官居<u>别驾</u>的雷鸣阳在<u>净众寺</u>后的南山上，由下至顶建造了三座十分<u>精致</u>的山亭。"

a. 请根据阅读27的故事，对句子的表达方式进行选择，找出哪些句子是：议论（A），叙述（B），并选择句子的主要意思。

　　请选择（　　）

b. 抄写句子中的关键词：_____

c. 这个句子的主要意思是（　）：

　　A. 官居<u>别驾</u>的雷鸣阳在<u>净众寺</u>后的南山上

　　B. 雷鸣阳在南山上建造了三座十分<u>精致</u>的山亭

（2）"觉得此图<u>神形皆备</u>，物似现今、<u>栩栩如生</u>，非高手<u>难以</u>绘就"

a. 请根据阅读27的故事，对句子的表达方式进行选择，找出哪些句子是：议论（A），叙述（B），并选择句子的主要意思。

　　请选择（　　　　）

b. 抄写句子中的关键词：_____

c. 这个句子的主要意思是（　　　　）：

　　A. 此图<u>神形皆备</u>，物似现今、<u>栩栩如生</u>，不是高手绘就

　　B. 此图<u>神形皆备</u>，物似现今、<u>栩栩如生</u>，一定是非高手绘就

(3)"徐渭见方丈一片<u>至诚</u>，难以<u>推诿</u>，只得<u>从命</u>"

a. 请根据阅读27的故事，对句子的表达方式进行选择，找出哪些句子是：议论（A），叙述（B），并选择句子的主要意思。

请选择（　　　　　）

b. 抄写句子中的关键词：＿＿＿＿＿＿＿＿＿＿

c. 这个句子的主要意思是（　　　　）：

  A. 徐渭见方丈一片<u>至诚</u>，难以<u>推诿</u>，只得认命

  B. 徐渭见方丈一片<u>至诚</u>，难以<u>推诿</u>，只得服从

(4)"徐渭从心底里发出了<u>世道不公</u>，<u>壮志难酬</u>的时代感叹！"

a. 请根据阅读27的故事，对句子的表达方式进行选择，找出哪些句子是：议论（A），叙述（B），并选择句子的主要意思。

请选择（　　　　　）

b. 抄写句子中的关键词：＿＿＿＿＿＿＿＿＿＿

c. 这个句子的主要意思是（　　　　）：

  A. 徐渭从心底里发出了<u>世道不公</u>，没有完成愿望的感叹！

  B. 徐渭从心底里发出了<u>世道不公</u>，很难应酬的时代感叹！

三、建立命题树（网络）训练： 根据例句里面的字、词仿写两个句子，并找出句子中的短语（意群，词组）中哪个是主命题，哪些是次命题。

原句1：恳请施主为先祖师遗图增色，题诗既为敝寺增光，亦为先祖师遗图。

主命题（意群）：（　　　　　）（　　　　　）

次命题（意群）：（　　　　）（　　　　）（　　　　）

A：恳请施主

B：为先祖师遗图增色

C：题诗既为敝寺增光

D：亦为先祖师遗图

仿写句子1：

_____

原句2：作者借葡萄画无处卖，**抒发**了自己无人赏识，壮志未酬的无限**感慨**。

主命题（意群）：（　　　　　）（　　　　　）

次命题（意群）：（　　　　）（　　　　）（　　　　）

A：作者借葡萄画无处卖

B：**抒发**了自己

C：无人**赏识**，**壮志未酬**的

D：无限**感慨**

仿写句子2：

_____

四、**判断主题句训练：**根据阅读27 第(6)段落内容，判断哪个句子是主题句，请将答案写在后面的空格里：＿＿＿＿＿＿＿＿

A：在中国画上，文人画家往往还要题上自己做的诗，以增强画意

B：画上题诗，题得好，不只是锦上添花，还可以使平凡的画材成为不平凡，故云"妙款一字抵千金"

C：《墨葡萄图》之所以能广为传诵

D：很大程度上也得益于画上的题诗

五、**速读训练：**根据阅读27《墨葡萄》情节进行正确句子排序，将句子的序号写到括号中。

（　　　　）串串葡萄倒挂枝头，晶莹欲滴，茂叶以大块水墨点成，信笔挥洒，任乎性情，意趣横生，风格疏放，不求形似而得其神似。

（　　　　）方丈又道：施主乃大明才子，贫僧早有耳闻。

（　　　　）笔底明珠无处卖,闲抛闲掷野藤中。

（　　　　）想请一位博学多才的名士，依山景转换之状，题写三座亭名，雷鸣阳想到了会稽山阴才子徐渭。

家长评测学生阅读：

A（完全正确）＿＿＿ B（75%正确）＿＿＿ C（50%正确）＿＿＿ D（20%或以下正确）＿＿＿

星期五

一、　　再次朗读阅读25、26、27的故事
二、　　能给家长和其他人讲解本周所学的三个故事概要
三、　　上网查看关于这些故事、人物等相关内容，收看相关视频和聆听

> 家长评测学生所作的故事概要：
>
> A（完全正确）＿＿ B（75%正确）＿＿ C（50%正确）＿＿ D（20%或以下正确）＿＿

*每天家庭作业要在家长的陪同和指导下完成！

《阅读系列学生用书》第三册第9课《印章与砚台》家长签字（请学生上课前交给老师）

日期：＿＿＿＿＿＿＿＿＿＿＿＿家长签名：＿＿＿＿＿＿＿＿＿＿＿＿＿

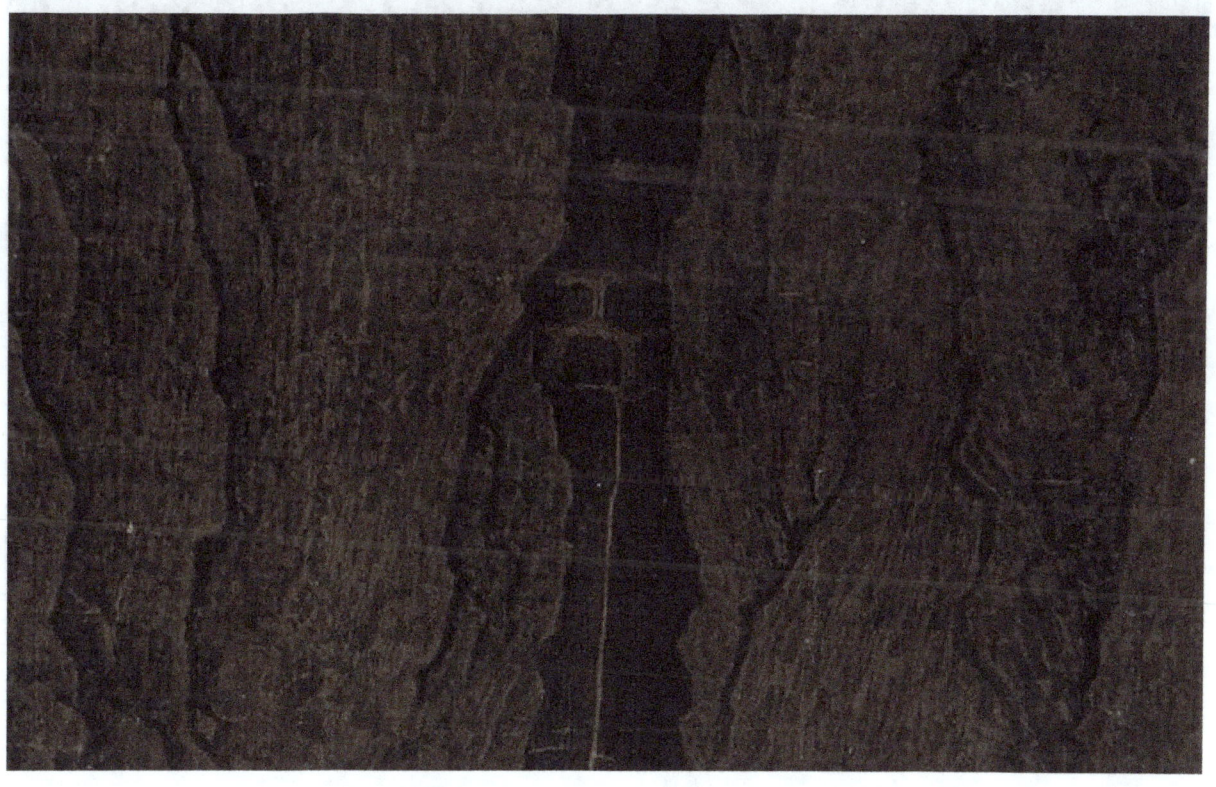

(4) 范宽以雄健、冷峻的笔力勾勒出山的轮廓和石纹的脉络，浓厚的墨色描绘出秦陇山川峻拔雄阔、壮丽浩莽的气概。这幅竖长的大幅作品，不仅层次丰富，墨色凝重、浑厚，而且极富美感，整个画面气势逼人，使人犹如身临其境一般。扑面而来的悬崖峭壁占了整个画面的三分之二。这就是高山仰望，人在其中抬头仰看，山就在头上。在如此雄伟壮阔的大自然面前，人显得如此渺小。

(5) 山底下，是一条小路，一队商旅缓缓走进了人们的视野——给人一种动态的音乐感觉。马队铃声渐渐进入了画面，山涧还有那潺潺(chán)溪水应和。动中有静，静中有动，这就是诗情画意！诗意在一动一静中慢慢显示出来，仿佛听得见马队的声音从山麓(lù)那边慢慢传来，然后从眼前走过。

(6) 米芾对范宽的绘画风格曾作过这样的描述:"范宽山水<u>丛丛</u>如恒岱,远山多正面,折落有势。山顶好作密林,水际作突兀大石,溪山深虚,水若有声。物象之<u>幽雅</u>,品固在李成上,本朝自无人出其右。晚年用墨太多,势虽雄伟,然深暗如<u>暮夜</u>晦暝,土石不分。"我们把这段话用来与本图<u>勘校</u>,就会感到很是<u>妥贴</u>。所以历来鉴藏家和美术史家们均坚信此图为范宽真迹。近年对画幅树下草业间"范宽"二字款的发现更证实了这点。

课堂练习一、辨识,解释字词和句子的意思,找出某一段落中的动词或者形容词的同义词,并找出主题词。

课堂练习二、判断命题（Topic）训练： 仿写两个句子，并找出句子中的短语（意群，词组）中哪个是主命题，哪些是次命题。

例如：

原句：而这些题款，就成了<u>揭开</u>名画流传千年的唯一线索。

主命题（意群）：（　A　）（　D　）

次命题（意群）：（　　　）（　　　）（　　　）

A：这些题款

B：就成了揭开名画

C：流传千年的

D：唯一线索

仿写句子：很多的历史图画是<u>揭开</u>当时事件谜团的根据。
~~~~~~

原句1：<u>扑面</u>而来的悬崖峭壁占了整个画面的三分之二。

主命题（意群）：（　　　　）（　　　）

次命题（意群）：（　　　　）（　　　）（　　　）

A：<u>扑面</u>而来的

B：悬崖峭壁

C：占了整个画面的

D：三分之二

仿写句子：

_____

原句2：浓厚的墨色描绘出<u>秦陇</u>山川<u>峻拔雄阔</u>、壮丽<u>浩莽</u>的<u>气概</u>。

　　主命题（意群）：（　　　　　）（　　　　　）

　　次命题（意群）：（　　　　　）（　　　　　）（　　　　　）

　　A：浓厚的墨色

　　B：描绘出<u>秦陇</u>山川

　　C：<u>峻拔雄阔</u>、壮丽<u>浩莽</u>的

　　D：<u>气概</u>

仿写句子：

_____

课堂练习三、判断主题句训练：根据文章第(5)段落内容，判断哪个句子是主题句，请将答案写在后面的空格里：_____

A：山底下，是一条小路，一队商旅缓缓走进了人们的视野——给人一种<u>动态</u>的音乐感觉。

B：马队铃声渐渐进入了画面，<u>山涧</u>还有那<u>潺潺</u>(chán)<u>溪水应和</u>。

C：动中有静，静中有动，这就是<u>诗情画意</u>！

D：诗意在一动一静中慢慢显示出来，仿佛听得见马队的声音从<u>山麓</u>(lù)那边慢慢传来，然后从眼前走过。

课堂练习四、精确、清晰识字训练：

名 míng　　　　铭 míng

末 mò　　　　抹 mò mǒ mā　　　　沫 mò

茉 mò　　　　袜 wà

1. 将下面的字写到对应拼音的括号里面

名　　　　铭

末　　　　抹　　　　沫

茉　　　　袜

míng（　　　　　）　　mò（　　　　　）

mǒ（　　　　　）　　　mā（　　　　　）

wà（　　　　　）

2. 判断字词的意思，进行正确连线

名 míng　　①在器物上刻或写的文字②器物上刻字、记住
铭 míng　　①名字、名称②名声、名誉③著名的

沫 mò　　①液体形成的许多气泡
抹 mò　　①把灰泥涂上后再弄平②紧挨着绕过
　 mǒ　　①涂②擦
　 mā　　①擦②手按着向下
末 mò　　①尖梢②非根本的③最后④碎屑

茉 mò　　①常绿灌木，花芳香。
袜 wà　　①袜子

3. 运用字词

A：朗读字的用法

名 míng 名字/名称/姓名/名片/提名/榜上有名/名声/名誉/闻名中外/徒有虚名而已/著名/名人名言/名胜古迹/名牌产品。

铭 míng 座右铭/墓志铭/铭刻在心/刻骨铭心。

末 mò 秋毫之末/神经末梢/细枝末节/本末倒置/舍本求末/期末考试/周末晚会/末尾第一个/锯末子/茶叶末儿/铁末子/粉末。

抹 mò 抹墙/抹水泥/拐弯抹角。

mǒ 涂脂抹粉/抹口红/伤口抹点消炎药/抹眼泪/把嘴一抹。

mā 抹桌子 / 抹布 / 把帽子抹下来 / 抹不下脸来。

沫 mò 泡沫 / 唾沫 / 肥皂沫儿。

茉 mò 茉莉

袜 wà 锦纶袜 / 长统丝袜。

B：用正确的字进行填空

    a. 我家刚刚买的船的拖车，因为时间长了，看不到它（　　　　）牌上面的序列号码了，但是我们知道生产厂家的（　　　　）字，通过厂家的网站找到了相关的序列号码。

        名　　　　　　铭

    b. 暑假里我们尽兴的在邮轮上玩，天天在游泳池里面，用毛巾（　　　　）去椅子上的泡（　　　　）。
下个周（　　　　）我们去测试新船。

        末　　　　　抹　　　　　沫

    c. 我买了一双（　　　　）子，上面绣了几朵非常美丽的（　　　　）莉花。

        茉　　　　　袜

星期一

一、阅读29：芙蓉锦鸡图

    （家长或辅导老师大声朗读一次，之后学生自己再朗读一次）

(1) 宋徽宗赵佶（1082～1135），宋朝第八位皇帝。此画为赵佶工笔花鸟，绢本设色，纵81.5厘米，横53.6厘米。全画设色艳丽秀雅，绘有芙蓉及菊花，芙蓉枝头微微下垂，枝上停着一只五彩的锦鸡，扭首顾望花丛上飞舞的双蝶，画面极富真实感，生动地描绘了锦鸡的停歇动态。从全画的气韵与构图而言，全画不仅有封有逸，而且独有"工画而无师，惟写生物"的写实之美。正如美国学者劳伦斯·西克曼在《中国的艺术和建筑》一书中评价此画为"魔术般的写实主义"。同时，这幅画也突出了赵佶所强调的形神并举，提倡诗、书、画、印的艺术主张。

(2) 全揽《芙蓉锦鸡图》，芙蓉与菊花盛开，说明此画描绘的是秋景。在画的右上部，赵佶以"瘦金体"题诗："秋劲拒霜盛，峨冠锦羽鸡，已知全五德，安逸胜凫鹥（Fúyī）。"诗中的"鸡"为"德禽"之化身，故有"五德"之寓。西汉韩婴《韩诗外传》曰："头戴冠者文也，足傅距者武也，敌在前敢斗者勇也，见食相呼者仁也，守时不失者信也。"归纳为文、武、勇、仁、信"五德"。

(3) 虽然，儒家的全部精髓为礼、义、廉、耻、孝、悌、忠、信八字准则，但影响广泛的还是"五德"。以此为据，此画是赵佶借"锦鸡"的五种自然天性，宣扬人的五种道德品性，颂扬他与他的时代具有儒家精髓的伦理品德。同时，诗句中也表露出赵佶对安逸高贵之品德的称道。故而，此画超越了怡情悦性之事，蕴含着画者"成教化，助人伦"的社会文化功能。这一点，我们从该画上的"万历之宝"、"乾隆御览之宝"、"嘉庆御览之宝"、"宣统御览之宝"等藏印，可鉴此画为宋代以后的历代皇室所藏，其艺术价值均以"五德"为宝却也入情入理。

(4) 从《芙蓉锦鸡图》的构图与技巧上论，画者绘制这幅画，他在精准地把握所绘"锦鸡"的停歇动态，同时又将花、鸟、蝶三者紧密联系在一起，空间分割自然天成，构成了富有生活情趣的意境。细品《芙蓉锦鸡图》，画面各种景物的布局宾主分明，疏密有致，造型精致，设色浓丽，晕染细腻，体现出皇家的雍容富贵气派。

(5) 赏析此画，画者的双勾笔力<u>挺拔</u>、<u>赋色</u>韵秀，线条工细平静；细品此画，画者在<u>渲染</u>设色上清艳脱俗、细致入微，画面传神有灵。尤其在描绘锦鸡<u>姿态</u>、花鸟、飞蝶，皆精工而不<u>刻板</u>，达到了工笔画中<u>难以企及</u>的形神<u>兼备</u>、富有<u>逸韵</u>的境界。

二、回答问题

1. **同义词训练：** 根据句子内容将正确字词填入后面的空格中

　　从全画的<u>气韵</u>与<u>构图(1)</u>而言，全画不仅有封有逸，而且独有"工画而无师，惟写生物"的<u>写实</u>之美。正如美国学者劳伦斯·西克曼在《中国的艺术和建筑》一书中<u>评价(2)</u>此画为"<u>魔术</u>般的写实主义"。同时，这幅画也突出了赵佶所强调的<u>形神并举</u>，<u>提倡(3)</u>诗、书、画、印的艺术<u>主张(4)</u>。

（1）A：结构　　B：购煤　　C：摆放位置　　D：图画　　选择：＿＿

（2）A：价格　　B：平衡　　C：评理　　　　D：评论　　选择：＿＿

（3）A：题目　　B：题诗　　C：倡议　　　　D：唱响　　选择：＿＿

（4）A：主要　　B：意见　　C：张望　　　　D：张贴　　选择：＿＿

2. **意群（短语）训练：** 根据故事内容把字词连线成正确意群

　　头戴冠者　　　　仁也

　　足傅距者　　　　信也

　　见食相呼者　　　武也

　　守时不失者　　　文也

3. **理解训练**：选择正确答案请选择（　　　）

为什么此画**超越**了**怡情悦性**之事？

A：因为此画有儒家的全部**精髓**为礼、义、廉、耻、孝、悌、忠、信八字准则

B：因为全**揽**《芙蓉锦鸡图》，芙蓉与菊花**盛开**

C：因为此画**蕴含**着画者"成教化，助人伦"的社会文化**功能**

D：因为此画为宋代以后的历代皇室所藏

4. **理解训练**：选择正确答案请选择（　　　）

构图与技巧上论的是哪些？

A："锦鸡"的**停歇**动态

B：花、鸟、蝶三者紧密联系在一起，

C：空间**分割**自然天成

D：A+B+C

三、清晰识字与判断

莫 mò　　　漠 mò　　　寞 mò

摸 mō　　　馍 mó　　　膜 mó　　　模 mó mú

募 mù 墓 mù 幕 mù

第10课　　宋朝三名画

课堂阅读

阅读 28：溪山行旅图

(1)《溪山行旅图》是北宋范宽的代表作，也是中国绘画史上的杰作。这件作品给人的第一感觉就是气势雄强，巨峰壁立，几乎占满了画面，山头杂树茂密，飞瀑从山腰间直流而下，山脚下巨石纵横，使全幅作品体势错综。

(2) 此画单从构图方面说，应属下平易之境，但它却产生了非凡的力量，究其原因一是造型的峻巍，其次是笔墨的酣畅厚重。

(3) 此图经清内府收藏，《石渠实笈初编》著录。打开《溪山行旅图》，一座大山矗立眼前，和山水一起映入人们眼帘的，还有不少收藏者的题款，而这些题款，就成了揭开名画流传千年的唯一线索。这枚"御书之宝"方玺(xǐ)的印文和印色，具有明显的宋代特点。可见，这幅名画曾经被收藏于北宋的皇宫。随着金兵南下，北宋灭亡，皇宫里的大量珍宝绘画开始流散于民间，其中也包括范宽的《溪山行旅图》。

1. 将下面的字写到对应拼音的括号里面

莫　漠　寞
摸　馍　膜　模
慕　墓　幕

mò(　　　　　　)　　　mō(　　　　　　)

mó(　　　　　　)　　　mú(　　　　　　)

mù(　　　　　　)

2. 判断字词的意思，进行正确连线

莫 mò　　①不能②不要③没有

漠 mò　　①寂静、冷落

寞 mò　　①沙漠②冷淡

摸 mō　　①规范、标准②仿效

馍 mó　　①动植物的薄皮组织②像膜的薄而软的物品

膜 mó　　①制造物品的工具

模 mó　　①面制食品，指馒头或饼

　　mú　　①用手接触②用手探取③试探④在暗中活动

慕 mù　　①埋死人的地方

墓 mù　　①广泛征集

幕 mù　　①盖或挂的大块绒布②内部不外传的事

3. 运用字词

      A：朗读字的用法

莫 mò 变化莫测 / 爱莫能助 / 一筹莫展 / 非请莫入 / 请莫见怪 / 莫名其妙 / 莫不欣喜

漠 mò 沙漠 / 大漠 / 漠北 / 荒漠 / 冷漠 / 漠不关心 / 漠视群众意见。

寞 mò 寂寞 / 一个人感到有点寂寞

摸 mō 抚摸着小脸 / 摸摸头，有点发烧 / 摸出一沓子钱来 / 浑水摸鱼 / 摸不清他的意思 / 再去摸摸底 / 偷偷摸摸 / 摸到敌人阵地

馍 mó 馍馍 / 羊肉泡馍

膜 mó 耳膜 / 苇膜 / 横膈膜 / 塑料薄膜 / 橡皮膜。

模 mó 飞机模型 / 模范教师 / 为人楷模 / 孩子模仿大人 / 机器模拟人的动作。

mú 木模 / 冲模 / 压铸模。

募 mù 募捐 / 募集 / 募化 / 招募士兵。

墓 mù 坟墓 / 公墓 / 墓葬 / 墓碑。

幕 mù 帐幕 / 银幕 / 开幕 / 内幕 / 黑幕 / 幕后交易。

B：用正确的字进行填空：

a. 骆驼在沙（   ）中可以走很长的时间，但人（   ）忘了带足够的水。也许很寂（   ），可以带音乐等。

    莫   漠   寞

b. 到了西安一定要吃羊肉泡（　　　），这是当地的名吃，需要（　　　）仿他们的样子自己把它掰小块。等厨房端出来后，先（　　　）一下碗的外部，看是否很烫，然后可以先吃羊肉汤上面一层薄（　　　）了。

摸　　　馍　　　膜　　　模

c. 美国的阿灵顿军人公（　　　）就在五角大楼旁边，并招（　　　）了很多的军人去站岗，附近的美国陆军乐团每次在开（　　　）的时候都向国旗及军人致礼！

募　　　墓　　　幕

家长评测学生阅读：

A（完全正确）____ B（75%正确）____ C（50%正确）____ D（20%或以下正确）____

星期二

一、请学生再读一次"阅读29《芙蓉锦鸡图》"故事

二、长（难）句子理解训练：

（1）"正如美国学者劳伦斯·西克曼在《中国的艺术和建筑》一书中<u>评价</u>此画为"<u>魔术</u>般的写实主义""

a. 请根据阅读29的故事，对句子的表达方式进行选择，找出哪些句子是：议论（A），叙述（B），并选择句子的主要意思。
请选择（　　　　）

b. 抄写句子中的关键词：_____

c. 这个句子的主要意思是（　　　　）：

A. 正如美国学者劳伦斯·西克曼在评价《中国的艺术和建筑》一书"

B. 正如美国学者劳伦斯·西克曼在评价此画为"魔术般的写实主义"

(2) "颂扬他与他的时代具有儒家精髓的伦理品德"

a. 请根据阅读29的故事，对句子的表达方式进行选择，找出哪些句子是：议论（A），叙述（B），并选择句子的主要意思。
请选择（　　　　）

b. 抄写句子中的关键词：_____

c. 这个句子的主要意思是（　　　　）：

A. 颂扬他与他的时代具有儒家精髓

B. 颂扬他与他的时代具有伦理品德

(3) "他在精准地把握所绘"锦鸡"的停歇动态"

a. 请根据阅读29的故事，对句子的表达方式进行选择，找出哪些句子是：议论（A），叙述（B），并选择句子的主要意思。
请选择（　　）

b. 抄写句子中的关键词：_____

c. 这个句子的主要意思是（）：

A. 他在精准地把握所绘"锦鸡"

B. 他在精准地把握所绘停歇动态

(4) "达到了工笔画中难以企及的形神兼备、富有逸韵的境界"

a. 请根据阅读29的故事，对句子的表达方式进行选择，找出哪些句子是：议论（A），叙述（B），并选择句子的主要意思。

请选择（　　　　　）

b. 抄写句子中的关键词：_____

c. 这个句子的主要意思是（）：

A. 达到了工笔画中很难达到的形神兼备、富有逸韵的境界

B. 达到了工笔画中容易达到的形神兼备、富有逸韵的境界

三、建立命题树（网络）训练：根据例句里面的字、词仿写两个句子，并找出句子中的短语（意群，词组）中哪个是主命题，哪些是次命题。

原句1：这幅画也突出了赵佶所强调的形神并举。

主命题（意群）：（　　　　　）（　　　　　）

次命题（意群）：（　　　　）（　　　　）（　　　　）

A：这幅画

B：也突出了

C：赵佶所强调的

D：形神并举

仿写句子1：_____

原句2：此画是赵佶借"锦鸡"的五种自然天性，宣扬人的五种道德品性。

主命题（意群）：（　　　　）（　　　）

次命题（意群）：（　　　　）（　　　）（　　　）

A：此画是赵佶借"锦鸡"的

B：五种自然天性

C：宣扬人的

D：五种道德品性

仿写句子2：_____

四、判断主题句训练：根据阅读29第(5)段落内容，判断哪个句子是主题句，请将答案写在后面的空格里：_____

A：赏析此画，画者的双勾笔力挺拔、赋色韵秀，线条工细平静

B：细品此画，画者在渲染设色上清艳脱俗、细致入微，画面传神有灵

C：尤其在描绘锦鸡姿态、花鸟、飞蝶，皆精工而不刻板

D：达到了工笔画中难以企及的形神兼备、富有逸韵的境界

五、速读训练：根据阅读29《芙蓉锦鸡图》情节进行正确句子排序，将句子的序号写到括号中。

（　　　）枝上停着一只五彩的锦鸡，扭首顾望花丛上飞舞的双蝶。

（　　　　）造型精致，设色浓丽，晕染细腻，体现出皇家的雍容富贵气派。

（　　　　）芙蓉与菊花盛开，说明此画描绘的是秋景。

（　　　　）其艺术价值均以"五德"为宝却也入情入理。

家长评测学生阅读：

A（完全正确）＿＿ B（75%正确）＿＿ C（50%正确）＿＿ D（20%或以下正确）＿＿

星期三

一、阅读 30：雪渔图

（家长或辅导老师大声朗读一次，之后学生自己再朗读一次）

（1）雪景山水是宋代以来流行的山水画题材。明文徵明说："古之高人逸士，往往喜弄笔作山水以自娱，然多写雪景。"但是，士大夫画家的雪景山水，大多取高远之景，雪岭耸峙、寒柯孤秀、板桥掩映、草木萧瑟（Sè），物态严凝，表现玄远幽深而寒彻的萧疏境界和森严气象，使"雪意茫茫寒欲逼"。即如王诜《渔村小雪图卷》，画面也要有'寒汀疏林，杂树虬曲，意境萧索'笼罩在一片空灵、静寂的氛围之中，虽有渔夫艰苦劳作，但反映的却是文人逸士向往山林隐逸生活的雅致情怀。

（2）北京故宫博物院藏所藏佚名《雪渔图》另辟蹊径（Qījìng），以横向展开长卷，截取冬日雪中沿溪江捕鱼劳作和行旅匆忙躜（Zuān）行的几组画面，表现渔民在江际捕鱼，频繁起网下罾（Zēng），一派忙碌的生活景象。

（3）画面右侧起始是两个纤夫拖动驳船前行，寒风瑟瑟，纤夫缩起脖颈，近岸越过溪桥的旅人匆匆赶路，寒风也吹起了他的围巾，溪桥后的同伴和仆从急忙追赶，对岸搬罾（zēng）的三四顽童则张目观瞧，画面形成了很好的呼应。接着又是几组行船，下罾、起罾，网鱼、叉鱼，桥边溪岸休憩的画面，最后又有拉着独轮滚车的二人进入。

附录3　高级课程：阅读系列第3册第五单元（第9课、第10课、第五综合练习）样本

(4) 画家以**细腻**、**凝练**的**笔触**，**简约舒缓**的**平远式**构图，真实地再现了**隆冬时节**渔人与**行旅**的生活景象。溪流开阔，**堤岸**横向**次第展开**，旅人**迤逦**（Yǐlǐ）而行，构成画面上下前后的联系，一开一合，**疏密有致**，节奏分明。

(5) 前景的树木枝干、溪岸均以**焦墨勾勒**，并施以**淡墨**皴染，树冠、苇**丛**施以**浅色**，人物**刻画**逼真。全图虽然表现出大雪天的寒气逼人，但是在岸边**眺望**和在苇箔下烤火的**顽童**，搬罾人的紧张吃力，岸边休憩者的自在，都**平添**了严寒中的生机和**谐趣**。

二、回答问题

1. **同义词训练**：根据句子内容将正确字词填入后面的空格中

雪景山水是宋代以来**流行（1）**的山水画**题材**。明文徵明说："古之高人逸士，往往喜弄**笔作**山水以自娱，然多写雪景。"但是，士大夫画家的雪景山水，大多取高远之景，**雪岭耸峙**，**寒柯孤秀**，**板桥掩映**，**草木萧瑟**（Sè），**物态严凝**，表现玄远**幽深**而寒彻的萧疏**境界（2）**和**森严**气象，使"雪意茫茫寒欲逼"。即如王诜《渔村小雪图卷》，画面也要有'寒汀疏林，杂树虬曲，意境萧索'**笼罩（3）**在一片空灵、**静寂**的**氛围**之中，虽有渔夫艰苦劳作，但反映的却是文人逸士向往山林**隐逸（4）**生活的**雅致情怀**。

(1) A：流水　　B：时尚　　C：行为　　D：流动　　　选择：＿＿＿

(2) A：地步　　B：环境　　C：界杯　　D：竞争　　　选择：＿＿＿

(3) A：笼子　　B：笼统　　C：包围　　D：口罩　　　选择：＿＿＿

(4) A：隐藏　　B：成瘾　　C：逸趣　　D：安逸　　　选择：＿＿＿

2. **意群（短语）训练**：根据故事内容把字词连线成正确意群

佚名《雪渔图》	捕鱼劳作
截取冬日雪中沿溪江	生活景象
表现渔民在	另辟蹊径
一派忙碌的	江际捕鱼

3. **理解训练**：选择正确答案请选择（　　）

　　画中缩起脖颈的人物是？

A：两个拖动驳船前行的纤夫

B：近岸越过溪桥匆匆赶路的旅人

C：对岸搬罾的三四顽童

D：拉着独轮滚车的二人

4. **理解训练**：选择正确答案请选择（　　）

　　此图的构图方式是？

A：简约舒缓

B：平远式

C：次第展开

D：疏密有致

三、清晰识字与判断

　　暮 mù　　　　慕 mù

某 mǒu　　谋 móu　　媒 méi　　煤 méi

木 mù　　沐 mù　　休 xiū

1. 将下面的字写到对应拼音的括号里面

暮　　慕

某　　谋　　媒　　煤

木　　沐　　休

mù(　　　　)　　mǒu(　　　　)

móu(　　　　)　　méi(　　　　)

xiū(　　　　)

2. 判断字词的意思，进行正确连线

暮 mù　　　　①敬仰②欣羡

慕 mù　　　　①傍晚②晚、将尽

某 mǒu　　　　①黑色固体矿物燃料

谋 móu　　　　①代替不指明事物

媒 méi　　　　①计策②寻求③商议

煤 méi　　　　①男女婚姻的介绍人②使双方接触的人或物

木 mù　　　　①洗头发

沐 mù　　　　①树的通称②木头③木工的④感觉迟钝

休 xiū　　　　①歇息②停止③不要

3. 运用字词

　　　　A：朗读字的用法

暮 mù 朝朝暮暮／暮色苍茫／日暮途穷／暮春二月／人到暮年。
慕 mù 仰慕／敬慕／爱慕／慕名而来／羡慕。

某 mǒu 某人／某地／某日／某单位。
谋 móu 有勇有谋／足智多谋／蓄谋已久／谋生／图谋不轨／为人民谋幸福／参谋长／不谋而合／密谋于暗室。
媒 méi 媒人／媒婆／新闻媒介／传媒／触媒。
煤 méi 煤炭／煤饼／煤气／煤矿。

木 mù 乔木／灌木／木本植物／十年树木／木材／松木／杉木／桦木／椴木／木器／木箱／木匠／土木工程／木头木脑／呆若木鸡／麻木不仁。
沐 mù 沐浴／栉风沐雨／沐猴而冠。
休 xiū 休息／休假／休养／休会／休止符／休耕地／休渔期／不肯罢休／争论不休／休想／休要／休得无礼。

B：用正确的字进行填空：

a. 很多人看到我们上个周末在傍晚的（　　　）色下划摩托艇照片，都非常羡（　　　）。

暮　　慕

b. 以前的新闻（　　）体主要是报纸和广播，现在网络信息方式数不过来了，主要看在（　　）些地方哪个最方便。我们家的热水锅炉是（　　）气供热的，爸爸在网上研究了怎么更换它的（　　）略。

某　谋　媒　煤

c. 不是一定要在（　　）假的时间进行（　　）浴，而是需要的时候随时进行。很多的桑拿屋子都是（　）头搭建的。

木　沐　休

家长评测学生阅读：
A（完全正确）____ B（75%正确）____ C（50%正确）____ D（20%或以下正确）____

星期四

一、请学生再读一次"阅读30《雪渔图》"故事

二、长（难）句子理解训练：

(1) "反映的却是文人逸士向往山林隐逸生活的雅致情怀"

   a. 请根据阅读30的故事，对句子的表达方式进行选择，找出哪些句子是：议论（A），叙述（B），并选择句子的主要意思。

     请选择（　　　　）

   b. 抄写句子中的关键词：_____

   c. 这个句子的主要意思是（　　　　）：

     A. 反映的却是文人逸士向往山林隐逸生活

     B. 反映的却是文人逸士向往山林生活的雅致情怀

(2)"以横向展开长卷，截取冬日雪中沿溪江捕鱼劳作和行旅匆忙躜（Zuān）行的几组画面"

    a. 请根据阅读30的故事，对句子的表达方式进行选择，找出哪些句子是：议论（A），叙述（B），并选择句子的主要意思。

请选择（   ）

    b. 抄写句子中的关键词：_____

    c. 这个句子的主要意思是（   ）：

        A. 以横向展开长卷，把冬日雪中沿溪江捕鱼劳作和行旅匆忙躜（Zuān）行的几组画面去掉了

        B. 以横向展开长卷，把冬日雪中沿溪江捕鱼劳作和行旅匆忙躜（Zuān）行的几组画面画出来

(3)"真实地再现了隆冬时节渔人与行旅的生活景象"

    a. 请根据阅读30的故事，对句子的表达方式进行选择，找出哪些句子是：议论（A），叙述（B），并选择句子的主要意思。

请选择（   ）

    b. 抄写句子中的关键词：_____

    c. 这个句子的主要意思是（   ）：

        A. 真实地再次体现了隆冬时节渔人与行旅的生活景象

        B. 真实地画出了隆冬时节渔人与行旅的生活景象

(4)"对岸搬罾（zēng）的三四顽童则张目观瞧，画面形成了很好的呼应。"

    a. 请根据阅读30的故事，对句子的表达方式进行选择，找出哪些句子是：议论（A），叙述（B），并选择句子的主要意思。

请选择（　　）

　　b. 抄写句子中的关键词：_____

　　c. 这个句子的主要意思是（）：

　　　A. 对岸搬罾（zēng）的三四顽童则张目观瞧，画面形成了很好的打招呼。

　　　B. 对岸搬罾（zēng）的三四顽童则张目观瞧，画面形成了很好的相互联系。

三、建立命题树（网络）训练：根据例句里面的字、词仿写两个句子，并找出句子中的短语（意群，词组）中哪个是主命题，哪些是次命题。

原句1：截取冬日雪中沿溪江捕鱼劳作和行旅匆忙躜（Zuān）行的几组画面。

　　主命题（意群）：（　　　　）（　　　　）

　　次命题（意群）：（　　　　）（　　　　）（　　　　）

　　A：截取冬日雪中

　　B：沿溪江捕鱼劳作

　　C：行旅匆忙躜（Zuān）行

　　D：几组画面

　　仿写句子1：_____

原句2：但反映的却是文人逸士向往山林隐逸生活的雅致情怀。

主命题（意群）：（　　　　）（　　　　）

次命题（意群）：（　　　　）（　　　　）（　　　　）

A：但反映的却是

B：文人逸士

C：向往山林隐逸生活

D：雅致情怀

仿写句子2：_____

四、 **判断主题句训练**：根据阅读30第(5)段落内容，判断哪个句子是主题句，请将答案写在后面的空格里：_____

A：前景的树木枝干、溪岸均以焦墨勾勒，并施以淡墨皴染，树冠、苇丛施以浅色，人物刻画逼真。

B：全图虽然表现出大雪天的寒气逼人，

C：但是在岸边眺望和在苇箔下烤火的顽童，搬罾人的紧张吃力，岸边休息者的自在，

D：都平添了严寒中的生机和谐趣。

五、 **速读训练**：根据阅读30《雪渔图》情节进行正确句子排序，将句子的序号写到括号中。

（　　　　）明文徵明说："古之高人逸士，往往喜弄笔作山水以自娱，然多写雪景。"。

（   ）画家以细腻、凝练的笔触，简约舒缓的平远式构图，真实地再现了隆冬时节渔人与行旅的生活景象。

（   ）搬罾人的紧张吃力，岸边休憩者的自在。

（   ）最后又有拉着独轮滚车的二人进入。

家长评测学生阅读：

A（完全正确）____ B（75%正确）____ C（50%正确）____ D（20%或以下正确）____

星期五

一、再次朗读阅读28、29、30的故事
二、能给家长和其他人讲解本周所学的三个故事概要
三、上网查看关于这些故事、人物等相关内容，收看相关视频和聆听

家长评测学生所作的故事概要：

A（完全正确）____ B（75%正确）____ C（50%正确）____ D（20%或以下正确）____

*每天家庭作业要在家长的陪同和指导下完成！

《阅读系列学生用书》第三册第10课《宋朝三名画》家长签字（请学生上课前交给老师）

日期：_____ 家长签名：_____

综合练习 5

课堂练习一、精读训练

再读"阅读25《中国印》、阅读28《溪山行旅图》",挑选4-6个你不熟悉的字词抄写下来并标上拼音。(至少抄写3-5遍)自主学习,挑战自己。

_____

_____

_____

如果你能够朗读其中的一段,并能够读准文章里的动词和形容词,那就太棒了!!!

课堂练习二、概括故事写作训练

根据"阅读25、阅读28"不同的段落,请写出几个主要段落的段落的主要命题(Topic 意思)。并找(写)出哪个段落的主要命题(主要意思)是整个故事的中心思想(MainIdea)。

故事25概括: (写在下面的空格上,能够拼音录入到你的文件中,发给老师更好了)

_____

_____

故事 25：段落理解训练： 写出段落中包含的要素（论点与论据和细节）

把中国印与甲骨文和青铜器<u>铭文</u>的刻制起来加以分析，是不无道理的，因为甲骨文、青铜器铭文和中国印三者之间的关系是密切的，从材料的制作、<u>镌(Juān)刻</u>一直到书法艺术的表现，都有着<u>不可分割</u>的关系。可以这样说，没有甲骨文和青铜器铭文，就没有中国印。

<u>论点（主题意思，议论句）：</u>

相关的细节支持句子（论据）：

_____

_____

_____

故事 28 概括：（写在下面的空格上，能够拼音录入到你的文件中，发给老师更好了）

_____

_____

_____

_____

_____

_____

_____

_____

故事 28：写出段落中包含的要素

　　山底下，是一条小路，一队商旅缓缓走进了人们的视野——给人一种<u>动态</u>的音乐感觉。马队铃声渐渐进入了画面，<u>山涧</u>还有那<u>潺潺</u>(chán)溪水<u>应和</u>。动中有静，静中有动，这就是<u>诗情画意</u>！诗意在一动一静中慢慢显示出来，仿佛听得见马队的声音从<u>山麓</u>(lù)那边慢慢传来，然后从眼前走过。

时间：＿＿＿地点：＿＿＿＿＿＿＿＿＿＿＿＿＿＿

人物：＿＿＿＿＿＿＿＿事件起因：＿＿＿＿＿＿＿＿

经过：＿＿＿＿＿＿　结果：＿＿＿＿＿＿＿＿＿＿＿

论点（主题意思, 议论句）：＿＿＿＿＿＿＿＿＿＿＿＿

＿＿＿＿＿＿＿＿＿＿＿＿＿＿＿＿＿＿＿＿＿＿＿＿＿

课堂练习三：清晰识字训练

　　在下面的清晰识字中挑选 4-8 个生字，给这些生字先组个词语，然后用这些词语分别造句子。（如果你造的句子中出现了阅读 25 和阅读 28 中的人物和内容，那就更好了！）

粥 zhōu   类 lèi

继 jì   断 duàn   粪 fèn

面 miàn   缅 miǎn   腼 miǎn

名 míng   铭 míng

末 mò   抹 mòmǒmā   沫 mò

茉 mò   袜 wà

例如：

粥-粥饭

现在我们看到宋朝之后的乘<u>粥饭</u>的碗底上都有印记。
~~~~~~

_____

_____

_____

_____

_____

_____

_____

_____

课堂练习四、成语故事

威武不屈

释义 威武：权势，武力；屈：屈服。强暴的压力不能使之<u>屈服</u>。表示<u>坚贞</u>顽强。

孟子说："真正的大丈夫是实行仁义的人。'仁'者爱人，'义'者帮助人，<u>扶危济困</u>，让自己的行为使别人受益。他不必<u>名震四海</u>。当他有机会施展<u>抱负</u>时，就会使天下人受益；即使不得志也不会<u>埋怨</u>命运不公，仍坚持自我的<u>完善</u>。真正的英雄不会因为富贵而胡作非为、也不会因<u>贫贱</u>而改变思想，更不会在暴力面前屈服。"孟子的思想影响了许多历史上的大英雄。

例句：老子不会因为守关在边关而<u>威武不屈</u>。

    a. 运用，给句子写序号：

    （   ）一个国家不能因为小而害怕大国

    （   ）才能做到<u>威武不屈</u>

    （   ）应该发展自己的优势并提高国民的教育水平

b. 用"<u>威武不屈</u>"写一个句子：

_____

课堂练习五、议论文的写作训练

1、 文章的题目（主题）。（第五练习）
2、 文章的结构标题（大约5~6个段落）。（第五练习）
3、 每个段落的主题，仔细观看名画中的人物、发型、服饰、工具、家具和事件等，找出意义上的分割，找出名画中的绘画风格、方式及表现出来的不同主题并进行详细描写赏析分析，并标注参考文献等。
4、 最后一个段落进行对作者的意图进行推测和主题评论，并再次审查每个段落、句子的写作风格和特点及语法错别字。

星期一

一、精读训练

再次朗读阅读26《研山铭》：（家长或辅导老师大声朗读一次，之后学生们自己再朗读一次），挑选4-6个你不熟悉的字词抄写下来并标上拼音。（至少抄写3-5遍）自主学习，挑战自己。

_____

_____

_____

如果你能够朗读其中的一段，并能够读准文章里的动词和形容词，那就太棒了！或者把你朗读的录音送给老师和父母，他们一定会喜欢！！！

二、概括故事写作训练

根据"阅读26"不同的段落，请写出几个主要段落的段落的主要命题（Topic意思）。并找（写）出哪个段落的主要命题（主要意思）是整个故事的中心思想（MainIdea）。

阅读26：（写在下面的空格上，能够拼音录入到你的文件中，发给老师更好了）

_____

_____

_____

_____

_____

_____

故事26：段落理解训练： 写出段落中包含的要素（论点与论据和细节）

《研山铭帖》是米芾书法精品中的代表作。此帖沉顿雄快，<u>跌宕</u>多姿，结字自由放达，不受前人<u>法则</u>的<u>制约</u>，<u>抒发</u>天趣，为米芾大字作品中罕见<u>珍品</u>。《研山铭》，分三部分。第一部分为米芾用南唐<u>澄</u>心堂纸书写的三十九字："五色水，浮昆仑。潭在定，出黑云。挂龙怪，烁点痕。极变化，阖道门。宝晋山前轩书"。第二部分为手绘研山图，<u>篆书</u>提款："宝晋斋研山图，不假雕饰，浑然天成"。第三部分为米芾之子米友仁等<u>题跋</u>(Bá)。日本前<u>首相</u>犬养毅题<u>引首</u>"鸢(Yuān)飞鱼跃，<u>木堂老人毅</u>"。

<u>论点（主题意思，议论句）：</u>

_____

_____

<u>相关的细节支持句子（论据）：</u>

_____

_____

_____

三、清晰识字训练

在下面的清晰识字中挑选4-8个生字，给这些生字先组个词语，然后用这些词语分别造句子。（如果你造的句子中出现了阅读26中的人物和内容，那就更好了！）

免 miǎn　　勉 miǎn

挽 wǎn　　晚 wǎn　　搀 chān　　馋 chán

棉 mián　　绵 mián　　锦 jǐn

四、成语故事

玩火自焚

出处：《左传·隐公四年》夫兵，犹火也，弗戢（Jí），将自焚也。
释义 比喻做坏事，干害人的勾当，最终将<u>自食恶果</u>。

故事

春秋初，卫国的公子<u>州吁</u>公然刺杀自己的哥哥卫桓公，自己当了国君。他当政后，一方面<u>残酷</u>地<u>搜括</u>百姓钱财，一方面拉拢宋、陈、蔡等诸侯国一起攻打郑国，借以树立自己的威望，转移国内百姓对他的反抗<u>情绪</u>。

<u>鲁隐公</u>得知州吁弑（Shì）兄<u>篡位</u>的事后，向大夫<u>众仲</u>道："依你看，州吁这次夺权能够成功吗?他的国君位置能长久保住吗？"众仲摇摇头，说："州吁依靠武力<u>兴兵作乱</u>，给百姓带来灾难，百姓决不会支持他。他如此<u>残忍凶暴</u>，没有亲近的人愿意跟随他。众人反对，亲信背离，要想取得成功是不可能的。"接着，众仲又换一个角度说："兵，就像火一样。一味地用兵而不知加以<u>收敛</u>和<u>节制</u>，结果必然自己烧死自己。依我看,等待他的将是失败。"

果然，不到一年，卫国人在陈国的帮助下，推翻了州吁的残酷统治，而且将他杀了。

381

例句： 刚刚运动后出了很多汗，这时候进行吹风，等于<u>玩火自焚</u>。

  a. 运用，给句子写序号：

   （　　　　）否则就是<u>玩火自焚</u>

   （　　　　）在进行水上运动时候

   （　　　　）切忌要穿救生衣

  b. 用"<u>玩火自焚</u>"写一个句子：

_____

家长评测学生阅读：

A（完全正确）____ B（75%正确）____ C（50%正确）____ D（20%或以下正确）____

星期二

一、精读训练

  再次朗读阅读27《墨葡萄》：（家长或辅导老师大声朗读一次，之后学生们自己再朗读一次），挑选4-6个你不熟悉的字词抄写下来并标上拼音。（至少抄写3-5遍）自主学习，挑战自己。

_____

_____

_____

如果你能够朗读其中的一段，并能够读准文章里的动词和形容词，那就太棒了！或者把你朗读的录音送给老师和父母，他们一定会喜欢！！！

二、概括故事写作训练

根据"阅读27"不同的段落，请写出几个主要段落的段落的主要命题（Topic意思）。并找（写）出哪个段落的主要命题（主要意思）是整个故事的中心思想（MainIdea）。

阅读27：（写在下面的空格上，能够拼音录入到你的文件中，发给老师更好了）

_____

_____

_____

_____

_____

_____

故事27：写出段落中包含的要素

闲来无事，徐渭想与方丈对弈一局。刚踏进方丈室，迎面墙上挂着的一幅《墨葡萄图》吸引他。《墨葡萄图》水墨大写意，笔墨酣畅，布局奇特，老藤错落低垂，串串葡萄倒挂枝头，晶莹欲滴，茂叶以大块水墨点成，信笔挥洒，任乎性情，意趣横生，风格疏放，不求形似而得其神似。

时间：_____　　　地点：_____

人物：_____　　　事件起因：_____

经过：_____　　　结果：_____

论点（主题意思,议论句）：_____

_____

三、清晰识字训练

　　在下面的清晰识字中挑选4-8个生字，给这些生字先组个词语，然后用这些词语分别造句子。（如果你造的句子中出现了阅读27中的人物和内容，那就更好了！）

苗 miáo　　描 miáo　　瞄 miáo

猫 māo　　锚 máo

民 mín　　眠 mián

四、成语故事

小题大作

释义

比喻把小事当作大事。

故事

　　有一年，燕国与赵国因为边境问题发生了纠纷。燕国国君一怒之下任命高阳军为统帅，率领10万大军征讨赵国。赵孝成王听到燕国大军前来征讨的军报，吓得六神无主，不知所措。他认为赵国没有任何一个将领能率兵与燕国大将高阳军相对抗，便决定派人去齐国，聘请齐国大将田单出任赵国元帅，统率三军与燕军作战。

　　齐王听了赵国使者的话，要求赵国东面的三座城池和高唐平原一带的57座城邑(yì)、集市全部奉赠给齐国作为酬谢。赵孝成王觉得齐国要价也太高了，但他又担心，如果拒绝了齐国，自己请不到田单来为帅，燕国大军一到便会将赵国灭掉。想来想去，最后痛下决心，答应了齐王的苛刻要求。

385

赵孝成王的这一荒唐决定，使得满朝文武大为震动，谁也摸不清孝成王到底哪里出了毛病，生出这样的想法来，于是大臣们私下里议论纷纷。在所有大臣中最为不满的是马服君赵奢。但就是他也不敢公开反对，只好找到平原君说："我们赵国并不是没有统兵御敌的大将。现在为了聘请一个田单，居然一下子割出50余座城池。这不是小题大作了吗？要知道，这50余座城池的来之不易，守之艰难，那可是用成千上万的将士们的生命和鲜血换来的，怎么就能如此轻率地拱手让给齐国呢？"平原君却劝慰说："这已经是决定了的事情，何必再去谈它呢！"

马服君非常气愤地说："我们赵国兵强将勇，能征惯战者不下万人，如果让我赵奢统率大军迎敌，不出百天就能将燕军肃清。"马服君看看平原君，见他无动于衷，又接着说："田单算个什么东西，他如果无能，一定会败给燕国，真的有本事也不会为赵国卖命。用田单有害无利，那道理是明摆着的，咱们的国君怎么就是看不透呢！"马服君慷慨陈词一番，见平原君态度冷淡，只好叹口气走了。

成语"小题大做"即由此出。

例句：

到外边野餐，一定要和在家里一样的碗筷，这就是小题大做了。

a. 运用，给句子写序号：

（　　　）爸爸一看到我得了一个B

（　　　）这真是小题大做呀

（　　　）就一定要我讲清楚到底发生了什么

b. 用"**小题大做**"写一个句子：

_____

家长评测学生阅读：

A（完全正确）____ B（75%正确）____ C（50%正确）____ D（20%或以下正确）____

星期三

一、精读训练

再次朗读阅读29《芙蓉锦鸡图》：（家长或辅导老师大声朗读一次，之后学生们自己再朗读一次），挑选4-6个你不熟悉的字词抄写下来并标上拼音。（至少抄写3-5遍）自主学习，挑战自己。

_____

_____

_____

_____

如果你能够朗读其中的一段，并能够读准文章里的动词和形容词，那就太棒了！或者把你朗读的录音送给老师和父母，他们一定会喜欢！！！

二、概括故事写作训练

根据"阅读29"不同的段落，请写出几个主要段落的段落的主要命题（Topic 意思）。并找（写）出哪个段落的主要命题（主要意思）是整个故事的中心思想（MainIdea）。

阅读29：（写在下面的空格上，能够拼音录入到你的文件中，发给老师更好了）

_____

_____

_____

_____

_____

_____

故事29：段落理解训练： 写出段落中包含的要素（论点与论据和细节）

从《芙蓉锦鸡图》的<u>构图</u>与技巧上论，画者绘制这幅画，他在精准地<u>把握</u>所绘"锦鸡"的<u>停歇</u>动态，同时又将花、鸟、蝶三者紧密联系在一起，空间<u>分割</u>自然天成，构成了富有生活<u>情趣</u>的<u>意境</u>。细品《芙蓉锦鸡图》，画面各种景物的布局<u>宾主分明</u>，<u>疏密</u>有致，造型精致，设色浓丽，晕染细腻，体现出皇家的<u>雍容富贵</u>气派。

论点（主题意思,议论句）：

_____

_____

相关的细节支持句子（论据）：

_____

_____

_____

三、清晰识字训练

在下面的清晰识字中挑选 4-8 个生字，给这些生字先组个词语，然后用这些词语分别造句子。（如果你造的句子中出现了阅读 29 中的人物和内容，那就更好了！）

莫 mò	漠 mò	寞 mò	
摸 mō	馍 mó	膜 mó	模 mó mú
募 mù	墓 mù	幕 mù	

_____

_____

_____

_____

_____

_____

四、成语故事

行将就木

出处

《左传·僖公二十二年》对曰:"我二十五矣,又如是而嫁,则就木焉。请待子。"

释义

"行将",是将要的意思:"就木"进入棺材,表示死亡。这个成语比喻人将近死亡。

故事

春秋初,晋国吞并了邻近一些小的诸侯国,成为一个大国。当时,年老的国君晋献公宠爱妃骊姬,打算将来让她生的儿子继位。他听了骊姬的坏话,将太子申生逼死。骊姬还要陷害申生的两个异母兄长公子重耳和夷吾。他俩只得逃走。

重耳先逃到他的封地蒲城,晋兵闻讯而来。蒲城人要抵抗,重耳说服他们别这样做,并且逃往狄国。跟他一起去的有他的舅舅狐偃(Yǎn),还有赵衰等人。狄国出兵攻打一个部落,俘获了叔隗(wěi)和季隗姐妹俩,随即把她俩都送给了重耳。重耳自己娶了季隗,生下伯鲦、叔刘两个孩子;把叔隗嫁给赵衰,生下个孩子叫赵盾。后来,从晋国秘密传来一个坏消息:晋国的主公要派人谋刺重耳。原来,与重耳一起出逃的公子夷吾在献公去世后,借助秦国的力量回到晋国继位，史称晋惠公。他怕兄长重耳回国争位，派出刺客谋害重耳。

重耳得知这个消息后，决定逃到齐国去。临走前的晚上，他对妻子季隗说："夷吾派人来谋害我，我打算再逃到齐国去。你留在这里抚养孩子，等我二十五年不回来，你再嫁人吧。"季隗伤心地回答说："我已经二十五岁了，再过二十五年，就要进棺材了，还嫁什么人！我一直在这里等待你就是了。"

重耳到了齐国，齐桓公把一位姓姜的姑娘嫁给他，还赠给他二十辆用四匹马驾的大车。重耳对这样的生活感到满足，但跟随他的人都认为不该老呆在这里，姜氏也认为重耳应该离开。她和狐偃商议后，把重耳灌醉，载上车送出齐国。一行人到曹国、宋国、郑国和楚国，都没有被接纳下来。后来到秦国，秦穆公热情接持了他们，并把五个女儿嫁给了重耳。恰好这一年夷吾生病死去，秦穆公派军队护送重耳回晋国即位，史称晋文公。

例句：

现代医学科技这么发达，很多的老人都没有<u>行将就木</u>的感觉了。

　　a. 运用，给句子写序号：

　　（　　）这种病给人的感觉就是<u>行将就木</u>的过程

　　（　　）很多人得了之后18个月就去世了

　　（　　）目前癌症还是一个很难治理的病

　　b. 用"<u>行将就木</u>"写一个句子：

　　_____

家长评测学生阅读：

A（完全正确）____ B（75%正确）____ C（50%正确）____ D（20%或以下正确）____

星期四

一、精读训练

再次朗读阅读30《雪渔图》：（家长或辅导老师大声朗读一次，之后学生们自己再朗读一次），挑选4-6个你不熟悉的字词抄写下来并标上拼音。（至少抄写3-5遍）自主学习，挑战自己。

_____

_____

_____

如果你能够朗读其中的一段，并能够读准文章里的动词和形容词，那就太棒了！或者把你朗读的录音送给老师和父母，他们一定会喜欢！！！

二、概括故事写作训练

根据"阅读30"不同的段落，请写出几个主要段落的段落的主要命题（Topic 意思）。并找（写）出哪个段落的主要命题（主要意思）是整个故事的中心思想（MainIdea）。

阅读30：（写在下面的空格上，能够拼音录入到你的文件中，发给老师更好了）

故事 30：写出段落中包含的要素

　　雪景山水是宋代以来流行的山水画题材。明文徵明说："古之高人逸士，往往喜弄笔作山水以自娱，然多写雪景。"但是，士大夫画家的雪景山水，大多取高远之景，雪岭耸峙，寒柯孤秀，板桥掩映，草木萧瑟（Sè），物态严凝，表现玄远幽深而寒彻的萧疏境界和森严气象，使"雪意茫茫寒欲逼"。即如王诜《渔村小雪图卷》，画面也要有'寒汀疏林，杂树虬曲，意境萧索'笼罩在一片空灵、静寂的氛围之中，虽有渔夫艰苦劳作，但反映的却是文人逸士向往山林隐逸生活的雅致情怀。

论点（主题意思，议论句）：

相关的细节支持句子（论据）：

___

___

___

三、清晰识字训练

在下面的清晰识字中挑选4-8个生字，给这些生字先组个词语，然后用这些词语分别造句子。（如果你造的句子中出现了阅读30中的人物和内容，那就更好了！）

暮 mù　　慕 mù

某 mǒu　　谋 móu　　媒 méi　　煤 méi

木 mù　　沐 mù　　休 xiū

___

___

___

___

四、成语故事

信誓旦旦

出处

《诗经·卫风·氓》

故事

  一位美丽、温和而多情的女子，跟一个男子（诗中的"氓（Máng）"）从小就相识，他<u>虚情假意</u>，<u>甜言蜜语</u>，骗取了姑娘纯真的爱情，可是在姑娘带着她的<u>嫁妆</u>，满怀对未来幸福生活的<u>憧憬</u>嫁到他家之后，"氓"便变了心。虽然妻子温顺<u>贤惠</u>，为他早起晚睡，操持家务，他却<u>冷漠无情</u>，<u>凶狠残暴</u>。她<u>悔恨</u>万分，无处诉说自己的苦痛，得不到任何同情和理解，连自己的兄弟，也对她咧着嘴嘲笑。经过一番深刻的<u>反思</u>之后，这位女子变得坚强起来，她不顾未来将会遭到的歧视和冷落<u>毅然</u>决定结束眼前这<u>不堪</u>忍受的痛苦生活，离开了那个负心汉。

  这首诗一共六章，它的第一章写道：

  "氓之蚩蚩（Chī），抱布贸丝。匪来贸（Mào）丝，来即我谋、送子涉淇，至于顿丘．匪我愆（Qiān）期，子无良媒。将子无怒秋以为期。"

  这一章的大意是说：那个小子笑嘻嘻，抱着布匹来换丝．根本不是来换丝，实是找我谈婚事。我呀送你过淇水，一直陪你到顿丘、并非我要拖婚期，你无媒人来提亲、请你不要发脾气，约好秋天结良缘。

  第五章："三岁为妇，靡（Mí）室劳矣、夙（Sù）兴夜寐，靡有朝矣、言既遂矣，于暴矣。兄弟不知，喷其笑矣、静言思之，躬自悼矣。"

  大意是说多年在你家当媳妇，所有家务我担当。早起也<u>不嫌</u>苦，天天这样无休闲、小家日子好起来，你却变凶暴不应该。兄弟不知我心苦，反倒张口笑哈哈、静思默想今和昔，独自伤心苦难言。

诗的结尾几句写道：

"总角之宴，言笑晏晏（Yàn）。信誓旦旦，不思其反。反是不思，亦已焉哉！"

　　大意是说：回想儿时欢乐多。你有说有笑多温和、对我发誓表诚意，谁料翻脸变恶魔。违反誓言不思量，从此也就算了吧。

　　"信誓旦旦'，意思是誓言说得极为诚恳。这首诗第五章里的"夙兴夜寐"也是一句成语，就是早起晚睡的意思。

例句：当我拿到最新的Switch游戏机时，信誓旦旦地对爸爸说，我一定会好好学习的。

a. 运用，给句子写序号：

（　　　）当关令尹喜拿到老子写的《道德经》后

（　　　）我从今跟随你了，不再作关令了

（　　　）信誓旦旦地对老子说

b. 用"信誓旦旦"写一个句子：

_____

家长评测学生阅读：
A（完全正确）____ B（75%正确）____ C（50%正确）____ D（20%或以下正确）____

星期五

一、再读本周学过的5个成语故事

二、能给家长和其他人讲解本周所学的2~4个成语，并运用成语造句

三、给家长讲解1至3个阅读故事的概要

四、写作训练

    a. 用《雪渔图》做为文章的题目（主题）（第五综合练习）
       本周完成内容：

       _____

    b. 文章的结构标题（大约5~6个段落）（第五综合练习）
       本周完成内容：

       _____

       _____

       _____

       _____

       _____

c. 每个段落的主题，仔细观看名画中的人物、发型、服饰、工具、家具和事件等，找出意义上的分割，找出名画中的绘画风格、方式及表现出来的不同主题并进行详细描写赏析分析，并标注参考文献等（第六、七、八、九综合练习）

d. 最后一个段落进行对作者的意图进行推测和主题评论，并再次审查每个段落、句子的写作风格和特点及语法错别字（第十综合练习）

家长评测学生所作的故事概要：
A（完全正确）____B（75%正确）____C（50%正确）____D（20%或以下正确）____

*每天家庭作业要在家长的陪同和指导下完成！

《（中国通）阅读系列学生用书》第三册综合练习5家长签字（请学生上课前交给老师）

日期：_____家长签名：_____

附录4 精华参考

在本系统的结构、教学内容和方法中，参考了上百部世界各地语言专家与学者的专著和文章，浓缩并汇集了对外汉语教学与儿童教育之精华。在本统中可以看到这些理论和思想在各个方面的体现，其中采用了一些重要的教育思想、理论和方法。

吕必松教授	教学体系的总体设计、教材设计、教学法和语言测试模块理论
戴汝潜教授	语言教学的科学、序列化和高效理论，字本位理论应用于韵文识字，"大成全"教学体系
佟乐泉教授	儿童识字的"三阶段"与识字与阅读之间的"过渡阶段"理论
祝新华教授	阅读能力的六个层次理论
李子建教授	阅读策略理论
徐通锵教授 张朋朋教授	"字本位"思想理论
姜兆臣校长	"韵文识字"法
陈青校长 黄达校长	"熟语识字"教学体系。其中包括"韵文识字"、"集中识字"、"随文识字"、"游戏识字"等多种识字方法
孟繁杰教授	对外汉语阅读中的"朗读三阶段"和"阅读三阶段"理论。
刘珣教授	对外汉语教材设计思想
董兆杰校长	汉字7种字量表对比分析
崔峦教授	"中国中小学语文课程标准"历史分析
徐火辉教授	聆听阅读321X方法
[美]吉姆·崔利斯教授	朗读手册-大声为孩子读书吧
[美]克拉申教授	第二语言习得理论
[瑞]让·皮亚杰教授	儿童心理学及儿童思维发展理论

汉语教学文章与书籍参考

1. 漪然，阅读引导员入门手册，（城市亲子阅读版）
2. 庄文中主编，《中小学语言教学概论》，商务印书馆，2006年
3. 赵金铭主编，《对外汉语教学概论》，商务印书馆，2008年
4. 课程教材研究所组编，《全国对外汉语教学优秀教师论文集》，人民教育出版社，2008年
5. 孟繁杰，陈璠，《对外汉语阅读教学法》，厦门大学出版社，2006年
6. 李泉主编，《对外汉语教材研究》，商务印书馆，2006年
7. 戴汝潜，《字本位语文课程教学》，山东教育出版社，2010年
8. 教育部基础教育司，《语文课程标准解读》，湖北教育出版社，2002年
9. 黄荣怀，郑兰秦，《隐性知识论》，湖南师范大学出版社，2007年
10. [美]David G. Myers，《社会心理学》，人民邮电出版社，2006年
11. 聂光华，浅议几种主要阅读理论对外语阅读教学的影响，四川广播电视大学
12. 杨素珍，国外阅读理论研究概述，中学语文教学资源网，2000-10-27
13. 林崇德，谈读书：儿童分阶段阅读指导，2009-02-12
14. [美]吉姆•崔利斯，朗读手册-大声为孩子读书吧
15. 崔雅萍，图式理论在L2阅读理解中的运用，西北大学外语学院
16. 王鹏，最大化的有效性语言输入，新世界时报，2010.11.26
17. 马燕华，论海外华裔儿童汉字教学的特殊性，北京师范大学学报(社会科学版)2010-12-27
18. 黄达，陈青，王鹏，海外华裔儿童识字理论与实践，美华商报，2010.5.14
19. 宁茜，朱宝兰，海外10套中文教材小学部分对比分析，美华商报，2010.4.30
20. 希望中文学校盖城校区教学科研组,您想知道您的孩子认多少汉字吗？—《中文汉字量快速测试方法》简介及运用,美华商报，2010。5
21. 陆俭明，对外汉语教学展望，北京大学，2003.9
22. 翟信君，程志江，从图式理论看大学英语阅读教学，吉林工商学院学报，2010.3
23. 齐沪扬，《对外汉语教学语法》，复旦大学出版社，2005.3
24. [英]迈柯。苏立文，《山川悠远-中国山水画艺术》，岭南美术出版社，1988
25. 董兆杰，漫话识字量表（1）：为什么小学生要识3000字？，董兆杰的博客 2010.9
26. Flesch-Kincaid readability tests, http://en.wikipedia.org
27. 崔峦，中小学语文教学大纲比较研究（二）-历次小学语文教学大纲特点
28. 接力儿童分级阅读研究中心，中国儿童分级阅读指导手册（2010版），接力出版社，
29. 崔峦，和"内容分析"式的阅读教学说再见，人教网，2010.8。
30. 艾光明，佛教对中国文化的影响，弘化，2009.3
31. 周剑铭，中国思想和柏拉图哲学，中国儒学网，2005.2
32. 范凡，"以最佳方式工作"——泰勒的管理理论及影响,2007-11-21 论文天下论文网
33. <<管理学原理>>http://202.120.24.209/management/jiaoxueneirong-jiaoxuekejian.htm
34. <<组织行为学>>http://course.cug.edu.cn/org_behavor/daoxue/start/ok/model.htm
35. 吕必松，《对外汉语教学概论》

http://media.openonline.com.cn/media_file/rm/beiyu2006/duiwaihyjxgl/index.html
36.《教育心理学》http://210.36.18.53/jyxlx/study_class.asp?ClassID=2
37. 赵鼎新,集体行动、搭便车理论与形式社会学方法,2008-08-05,《<社会学研究>>,2007年第2期。
38. [美]曼瑟尔·奥尔森,<<集体行动的逻辑>>
39. [法]古斯塔夫·勒庞,《乌合之众——大众心理研究》
40. 李宁,《群体心理学》,暨南大学出版社,2000。8。
http://vip.du8.com/books/sep124n.shtml
41. 百度百科,博弈论,http://baike.baidu.com/view/18930.htm
42. 马立平,中文学校教学效果为什么不尽人意,2008-4-28,中国华文教育网
43. 何纬芸,ZT评马立平教材系列,2001年12月发表,2007-4-17,北大中文论坛
44. 何振宇,浅析北美的华文教育中长期存在的问题,希林UIC中文学校
45. 中国汉语水平考试（HSK[初级]）考试说明,
http://lxs.szu.edu.cn/index/China/UploadFiles_5340/200710/20071024163030830.doc 中国汉语水平考试（HSK[高等]）介绍
46. 章熊,我们是怎样学习语言的,中学语文教学资源网,2000-10-25
47. 周国平,《尼采与形而上学》,新世界出版社,2008.1
48. 范丽华,浅谈语言习得规律与自然学习法形成
49. 耿红卫,我国识字教学得历史回顾和思考,语文教学通讯,小学刊2007.4c,2009-7-14转载
http://www.zhyww.cn/teacher/xiaoxue/zhuanti/200907/23175.html
50. 沈妍,新中国60年小学识字教学改革,2009-05-31,中华语文网。
51. 戴汝潜,姜兆臣《小学高效率语文教学的理论与实践》,http://www.chinese-express.com.cn/scripts/?p=3&f=3
52. 赵瑜,韵语教学模式初探.——融入快乐教学法.06年韵语识字北京国际研讨会交流稿.科大附中.
53. 赵阳,国侨办将采取四项措施推进海外华文教育发展,2008-12-17,侨办网站
54. 张宇燕,个人理性与"制度悖论",《经济研究》1992年第11期
55. SharonM.Oster,<<StrategicManagementforNonprofitOrganizations>>,1995OxfordUniversityPress,Inc.
56. 段海滨,《蚁群算法原理及其应用》,2005,12,科学出版社
57. [德]埃利亚斯.卡内提EliasCanetti,<<群众与权力>>,2002.12中央编译出版社
58. 顾明远主编,认知学习:当代学习理论的主流,2004.06.11<<当代国际教育新理念>>
59. BillBanPatten,<<从输入到输出-第二语言习得教师手册>>,2007.12世界图书出版公司。
60. 伯特兰.罗素,<<快乐哲学>>,1993。4,中国工人出版社。
61. 王慧,汉语词汇统计研究,新加坡国立大学中文系。
62. 李一特,对语文新课标的几点建议,天津市大港区第9小学。
63. 陈青,"多媒体熟语识字"的理论和实践,2001,中教网-小语。
64. 中国教育报,儿童阅读不能等,儿童到底该如果阅读,2009,06,28,新华网。
65. 方帆,美国的母语教学,现代教学,2006/4

66. 张远凤，德鲁克论非盈利组织管理，2009。中国社会组织网。
67. 温洛克民间组织开发项目，《《温洛克非营利组织管理参考资料系列》》，2005。
68. 中教网，怎样教孩子识字，
69. 杭州技术教育网，三种学习理论与现代远程教育，
http://www.hzjys.net/xkweb/itedu/Article/ShowArticle.asp?ArticleID=785，2005.12
70. 张朋朋，语文教学的问题应该从根子上找问题，中国教师报，2009。8.19
71. 《国际汉语教师标准》。
72. 《汉语教师志愿者培训大纲》
73. 张洁，张晋军，汉语水平考试(HSK)用词统计分析报告，中国考试，2009。8．4
74. 徐通锵，《基础语言学教程》，北京大学出版社，2001。2
75. [瑞士]费。德。索绪尔，《普通语言学教程》，商务印书馆，1999.11
76. 校园网，《教师理论素质丛书》，内部资料，非卖品。
77. 梁莹，谈论"字本位"思想的理论和应用，公文易文秘资源网，2009。6.18
78. 中国国家汉办，《汉语教师志愿者培训大纲》（试行），2009.3。
79. 中国国家汉办，《国际汉语教师标准》，外语教学与研究出版社，2007.11。
80. 王广武，安徽省含山县张公初级中学，浅谈新课标下如何培养学生的语感能力，中学语文教学资源网，2005-01-20
81. 姬中敏，山东东营市第一中学高一语文教研室，论中学语文教育中的语感教学(教师中心稿)，中学语文教学资源网→教学文摘→2006-04-01
82. 咸慧慧孔蕊，山东大学威海分校大学外语教学部，在诵读中培养英语语感，湖南社会学网，2009-7-2783. 邓鹏鸣王香云，武汉大学外语学院，背诵式语言输入对中国学生二语写作能力发展的有效性研究，外语教学，2007.7
84. 戴曼纯，北京外国语大学，二语习得的"显性"与"隐性"问题探讨，外国语文学，2005.2
85. 班杜拉的社会学习理论，MBA智库百科。
86. 刘珣，北京语言大学，对外汉语教育学引论，北京语言大学出版社，2000.1
87. 李如龙，厦门大学中文系，关注汉语口语词汇与书面语词汇的研究，陕西师范大学学报（哲学社会科学版），2007年3月
88. 李维鼎，文，阅读理论的分歧、阅读理解的弹性与阅读教学策略，语文学
89. 曾祥芹，河南师范大学文学院教授，语文教育焦点放谈，在首期全国中学语文目标教学骨干教师培训班上的讲学稿，2004.10
90. 小学语文课的导入技巧，教学方法_中小学教育资源站 edudown.net，2011.11
91. 何家蓉，李桂山，《中外双语教学新论》，科学出版社出版，2010.9
92. 互动百科，图式理论，互动百科网，2012
93. 罗淑敏，《对焦中国画》，广西师范大学出版社，2010.5
94 ．徐复观，《中国艺术精神》，广西师范大学出版社，2007.1
95. 李霖灿，《天雨流芳-中国艺术二十二讲》，广西师范大学　出版社，2010.1
96. 杨媚　，海外华裔子女中文教育的解决之道，第一届国际读经教育论坛上发表，2010年12月
97. 陈展川，诗意与理性—中西古典园林风格比较，华南热带农业大学学报，2007年3月
98. 　查尔斯•詹克斯 CharlesJancks，中国园林之意义，《建筑师》第27期第201页

99. 虞哲中,PISA测试对我国小学阅读教学的启示,人民教育出版社网站,2010.8
100. 薛法根, 有效阅读教学谈,薛法根博客,2009.9
101. 赵乔翔危世琼,关于中学语文教材评价标准的探讨,中学语文教学资源网,2000-10-25
102. 林科顺,人教版初中语文教材教学案例的设计与评析,网络,2009-11-23
103. 徐志平,人教版初中语文教材分析,嘉兴教育学院, 2012
104. 王芳,中小学教材设计中"双结构"关系的思考,华中师范大学,2006-3-21
105. 范谊,外语学习的本质,《面向21世纪外语教学论——进路与出路》,重庆出版社,1998
106. 李如龙、吴茗（2005）《略论对外汉语词汇教学的两个原则》,《语言教学与研究》2005年第2期
107. 祝新华六层次阅读能力系统及其在评估与教学领域中的运用,人民教育出版社课程设计研究所。
108. 张水福,林振南,校本行动研究---教学阅读认知能力六层次以提升学生阅读理解题的作答能力,新加坡中学高级华文
109. 徐火辉,《超越哈佛》,海天出版社,2009.1
110. 廖韵涵,幻想与残酷—安徒生童话儿童性与成人性之极端体现,《湖南科技学院学报》2009年第1期,
111. 糜艳蓓,中国古代蒙学教育的教学方法对小学语文教学的启示,人教网,2012-05-26
112. 宋秋前,美国小学阅读诊断与矫治的理论与实践,《外国中小学教育》1996年06期
113. 何更生,吴红耘等,《语文学习与教学设计。中学卷》,上海教育出版社,2004年12月
114. 魔方格,语文,http://www.mofangge.com/qlist/yuwen/
115. 關之英,香港教育學院,中文作為第二語言：教學誤區與對應教學策略之探究,中国语文通讯,2012年7月第91卷第2期
116. 尤宏,关于小学中年级学生词语积累情况的调查报告,蟠桃网,Nov15,2010-
117. 李子健,小学阅读教学：一个行动研究,人教出版社网站,2014
118. 王衍军,汉语阅读教学及阅读技巧训练,Ppt,网络,2014
119. 张洁,张晋军：汉语水平考试（HSK）用词统计分析报告,中国考试,2010.10
120. 沈国威,汉外词汇教学的量与质,日本中国语教育会2007年全国大会发言稿,2008
121. 陈贤纯,对外汉语阅读教学16讲,北京语言大学出版社,2008年
122. 周小兵,张世涛,干红梅,汉语阅读教学理论与方法,北京大学出版社,2008年
123. MaximLapan, DeepReinforcementLearningHands-On:ApplymodernRLmethods,withdeepQ-networks,valueiteration,policygradients,TRPO,AlphaGoZeroandmore, Packt, 2018

124. RichardS.Sutton, ReinforcementLearning:AnIntroduction(AdaptiveComputationandMachineLearningseries), 2018, ABradfordBook

125. MichaelTaylor,MakeYourOwnNeuralNetwork:AnIn-depthVisualIntroductionForBeginners, Independentlypublished, (October4,2017)

126 汉语口语与书面语词汇使用对比分析,宋婧婧,厦门理工学院学报,2013.09

127. 中文文本计算，笪骏，https://lingua.mtsu.edu/chinese-computing/

128. 语料库在线，http://corpus.zhonghuayuwen.org/index.aspx

后记

俗话说万事开头难，海外中文教学的开头究竟用什么题材最好呢，随文识字还是韵文识字。

"韵文识字"的课堂实验惊喜学生和老师，家长十分肯定。学前班的老师门宇欣博士首先尝试一个《韵文识字》的光盘，在每天十分钟的实验中，使用了戴汝潜教授和姜兆臣校长出版的光盘内容，进行听读，跟读，到诵读，熟练背诵。朗朗上口而且快速记忆，使我们尝到了古典蒙学方法的教学甜头。但是这套光盘只有800字的涵盖范围，无法建立系统的识字教学体系，于是开启了第二次网络海淘。

我们跟戴教授有了多次的沟通，在北京见面时候戴教授边吃饭，边修改起来我们的书稿，戴老师这种痴迷般的对汉字教学的热爱，是人生中一个非常重要的组成部分，也使我感到了什么是钟情这个词的含义。后来到香港中文大学开会时候再遇到戴老师，他是会议的主讲人之一，特地送一本他刚刚出版的《字本位语文课程教学》专著。我爱不释手，感觉是一个汉语教学文盲需要饥渴般的补充食物一样。

通过网上查找，《熟语识字》光盘映入眼帘，被我们选择作为整体识字教学内容。这套光盘的教学汉字，涵盖了中国小学语文识字教学的2479个常用汉字。我们更看到了里面包含了大量的多媒体识字游戏作为教学训练内容，真的是欣喜若狂。由于当时在网上只能找到第二、三辑光盘，但全世界范围内的市场上都没有第一辑，因而只能找作者了。不知道作者陈青校长黄达校长在啥地方，找到了一个电邮地址，冒昧的发了一份信去询问。当时的心情是多么期盼得到回复，第二天陈校长来信询问具体的海外中文教学情况。通过介绍，陈校长立即用特快专递发送了两张第一辑的光盘，还附带了当时他们在珠海搞小语识字教学的很多研究资料。2011年初，到香港中文大学参加"第一届汉字识字教学与研究"国际研讨会，当我到达港大宾馆的时候已经晚上十点多了，黄达校长在房间里面一直等我，我们第一次见面，彻夜畅谈，犹如多年未见的老友，一直聊到凌晨4点才睡。会议结束后，黄校长带我渡海直奔珠海，拜见了我心目中的熟语识字教学专家陈青校长，参观了陈校长所领导的珠海容闳学校，并和学校的语文组的老师们一起进行了热烈的交流。很多人有这样的感觉，就是和名人合过影，吃过饭，人生有意义了。但我觉得咱这一生中能够和陈青黄达校长有过交集，是俺的人生大幸。翻看现代中国识字教学法，百分之六十以上的新的教学法都是出自一线学校的校长之手。说到做一行爱一行不易，能够做到在自己的行业里面有创新，绝对是凤毛麟角了。这需要热爱，追求、痴迷才能产生灵感，刻苦、顽强和坚毅不拔的精神才能最终完成梦想产生出来成果。这些才是精神财富，是无法用社会地位和金钱来衡量的。

随之由宁倩老师组织开始进行两个班级的教学实验，张永青老师和周慧枝老师根据光盘的内容，编写了课堂设计和课后作业，海外的中文课堂终于响起了朗朗的读书声。韵文的朗诵，背读和字卡摆排等，课堂课后高潮云涌。

由于《熟语识字》光盘是比较早期开发的，在目前的window平台上无法运行，而里面的训练内容没有按照海外的课时来安排，因而为了在目前的计算机系统下可以运行，而且还需要重新安排课时内容，我电话打到湖南电子音像出版社市场部，市场部特意转到国际部胡蓉部长那里。通过交流和我们的需求，胡部长经过社里面的老师们讨论，答应给我们专门重新制作识字系列光盘，按照六辑的进度，涵盖所有的韵文识字的诗词歌谣等内容，多媒体训练之丰富内容继续安排，并增加了聆听部分和动漫部分，期待着增加多视角的汉语语言输入和训练。在随后的课程实验中，觉得字卡训练可以用电子版的方式进行，这样119篇识字系列课文，都进行了电子字卡设计和编程，这是目前全世界范围内独一无二的创新。所有的多媒体模块，通过大量的设计，编程，校对，测试，《高效海外中文-识字光盘》在湖南电子音像出版社的大力支持下终于诞生。当我第一次看到片头的视频，当听到让人特别震撼的片头音乐响起的时候，泪水一下子涌上眼眶。这是一种从未有过的感觉，就像是孕育了十个月的婴孩出生的瞬间，这种幸福感，成就感，还有就是说不出来的感觉一下子充满大脑。再次感谢湖南电子音像出版社制作团队老师们的辛勤努力和大力支持，海外汉语教学的领域里您们是有贡献的！

单纯的用韵文识字是无法来完成3000个中文常用汉字的学习的，同时也是这是海外中文教学多年来一个重要的问题，这里面一定有瓶颈的存在。由此，我们设计了汉字识字量的测试项目，《汉字识字量测试》由高年级老师盛悦博士组织全校40多个班级，进行了两年的分别测试，完成了大数据的统计和识字瓶颈的确认。

《教学法》是一线老师们最关注的内容，这也最难以用简单的教学大纲，教学内容之类的文字表达清楚。老师在课堂上的作用，毋庸置疑的是导演，演员，监制等多重角色，无法用一个标准的操作流程（SOP）来设定的。一个好的老师，在充分的备课，准备课件之后，开始了课堂的授课艺术。这种艺术我理解就是好的表演艺术，能够在导引段很短时间内，把学生的兴趣，精神注意力都集中过来，然后让学生跟着老师开始了对本堂课的学习内容进入状态。虽然可以有课堂流程设计之类的步骤，但每个老师对课文内容的理解，对课文的朗诵语调是否拿捏到位，是否符合这个班年龄段的学生们的心理需求，都是需要有非常挑战的功力。虽然本书中例举了一些教学法，但是这些好像就是教学流程，仅仅起到的是参考作用。

在出国前我到天津理工大学国际工商学院聆听了一堂英文听力课程，授课者是当时的工商学院院长李桂山教授，他在课堂上哪种演绎精彩的授课风度，每一个教学部分，都高潮起伏，给学生预设问题，又有非常活跃的与学生互动。在这样的过程中达到输出教学内容，完成教学目标的理想效果。2010年秋天，趁着回国公差之际，特地拜访了北大附属实验学校和天津跃进里小学，开启了踏上课堂授课艺术的观摩征程。听了北大附属学校董琦校长介绍，感觉他就想把课堂当成表演戏剧那样训练。再听了天津跃进里小学的张殿瑞老师和田桂娟老师的语文课，从那时候开始一直到现在，我还是这样的感觉，就是听这样的课是一种享受！

由高年级老师刘鸣博士和盛悦博士开启了中华古典文化内容的教学实验，《洛神赋》一课初入海外中文教学中。其实在设计识字教学阶段中，已经涉及了一些古典的中华文化内容，例如唐诗宋词中曹植的《七步诗》，虽然小学生不一定马上能懂它的意思，但是作者的心里活动被诗词表现的太完美了。那么曹植的《洛神赋》配合《洛神赋图》如果能在高年级里面去学习，理解，对学生整体的联想记忆和历史人物，文学才艺，文化内涵的整体构架将是非常有效的。单纯看《洛神赋》文字的运用，就可以看到曹植对爱情的向往，对心中女子的无限眷恋。所描绘的言语、文学词句，与两千年后的拜伦爱情诗相比不分仲伯。

阅读教学结构设计，推荐不同的级别教学内容用横向与纵向链接的方式进行铺垫。横向链接，例如**书法主题**，从《李斯小楷》，王羲之的《兰亭雅集》，到苏轼的《寒食帖》，到索靖《出师颂》，怀素《自述帖》，米芾《蜀素帖》，黄庭坚《书到今日读已迟》、及王羲之《快雪时晴帖》、欧阳询《仲尼梦奠帖》，每个书法里面的故事都是精彩绝伦。

从文征明的《兰亭修禊图》里面的人物、流水等景物，再读《兰亭序》，图中的溪水潺潺流过，真的动起来了，载着酒殇到各个高士面前，听他们作诗写赋。《萧翼赚兰亭》的故事又把这个中华第一墨宝，被唐朝大臣和寺庙高僧秘藏和智取的趣味故事进行演绎。这是书法主题的一个非常巧妙的纵向链接的例子。

通过故事，学生可以学习到中国古典文学的精彩片段，更能开拓视野，这种情景中品尝中文的魅力，更能起到语言与中华文化的双收获。因此在阅读系列中，重点的是系统的整理和厘清中华文化的瑰宝脉络，用诗书画等古典的文学作品，并结合文化历史故事，趣闻，在构建中华文化知识体系中，在学习中文的过程中，使得语言的教学内容有故事、有内容、有血有肉有传承。

在此感谢所有给与支持的教授们，校长们和老师们，<u>您们不但是我的良师，更还是益友！</u>

再次感谢所有的朋友们！我们曾经一同携手，在汉语语言教学和中华文化传承上所做的贡献！

www.ingramcontent.com/pod-product-compliance
Lightning Source LLC
Chambersburg PA
CBHW051801100526
44592CB00016B/2521